Kompass DaF B1+

Deutsch für Studium und Beruf

Unterrichtshandreichung

Verena Gilmozzi
Ilse Sander

Ernst Klett Sprachen
Stuttgart

Autoren Verena Gilmozzi, Ilse Sander
Redaktion Angela Fitz-Lauterbach, Eva Neustadt
Herstellung Alexandra Veigel
Satz Regina Krawatzki, Stuttgart
Umschlaggestaltung Ulrike Steffen

Kurs- und Übungsbuch B1+	978-3-12-670012-2
Unterrichtshandreichung B1+	978-3-12-670013-9
Medienpaket B1+	978-3-12-670014-6
Digitales Unterrichtspaket B1+ zum Download	NP00867001301

Lektionstests zum Downlaod unter:
www.klett-sprachen.de/kompass-daf/testB1
Code: @Komdaf#B1+LT?

1. Auflage 1 4 3 2 | 2026 25 24

Druck und Bindung Elanders Waiblingen GmbH

ISBN 978-3-12-670013-9

Deutsch für Studium und Beruf – Kompass DaF B1+

Liebe Kolleginnen und Kollegen,

wir, das Autorenteam, freuen uns sehr, dass Sie sich für Kompass DaF entschieden haben, denn mit diesem Lehrwerk verfolgen wir ein Ziel, das uns ganz besonders am Herzen liegt und das wir Ihnen hier näherbringen möchten.

Die Zielgruppe von Kompass DaF sind Deutschlernende, die sich auf ein Studium in Deutschland vorbereiten oder in ihrem Beruf erfolgreich kommunizieren wollen. Im Kurs verfolgen sie unterschiedliche Ziele wie das Bestehen einer für den weiteren Ausbildungsverlauf relevanten Prüfung, das Erreichen der Studierfähigkeit oder die sprachlich und situativ angemessene Kommunikationskompetenz im Beruf. Gerade im Hinblick auf diese Lernenden ist uns im Laufe unserer langjährigen Tätigkeit als DaF-Unterrichtende und beim Austausch mit anderen Lehrenden in Deutschland und im Ausland, z. B. bei Fortbildungen, Workshops oder Webinaren, ein Thema immer wieder begegnet: Die Frage, wie man im Unterricht darauf reagieren kann, dass es den Lernenden zunehmend schwer zu fallen scheint, angemessen mit Texten umzugehen. Einige haben z. B. Schwierigkeiten Hör- und Lesetexten die wichtigsten Informationen zu entnehmen, um diese dann weiterzuverarbeiten. Andere tun sich schwer, sich schriftlich bzw. mündlich situationsadäquat auszudrücken, z. B. Stellungnahmen zu schreiben, Daten zu erklären oder zu argumentieren. Diese Schwierigkeiten können wiederum zu Misserfolg bei Prüfungen, im Studium oder im Beruf führen und für Frustration sorgen. Als wir Kompass DaF konzipiert haben, haben wir daher diese Frage als Ausgangspunkt für unsere Überlegungen gewählt.

In vielen Lehrwerken wird versucht, auf die beschriebenen Schwierigkeiten zu reagieren, z. B. dadurch, dass den Lernenden neben dem üblichen Fertigkeiten- und Grammatiktraining ein integriertes Strategietraining angeboten wird: im Prinzip ein guter Ansatz. Es hat sich jedoch gezeigt, dass auch dies oft nicht genügt, um die erwähnten Defizite zu beheben. Daher war unser Bestreben bei der Konzeption von Kompass DaF, Unterrichtsmaterialien zu entwickeln, anhand derer die Kursteilnehmenden auf sehr bewusste Art Schritt für Schritt durch ein systematisches lektionsübergreifen-des Training die Kompetenzen erwerben können, die ihnen oft fehlen. Damit wollen wir die Lernenden möglichst intensiv dabei unterstützen, ihr jeweiliges Ziel zu erreichen. Unter Kompetenz verstehen wir dabei nicht nur, dass man etwas gelernt hat, sondern dass man die erworbenen Kenntnisse, Fähigkeiten und Fertigkeiten selbstständig einsetzen und so eigenständig Aufgaben und Herausforderungen meistern kann. Dabei ist nicht nur entscheidend, dass man als Lernender etwas erreichen kann, sondern auch, dass man etwas erreichen möchte. Wenn man von Kompetenzen spricht, spielt der Faktor „Motivation" bzw. die Einstellung der Lernenden also ebenfalls eine große Rolle.

Ein praktisches Beispiel: Die Lernenden müssen im Studium und im Beruf z. B. zu einer Theorie, einem Vorschlag oder einem Projekt Stellung nehmen und diese Stellungnahme bestimmten Adressaten zukommen lassen. Dafür müssen sie zunächst in der Lage sein, den Inhalt zu analysieren, die Hauptpunkte herauszuarbeiten und ihre eigene Position dazu zu finden. Schließlich geht es darum, das Ganze, je nach konkreter Situation, in angemessener Form in eine mündliche oder schriftliche Stellungnahme zu bringen, die dann an den Adressaten geht. Um diese einzelnen Schritte erfolgreich tun zu können, sind unterschiedliche Sprachhandlungen bzw. Teilkompetenzen gefragt, die trainiert werden müssen, um am Ende die Kompetenz „selbstständig Stellung beziehen" zu erreichen.

Dieses Training von Kompetenzen bildet gewissermaßen das Herzstück des Lehrwerks und macht den Unterschied zu anderen, auf den allgemeinen Sprachgebrauch ausgerichteten Lehrwerken aus. Für die konkrete Umsetzung in den Lektionen war uns wichtig, dass das Lehrwerk praxisrelevant, anschaulich, sehr klar strukturiert und transparent ist. Die Lernenden sollen an jeder Stelle auf die Frage „Warum mache ich, was ich hier mache?" eine klare Antwort finden. Daher ist das Training mit den sprachlichen Fertigkeiten und der dafür notwendigen Grammatik eng verbunden. Sprachhandlungen bzw. Teilkompetenzen, wie z. B. sich den Inhalt von gelesenen oder gehörten Texten zu erarbeiten, wichtige Informationen herauszuarbeiten und anderen weiterzugeben, Inhalte zusammenzufassen oder mündlich bzw. schriftlich zu einem Thema Stellung zu nehmen, werden in kleinen Etappen und mit einem klaren Ziel im Laufe der Lektionen immer weiter trainiert und die Kompetenzen der Lernenden auf diese Weise sukzessive aufgebaut.

In diesem „Brückenband" Kompass DaF B1+, der den Lernenden den Übergang von B1 zu B2 erleichtern sowie auf das Kompetenztraining in B2 vorbereiten soll, wurde ein besonderes Augenmerk auf drei Aspekte gelegt:

1. Da die TN entweder schon in Deutschland sind oder sich auf einen Aufenthalt in Deutschland vorbereiten, spielt der landeskundliche Aspekt eine große Rolle. Aus diesem Grund ist jede Lektion in einer anderen Region Deutschlands angesiedelt. Durch einen passenden Film nach jeder Lektion wird das landeskundliche Wissen um die jeweilige Region zusätzlich vertieft.

2. Grundlagen, die für das Kompetenztraining unabdingbar sind, werden kleinschrittig trainiert. Beispiele hierfür sind neben der in einem Brückenband üblichen Wiederholung von Grammatikstrukturen und Wortschatz aus der Grundstufe das Anfertigen von klar gegliederten Notizen, die Weitergabe von Informationen an andere oder zu einem Thema Stellung zu beziehen. Zusätzlich werden im separaten Teil „Auf dem Weg zur Kompetenz" die Reflexion des Aufbaus von Texten, die Produktion von schriftlichen und mündlichen Texten sowie Lernstrategien für Grammatik und Wortschatz schrittweise trainiert.
3. Wichtige Mediationsaktivitäten wie „Informationen weitergeben" oder „Bedeutung gemeinsam konstruieren" werden eingeübt - immer im Hinblick auf die zu erwerbenden Kompetenzen. Welche Kompetenzen in Kompass DaF B1+ genau berücksichtigt werden und wie sie im Laufe der Lektionen aufeinander folgen, können Sie der Übersicht im Anhang entnehmen.

Vielleicht fragen Sie sich nun, was an diesem Ansatz neu ist, also was wir unter „Kompetenztraining und -entwicklung" verstehen und wie der Zusammenhang zwischen Kompetenztraining und lernzielorientiertem Unterricht ist, wie er ja schon seit den 1970er-Jahren postuliert wurde. Wir verstehen dies wie folgt: Beide richten zunächst einmal den Fokus auf die Ergebnisse des Lernprozesses. Während aber Lernziele von Lehrenden formuliert bzw. durch den Lehrplan vorgegeben und in Grobziele, Feinziele etc. unterteilt werden können, stellen Kompetenzen den Lernenden in den Fokus und haben den Entwicklungsweg, die Handlungsfähigkeit und auch die Einstellung des Lernenden, wie z.B. ihre Lösungsorientierung, den Umgang mit Anforderungen oder die Freude an Themen, im Blick.

Als Hauptziele für das Lernen mit Kompass DaF können komplexe Kompetenzen gelten. Hierbei spielt die Mediation, wie sie nun auch im Ergänzungsband zum Gemeinsamen europäischen Referenzrahmen (2018, dt. 2020) beschrieben wird, eine große Rolle. Um studierfähig zu sein oder im Beruf erfolgreich zu kommunizieren - vor allem auch in der Zusammenarbeit mit anderen - geht es schließlich darum, umfassend und auch in komplexen Situationen sprachlich handlungsfähig zu sein. Und Kompass DaF dient den Lernenden, wie der Name bereits sagt, als Instrument der Orientierung auf dem Weg zu dieser Handlungsfähigkeit.

Um Ihnen näherzubringen, wie dieser Kompass funktioniert, stellen wir die Aufgabensequenzen jeder Lektion in dieser Unterrichtshandreichung sehr ausführlich vor. In den Hinweisen zu den Lektionen können Sie sich so den Aufbau und die Ziele vor Beginn jeder Lektion vor Augen führen. Gleichzeitig finden Sie zu den Aufgabensequenzen eine große Anzahl von zusätzlichen Vorschlägen für alternative Aufgaben bzw. Herangehensweisen und für Aktivitäten in Gruppen oder im Kurs, sodass Sie, je nach Kurszusammensetzung, das Kompetenztraining in Ihrem Unterricht variabel und abwechslungsreich gestalten können. Das Verständnis für die Aufgabensequenzen kann Ihnen darüber hinaus helfen, eigenes Material für Ihre Lernenden zu entwickeln, da das Schritt-für-Schritt-Vorgehen in Kompass DaF auf vielerlei Inhalte übertragbar ist.

Last, but not least: Da wir Autoren und Autorinnen auch alle sehr gern unterrichten und uns freuen, wenn die Lernenden nicht nur das Gefühl haben, dass der Unterricht sie ihrem Ziel näherbringt, sondern sich auch mit Freude am Lernen mit unserem Lehrwerk auf den Weg machen, war es uns auch ein wichtiges Anliegen, auf die besondere Zielgruppe zugeschnittene Themen und adäquate Texte und Aufgabentypen auszuwählen.

Wir, das Autorenteam, und das Team der Ernst Klett Sprachen GmbH hoffen nun, dass auch Sie Freude am Arbeiten mit Kompass DaF haben, und wünschen Ihnen und Ihren Deutschlernenden viel Erfolg!

Wie finde ich mich in Kompass DaF B1+ zurecht?

Kompass DaF B1+ umfasst einen Kursbuchteil mit 5 Lektionen à 8 Seiten; auf jede Lektion folgt der vierseitige Trainingsteil „Auf dem Weg zur Kompetenz", in dem Grundlagen für bestimmte Kompetenzen, die später in B2 und C1 systematisch aufgebaut werden, kleinschrittig geübt werden. Auf den Seiten 1 und 2 geht es um die Arbeit mit Texten. Schwerpunkte sind die Reflexion des Aufbaus von verschiedenen Textsorten und die Produktion von mündlichen und schriftlichen Texten. Auf den Seiten 3 und 4 werden Lernstrategien vermittelt und trainiert: auf Seite 3 „Grammatik lernen" und auf Seite 4 „Wortschatz lernen". Im Anschluss an jede Lektion folgen jeweils 2 Seiten mit Aufgaben zu einem Film, der thematisch an die Lektion angebunden ist, und in derselben Region Deutschlands spielt wie die Lektion selbst. Hinzu kommt ein Übungsbuchteil mit 12 Seiten pro Lektion: 10 Seiten, auf denen die Inhalte der Kursbuchlektion geübt werden, eine Seite mit dem Lektionswortschatz und eine Seite mit der Lektionsgrammatik.

Das Lehrwerk gibt es auch als digitale Ausgabe mit dem Learning Management System (LMS) „BlinkLearning"; zudem ist ein digitales Unterrichtspaket für den Einsatz an einem digitalen Whiteboard oder mit PC und Beamer erhältlich.

Wie sind die Kursbuchlektionen aufgebaut?
Die Lektionen sind jeweils in die Teile A, B, C und D gegliedert. Bei jedem dieser Teile steht eine sprachliche Fertigkeit im Fokus, also Lesen, Hören, Schreiben oder Sprechen. Für die Lernenden und für Sie als Lehrende ist auf einen Blick ersichtlich, um welchen Fertigkeitsbereich es jeweils geht. Dies erleichtert es Ihnen, den Unterricht vorzubereiten und ggf. Schwerpunkte auf bestimmte Fertigkeiten im Kurs zu setzen.

Die Abfolge der Fertigkeiten in den Lektionsteilen A bis D ist nicht immer gleich, sondern hängt vom jeweiligen thematischen Kontext und den Handlungszielen ab. Welche Fertigkeit jeweils im Fokus steht, können Sie direkt an der Kopfzeile der entsprechenden Seite erkennen, wie das folgende Beispiel zeigt, dort also „Fokus: Hören".

Die Kompetenzen, die trainiert werden, stehen jeweils in grauer Schrift in einer eckigen Klammer neben der Aufgabe und beziehen sich immer auf die entsprechende Fertigkeit, in dem Beispiel „Informationen gezielt heraushören und notieren" sowie „Informationen anhand von Notizen weitergeben". Der Hauptfokus dieses Lektionsteils liegt auf „Hören" und der Kompetenz „Informationen gezielt heraushören und notieren".

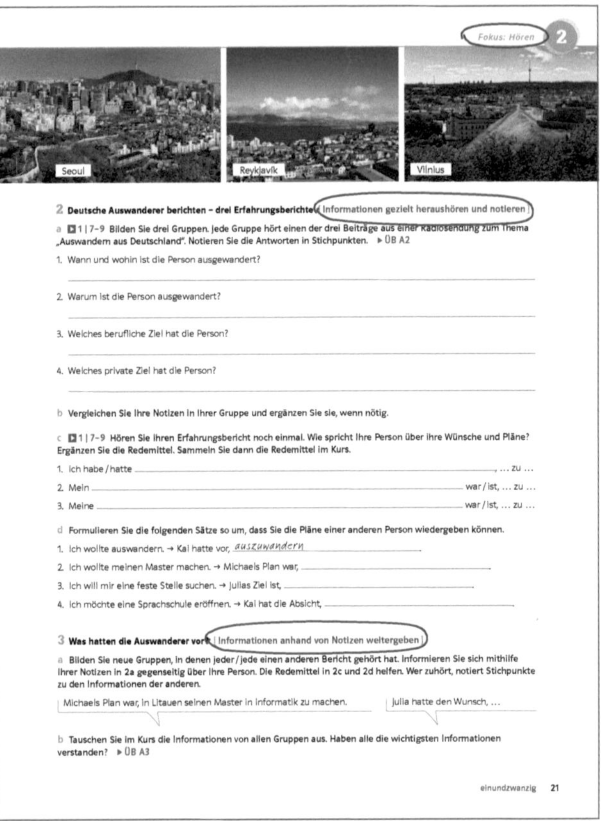

Fokus: Hören 2

2 Deutsche Auswanderer berichten – drei Erfahrungsberichte | Informationen gezielt heraushören und notieren |

a 1 | 7–9 **Bilden Sie drei Gruppen. Jede Gruppe hört einen der drei Beiträge aus einer Radiosendung zum Thema „Auswandern aus Deutschland". Notieren Sie die Antworten in Stichpunkten.** ▶ ÜB A2

1. Wann und wohin ist die Person ausgewandert?
2. Warum ist die Person ausgewandert?
3. Welches berufliche Ziel hat die Person?
4. Welches private Ziel hat die Person?

b **Vergleichen Sie Ihre Notizen in Ihrer Gruppe und ergänzen Sie sie, wenn nötig.**

c 1 | 7–9 **Hören Sie Ihren Erfahrungsbericht noch einmal. Wie spricht Ihre Person über ihre Wünsche und Pläne? Ergänzen Sie die Redemittel. Sammeln Sie dann die Redemittel im Kurs.**

1. Ich habe / hatte ______, … zu …
2. Mein ______ war / ist, … zu …
3. Meine ______ war / ist, … zu …

d **Formulieren Sie die folgenden Sätze so um, dass Sie die Pläne einer anderen Person wiedergeben können.**

1. Ich wollte auswandern. → Kai hatte vor, auszuwandern
2. Ich wollte meinen Master machen. → Michaels Plan war, ______
3. Ich will mir eine feste Stelle suchen. → Julias Ziel ist, ______
4. Ich möchte eine Sprachschule eröffnen. → Kai hat die Absicht, ______

3 Was hatten die Auswanderer vor? | Informationen anhand von Notizen weitergeben |

a **Bilden Sie neue Gruppen, in denen jeder / jede einen anderen Bericht gehört hat. Informieren Sie sich mithilfe Ihrer Notizen in 2a gegenseitig über Ihre Person. Die Redemittel in 2c und 2d helfen. Wer zuhört, notiert Stichpunkte zu den Informationen der anderen.**

Michaels Plan war, in Litauen seinen Master in Informatik zu machen.

Julia hatte den Wunsch, …

b **Tauschen Sie im Kurs die Informationen von allen Gruppen aus. Haben alle die wichtigsten Informationen verstanden?** ▶ ÜB A3

einundzwanzig 21

Das bedeutet nicht, dass die Lernenden zum Bearbeiten der Aufgabe 2 keine der anderen Fertigkeiten brauchen, hier z. B. Schreiben und Sprechen. Die Lernenden bearbeiten die Aufgabe in 4 Schritten: 1. Sie schreiben, indem sie zuerst Stichpunkte zu den Antworten des / der Interviewten ihrer Gruppe notieren. Dazu gibt es im Übungsbuch Übungen und Tipps, wie man Notizen machen kann. 2. Die Lernenden sprechen, indem sie die Notizen in ihrer Gruppe vergleichen. 3. Sie schreiben wieder, indem sie beim zweiten Hören heraushören, welche Redemittel „ihre" Person verwendet, wenn sie über ihre Wünsche und Pläne spricht, und diese Redemittel notieren. 4. Die Lernenden formulieren die Redemittel schriftlich um, sodass sie das Gehörte an andere weitergeben können. Nach dieser Vorbereitung führen sie in Aufgabe 3 die wichtige Mediationsaktivität aus, Informationen mündlich an andere weiterzugeben; dabei stützen sie sich auf ihre Notizen. Darauf folgt ein mündlicher Austausch in der Gruppe darüber, ob alle die wichtigsten Informationen verstanden haben. Zur zusätzlichen Verständnissicherung wird im Übungsbuch eine Hörverstehensaufgabe zu den wichtigsten Inhalten angeboten.

In den Aufgabensequenzen gibt es also eine Verschränkung der Fertigkeiten, aber immer mit dem Ziel, die Kompetenzen zu trainieren, die neben der Aufgabe genannt werden und die sich jeweils auf die Fertigkeit in der Kopfzeile beziehen.

Um Ihnen diesen Ansatz noch einmal zu verdeutlichen, hier noch ein weiteres typisches Beispiel:

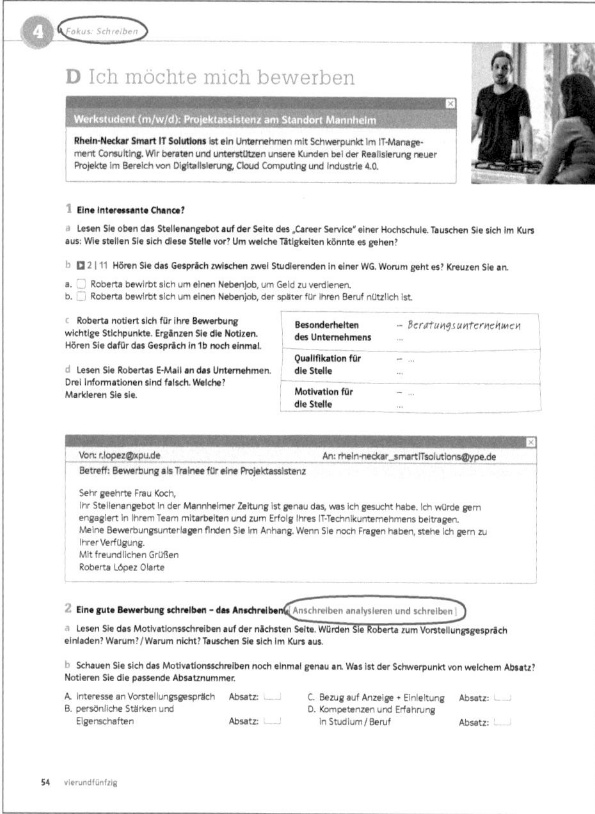
4 Fokus: Schreiben

D Ich möchte mich bewerben

Werkstudent (m/w/d): Projektassistenz am Standort Mannheim

Rhein-Neckar Smart IT Solutions ist ein Unternehmen mit Schwerpunkt im IT-Management Consulting. Wir beraten und unterstützen unsere Kunden bei der Realisierung neuer Projekte im Bereich von Digitalisierung, Cloud Computing und Industrie 4.0.

1 Eine interessante Chance?

a Lesen Sie oben das Stellenangebot auf der Seite des „Career Service" einer Hochschule. Tauschen Sie sich im Kurs aus: Wie stellen Sie sich diese Stelle vor? Um welche Tätigkeiten könnte es gehen?

b 2 | 11 Hören Sie das Gespräch zwischen zwei Studierenden in einer WG. Worum geht es? Kreuzen Sie an.

a. ☐ Roberta bewirbt sich um einen Nebenjob, um Geld zu verdienen.
b. ☐ Roberta bewirbt sich um einen Nebenjob, der später für ihren Beruf nützlich ist.

c Roberta notiert sich für ihre Bewerbung wichtige Stichpunkte. Ergänzen Sie die Notizen. Hören Sie dafür das Gespräch in 1b noch einmal.

d Lesen Sie Robertas E-Mail an das Unternehmen. Drei Informationen sind falsch. Welche? Markieren Sie sie.

Besonderheiten des Unternehmens	– Beratungsunternehmen ...
Qualifikation für die Stelle	– ... ...
Motivation für die Stelle	– ... ...

Von: r.lopez@xpu.de An: rhein-neckar_smartITsolutions@ype.de
Betreff: Bewerbung als Trainee für eine Projektassistenz

Sehr geehrte Frau Koch,
Ihr Stellenangebot in der Mannheimer Zeitung ist genau das, was ich gesucht habe. Ich würde gern engagiert in Ihrem Team mitarbeiten und zum Erfolg Ihres IT-Technikunternehmens beitragen.
Meine Bewerbungsunterlagen finden Sie im Anhang. Wenn Sie noch Fragen haben, stehe ich gern zu Ihrer Verfügung.
Mit freundlichen Grüßen
Roberta López Olarte

2 Eine gute Bewerbung schreiben – das Anschreiben [Anschreiben analysieren und schreiben]

a Lesen Sie das Motivationsschreiben auf der nächsten Seite. Würden Sie Roberta zum Vorstellungsgespräch einladen? Warum? / Warum nicht? Tauschen Sie sich im Kurs aus.

b Schauen Sie sich das Motivationsschreiben noch einmal genau an. Was ist der Schwerpunkt von welchem Absatz? Notieren Sie die passende Absatznummer.

A. Interesse an Vorstellungsgespräch Absatz: ___
B. persönliche Stärken und Eigenschaften Absatz: ___
C. Bezug auf Anzeige + Einleitung Absatz: ___
D. Kompetenzen und Erfahrung in Studium / Beruf Absatz: ___

54 vierundfünfzig

In der Kopfzeile von Teil D in Lektion 4 steht „Fokus: Schreiben". Hier geht es darum, dass die Lernenden ein Motivationsschreiben für eine Bewerbung analysieren und dann selbst ein Motivationsschreiben verfassen. In Aufgabe 1 werden dafür zunächst die Fertigkeiten „Lesen" und „Hören" aktiviert: Die Lernenden lesen zunächst ein Stellenangebot und tauschen sich im Kurs darüber aus, wie sie sich die Stelle vorstellen und um welche Tätigkeit es gehen könnte. Danach hören sie ein Gespräch zwischen zwei Studierenden. Nach einer Aufgabe zum globalen Hören notieren die Lernenden mithilfe eines vorgegebenen Notizzettels Informationen zum Unternehmen sowie zu den Qualifikationen bzw. der Motivation der Bewerberin. Danach lesen die Lernenden eine Bewerbung auf die Stellenanzeige und gleichen den Inhalt mit dieser Anzeige ab. All dies dient der Vorbereitung von Aufgabe 2, in der die Fertigkeit Schreiben im Fokus steht und die Kompetenz trainiert wird, ein Motivationsschreiben zu verfassen, da dieses in Bewerbungsprozessen häufig eine Rolle spielt. Dieses Motivationsschreiben ist auf der rechten Seite abgedruckt und wird zunächst in drei Schritten nach Aufbau und Inhalt analysiert. Nach dieser Analysetätigkeit suchen die Lernenden im Internet eine für sie passende Stelle. Sie machen sich wie beim Gespräch zwischen den zwei Studierenden Notizen zu ihren Qualifikationen und ihrer Motivation und notieren mindestens zwei Argumente, warum sie die richtige Person für diese Stelle sind. Sie stellen dann die Stelle ihrem Partner / ihrer Partnerin vor und sprechen darüber, ob die Argumente des jeweilig anderen überzeugend sind. Erst nach dieser mündlichen Vorbereitung schreiben die Lernenden ihr eigenes Motivationsschreiben. Im Übungsbuch werden anhand eines abgedruckten Motivationsschreibens unterstützende Übungen zu Aspekten der formellen Korrektheit angeboten. Zum Schluss werden alle Schreiben im Kursraum aufgehängt und die Lernenden tauschen sich darüber aus, welche Formulierungen sie gut finden und warum.

Die Vermittlung von Grammatik und Wortschatz ist in die Aufgabenfolgen der Lektionsteile A bis D integriert. Pro Lektion werden zwei Grammatikthemen behandelt, die an einen Lese- bzw. Hörtext angebunden sind.

Wie ist der Trainingsteil „Auf dem Weg zur Kompetenz" aufgebaut?

Der Trainingsteil „Auf dem Weg zur Kompetenz" besteht aus 4 Seiten: Auf den Seiten 1 und 2 steht die Arbeit mit Texten im Fokus. Dabei geht es um die Reflexion des Aufbaus von Textsorten sowie die Produktion mündlicher und schriftlicher Texte. Auf den Seiten 3 und 4 trainieren die Lernenden Strategien zum Grammatik- bzw. Wortschatzlernen. Um Ihnen den Zusammenhang zwischen den Lektionen und den Trainingsteilen zu verdeutlichen, hier ein Beispiel aus „Auf dem Weg zur Kompetenz 4".

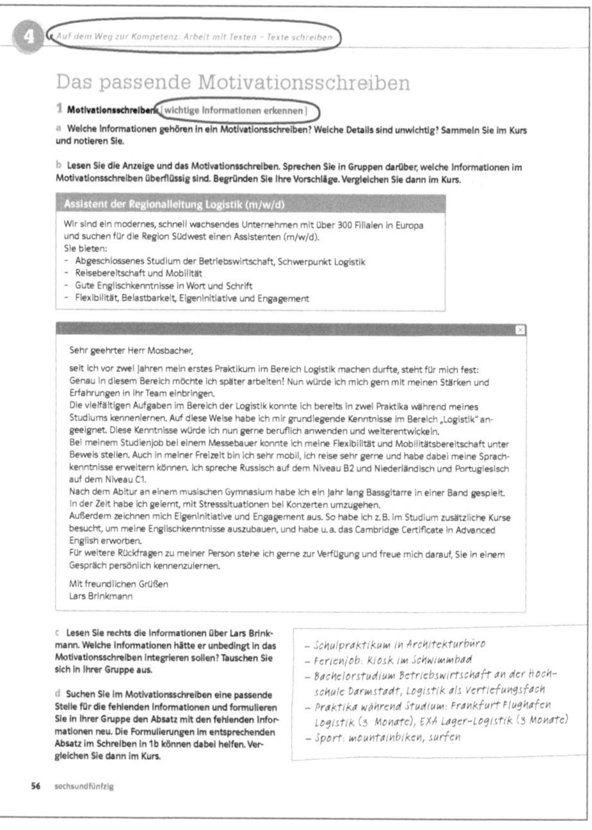
4 Auf dem Weg zur Kompetenz: Arbeit mit Texten – Texte schreiben

Das passende Motivationsschreiben

1 Motivationsschreiben [wichtige Informationen erkennen]

a Welche Informationen gehören in ein Motivationsschreiben? Welche Details sind unwichtig? Sammeln Sie im Kurs und notieren Sie.

b Lesen Sie die Anzeige und das Motivationsschreiben. Sprechen Sie in Gruppen darüber, welche Informationen im Motivationsschreiben überflüssig sind. Begründen Sie Ihre Vorschläge. Vergleichen Sie dann im Kurs.

Assistent der Regionalleitung Logistik (m/w/d)

Wir sind ein modernes, schnell wachsendes Unternehmen mit über 300 Filialen in Europa und suchen für die Region Südwest einen Assistenten (m/w/d).
Sie bieten:
- Abgeschlossenes Studium der Betriebswirtschaft, Schwerpunkt Logistik
- Reisebereitschaft und Mobilität
- Gute Englischkenntnisse in Wort und Schrift
- Flexibilität, Belastbarkeit, Eigeninitiative und Engagement

Sehr geehrter Herr Mosbacher,

seit ich vor zwei Jahren mein erstes Praktikum im Bereich Logistik machen durfte, steht für mich fest: Genau in diesem Bereich möchte ich später arbeiten! Nun würde ich mich gern mit meinen Stärken und Erfahrungen in Ihr Team einbringen.
Die vielfältigen Aufgaben im Bereich der Logistik konnte ich bereits in zwei Praktika während meines Studiums kennenlernen. Auf diese Weise habe ich mir grundlegende Kenntnisse im Bereich „Logistik" angeeignet. Diese Kenntnisse würde ich nun gerne beruflich anwenden und weiterentwickeln.
Bei meinem Studienjob bei einem Messebauer konnte ich meine Flexibilität und Mobilitätsbereitschaft unter Beweis stellen. Auch in meiner Freizeit bin ich sehr mobil, ich reise sehr gerne und habe dabei meine Sprachkenntnisse erweitern können. Ich spreche Russisch auf dem Niveau B2 und Niederländisch und Portugiesisch auf dem Niveau C1.
Nach dem Abitur an einem musischen Gymnasium habe ich ein Jahr lang Bassgitarre in einer Band gespielt. In der Zeit habe ich gelernt, mit Stresssituationen bei Konzerten umzugehen.
Außerdem zeichnen mich Eigeninitiative und Engagement aus. So habe ich z. B. im Studium zusätzliche Kurse besucht, um meine Englischkenntnisse auszubauen, und habe u. a. das Cambridge Certificate in Advanced English erworben.
Für weitere Rückfragen zu meiner Person stehe ich gerne zur Verfügung und freue mich darauf, Sie in einem Gespräch persönlich kennenzulernen.

Mit freundlichen Grüßen
Lars Brinkmann

c Lesen Sie rechts die Informationen über Lars Brinkmann. Welche Informationen hätte er unbedingt in das Motivationsschreiben integrieren sollen? Tauschen Sie sich in Ihrer Gruppe aus.

d Suchen Sie im Motivationsschreiben eine passende Stelle für die fehlenden Informationen und formulieren Sie in Ihrer Gruppe den Absatz mit den fehlenden Informationen neu. Die Formulierungen im entsprechenden Absatz im Schreiben in 1b können dabei helfen. Vergleichen Sie dann im Kurs.

- Schulpraktikum in Architekturbüro
- Ferienjob: Kiosk im Schwimmbad
- Bachelorstudium Betriebswirtschaft an der Hochschule Darmstadt, Logistik als Vertiefungsfach
- Praktika während Studium: Frankfurt Flughafen Logistik (3 Monate), EXA Lager-Logistik (3 Monate)
- Sport: mountainbiken, surfen

56 sechsundfünfzig

Passend zur Lektion 4 beschäftigen sich die Lernenden in „Auf dem Weg zur Kompetenz 4“ mit der Textsorte „Motivationsschreiben“. Dabei geht es um die grundlegende Fähigkeit, zwischen Wichtigem und weniger Wichtigem zu unterscheiden, was vielen Lernenden schwerfällt. Daher reflektieren die Lernenden zunächst, welche Informationen in ein Motivationsschreiben gehören und welche nicht. Zur Aktivierung ihres Vorwissens sammeln die Lernenden zunächst im Kurs. Danach lesen sie eine Anzeige und ein dazu passendes Motivationsschreiben und sprechen in Gruppen darüber, welche Informationen überflüssig sind, und begründen ihre Vorschläge. Begründen ist eine Basiskompetenz und wird daher in Kompass DaF B1+ immer wieder eingeübt. Anschließend vergleichen die Lernenden ihre Ergebnisse im Kurs. In „Auf dem Weg zur Kompetenz“ werden die Lernenden immer wieder angeregt, sich mit anderen etwas zu erarbeiten bzw. sich über die Vorschläge oder Ergebnisse auszutauschen. Denn man merkt sich das Gelernte besser, wenn man mit anderen darüber gesprochen hat. Im nächsten Schritt lesen die Lernenden Informationen über den Verfasser des Motivationsschreibens, die auf einem Notizzettel stehen, und entscheiden, welche der Informationen der Verfasser unbedingt in das Motivationsschreiben hätte integrieren müssen. Auch darüber findet ein Austausch in der Gruppe statt. Im letzten Aufgabenteil suchen die Lernenden eine passende Stelle für die fehlenden Informationen im Motivationsschreiben und formulieren in ihrer Gruppe den Absatz mit den fehlenden Informationen neu. Dabei müssen sie entscheiden, welche Formulierungen aus dem ursprünglichen Absatz sie behalten können. Zum Abschluss findet wiederum ein Abgleich im Kurs statt.

Während im Teil „Arbeit mit Texten“ – passend zur Lektion – die jeweiligen Textsorten aufgegriffen bzw. bestimmte stilistische Varianten trainiert werden, bilden auf den Seiten 3 und 4 von „Auf dem Weg zur Kompetenz“ die Grammatik und der jeweilige Wortschatz der Lektionen die Basis für das Training von Lernstrategien. Viele dieser Aufgaben sind spielerischer Natur oder werden mit einem Partner / einer Partnerin bzw. in Gruppen durchgeführt. Hierzu ein Beispiel zu „Grammatik lernen“ in „Auf dem Weg zur Kompetenz 2“, bei dem es um folgende Tipps zum Lernen von Verbformen geht: Verben nach Vokalgruppen organisieren und lernen, Stammformen rhythmisch sprechen und dies mit passenden Gesten begleiten, Verben im Satzkontext lernen und dafür Lernsätze auf Kärtchen notieren und sich gegenseitig mit einem Partner / einer Partnerin oder in Gruppen abfragen sowie Verbformen in Spielen üben. All diese Aufgaben fördern die körperliche Aktivität und die Kommunikation der Lernenden, was dazu beiträgt, dass die Lernenden sich den Lernstoff besser merken können. Im Teil „Wortschatz lernen“ sind die Aufgaben ebenfalls so angelegt, dass die Lernenden sich die Strategien zum Wortschatzlernen gemeinsam mit anderen erarbeiten und mithilfe kommunikativer bzw. spielerischer Aktivitäten festigen.

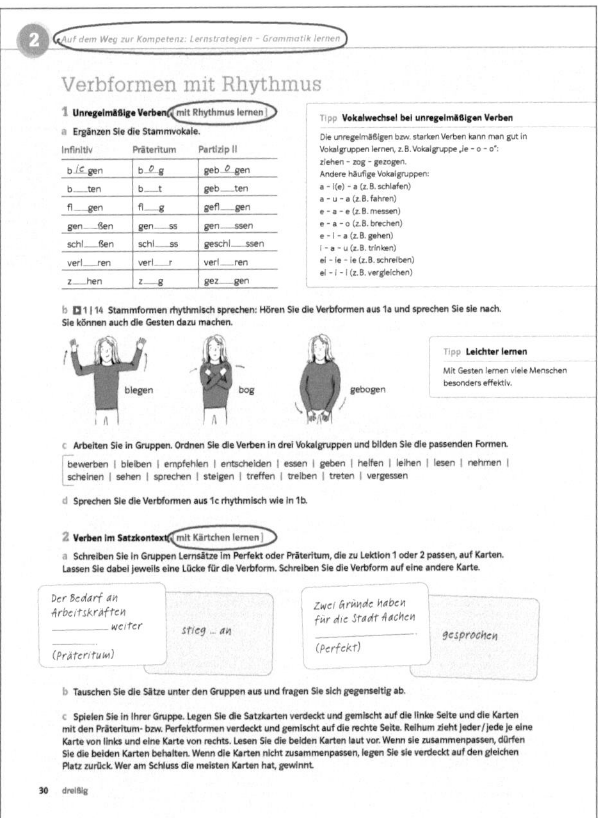

2 Auf dem Weg zur Kompetenz: Lernstrategien – Grammatik lernen

Verbformen mit Rhythmus

1 Unregelmäßige Verben [mit Rhythmus lernen]

a Ergänzen Sie die Stammvokale.

Infinitiv	Präteritum	Partizip II
b_ie_gen	b_o_g	geb_o_gen
b___ten	b___t	geb___ten
fl___gen	fl___g	gefl___gen
gen___ßen	gen___ss	gen___ssen
schl___ßen	schl___ss	geschl___ssen
verl___ren	verl___r	verl___ren
z___hen	z___g	gez___gen

Tipp **Vokalwechsel bei unregelmäßigen Verben**

Die unregelmäßigen bzw. starken Verben kann man gut in Vokalgruppen lernen, z. B. Vokalgruppe „ie – o – o“: ziehen – zog – gezogen.
Andere häufige Vokalgruppen:
a – i(e) – a (z. B. schlafen)
a – u – a (z. B. fahren)
e – a – e (z. B. messen)
e – a – o (z. B. brechen)
e – i – a (z. B. gehen)
i – a – u (z. B. trinken)
ei – ie – ie (z. B. schreiben)
ei – i – i (z. B. vergleichen)

b 1 | 14 Stammformen rhythmisch sprechen: Hören Sie die Verbformen aus 1a und sprechen Sie sie nach. Sie können auch die Gesten dazu machen.

Tipp **Leichter lernen**

Mit Gesten lernen viele Menschen besonders effektiv.

c Arbeiten Sie in Gruppen. Ordnen Sie die Verben in drei Vokalgruppen und bilden Sie die passenden Formen.

bewerben | bleiben | empfehlen | entscheiden | essen | geben | helfen | leihen | lesen | nehmen | scheinen | sehen | sprechen | steigen | treffen | treiben | treten | vergessen

d Sprechen Sie die Verbformen aus 1c rhythmisch wie in 1b.

2 Verben im Satzkontext [mit Kärtchen lernen]

a Schreiben Sie in Gruppen Lernsätze im Perfekt oder Präteritum, die zu Lektion 1 oder 2 passen, auf Karten. Lassen Sie dabei jeweils eine Lücke für die Verbform. Schreiben Sie die Verbform auf eine andere Karte.

b Tauschen Sie die Sätze unter den Gruppen aus und fragen Sie sich gegenseitig ab.

c Spielen Sie in Ihrer Gruppe. Legen Sie die Satzkarten verdeckt und gemischt auf die linke Seite und die Karten mit den Präteritum- bzw. Perfektformen verdeckt und gemischt auf die rechte Seite. Reihum zieht jeder / jede je eine Karte von links und eine Karte von rechts. Lesen Sie die beiden Karten laut vor. Wenn sie zusammenpassen, dürfen Sie die beiden Karten behalten. Wenn die Karten nicht zusammenpassen, legen Sie sie verdeckt auf den gleichen Platz zurück. Wer am Schluss die meisten Karten hat, gewinnt.

30 dreißig

Landeskundliche Filme

Es gibt 5 Filme, d.h., nach jeder Kursbuchlektion gibt es einen Film, der thematisch und landeskundlich an die jeweilige Lektion angebunden ist und zusätzliche interessante Aspekte zum Thema liefert. Dazu gehören jeweils zwei Seiten mit Aufgaben. Diese Aufgaben gehen vom Aktivieren der Vorkenntnisse über Aufgaben zum Hör-Seh-Verstehen bis hin zu Gruppenaktivitäten. Bei den Filmen handelt es sich um Auszüge aus authentische Reportagen und Interviews.

Wie ist das Übungsbuch aufgebaut?

Das Übungsbuch umfasst pro Lektion 12 Seiten: 10 Seiten, auf denen der Stoff der Teile A bis D der jeweiligen Kursbuchlektion geübt wird, eine Seite mit Lektionswortschatz und eine Überblicksseite über die Grammatik der Lektion. Die Anzahl der Seiten, die im Übungsbuch jeweils den Kursbuchteilen A bis D zugeordnet sind, ist nicht immer gleich, sondern hängt von der notwendigen Übungsintensität ab. Grammatik, Wortschatz und Redemittel der jeweiligen Lektion werden hier kleinschrittig geübt. Außerdem finden Sie hier das Kompetenztraining unterstützende Übungen sowie Aufgaben, die Kompetenzen trainieren, die bei späteren Prüfungen bzw. beim Studium eine Rolle spielen, wie z. B. das Umformulieren oder Ergänzen von Sätzen. Es handelt sich meist um geschlossene Übungen, damit Lernende diese auch im Selbststudium bearbeiten und ihre Lösungen anhand des Lösungsschlüssels überprüfen können. Bei Übungen bzw. Aufgaben, die das Kompetenztraining noch einmal vertiefen, steht – wie im Kursbuch – die entsprechende Kompetenz in eckigen Klammern neben der Aufgabe.

Klare Verweise vom Kurs- zum Übungsbuch (▶ **ÜB A2**) und umgekehrt (▶ **KB A2f**) zeigen den Zusammenhang zwischen der jeweiligen Aufgabe im Kursbuch (hier Teil A, Aufgabe 2f) und der entsprechenden Übung im Übungsbuch (hier Teil A, Übung 2).

Wortbildung: Da Kenntnisse der Wortbildungsbesonderheiten im Deutschen eine große Hilfe beim Bearbeiten von Texten, insbesondere bei der Erschließung unbekannter Ausdrücke bzw. komplexer Satzstrukturen sind, gibt es in jeder Übungsbuchlektion mindestens eine Aufgabe, in der die Wortbildung im Deutschen reflektiert wird. Sie finden dort zum Beispiel Kompositabildungen, Nominalisierungen oder Ableitungen mit frequenten Suffixen.

Aussprache: Die Aufgaben zum Training der Aussprache befinden sich im Übungsbuch. Sie beziehen sich jeweils auf den Lektionsteil, in dem die Fertigkeit „Sprechen" im Fokus steht, und sind daher auch im Übungsbuch im entsprechenden Lektionsteil zu finden. Es werden bekannte Aussprachephänomene der Grundstufe wiederholt, die je nach Erstsprache der Lernenden Schwierigkeiten bereiten, wie z. B. die Laute „h, r, f, w, b" oder die Unterscheidung von „ch" und „sch". Auch der Wortakzent sowie die Vokallänge werden wiederholt. Das Thema „Betonungen im Satz" spielt ebenfalls eine Rolle, da TN ja bereits auf diesem Niveau trainieren sollen, zusammenhängende sprachliche Beiträge, wie z. B. kleine Präsentationen, verständlich zu sprechen.

Lektionswortschatz: Auf der vorletzten Seite des Übungsbuchteils finden Sie jeweils eine Übersicht über den Lernwortschatz der Lektion. Der Wortschatz ist nach Unterthemen gegliedert und in der Reihenfolge des Vorkommens aufgeführt, es sei denn, es ergeben sich sinnvolle Gruppierungen, wie z. B. Zuordnung von Antonymen oder von Nomen und Verben. Dieselben Wörter können in den Wortschatzlisten unterschiedlicher Lektionen vorkommen, wenn sie im Zusammenhang mit dem jeweiligen Thema eine wichtige Rolle spielen.

In der Kopfzeile finden Sie neben dem Titel „Wortschatz üben" das Klett Augmented-Symbol. Dieses signalisiert, dass die Lernenden auf dieser Seite über Klett Augmented Wortschatzkärtchen aufrufen können, mit denen sie den Wortschatz zusätzlich üben können. Auf den Kärtchen findet man verschiedene Aufgabentypen, um den Wortschatz im Kontext der Lektion zu üben, z. B. „Wie kann man noch sagen?" (paraphrasieren, Synonyme); „Wie heißt das Gegenteil von ...?" (Antonyme); „Wie heißt das Nomen / das Verb / das Adjektiv zu ...?" (Wortbildung) etc. Die Lösung auf der Rückseite erhält man, wenn man auf ein Fragezeichen klickt, dann dreht sich das Kärtchen um. Manchmal wären auch andere Lösungen möglich. Es handelt sich hierbei jedoch um die Wörter bzw. Bedeutungen aus dem jeweiligen Lektionskontext.

Lektionsgrammatik: Die letzte Seite jeder Übungsbuchlektion gibt einen Überblick über die Lektionsgrammatik, sodass die in der jeweiligen Lektion behandelte Grammatik für Lernende und Unterrichtende auf einen Blick zu überschauen ist. Die Grammatik, die in der Kursbuchlektion induktiv eingeführt, analysiert und angewendet sowie im Übungsbuch geübt worden ist, wird hier noch einmal dargestellt und an Beispielen aus der Lektion verdeutlicht.

Was finden Sie im Anhang von Kompass DaF B1+?

Redemittel aus den Lektionen: Hier finden Sie 4 Seiten mit Redemitteln, die in Kompass DaF B1+ Verwendung finden. Diese sind thematisch in Blöcken zu verschiedenen Sprachhandlungen angeordnet. Die Lernenden können die Übersicht für die Bearbeitung einzelner Aufgaben in den Lektionen heranziehen und jederzeit nachschlagen, wenn sie konkrete Formulierungshilfen brauchen.

Grammatik zum Nachschlagen: Hier werden die Grammatikthemen, die im Kursbuch sukzessive behandelt werden, gebündelt dargestellt. Verweise zeigen den Fundort in den Lektionen ▶ **L1** (hier Verweis auf Lektion 1). Im Kursbuch wiederum gibt es neben den Grammatikaufgaben Verweise auf die Fundstellen des behandelten Grammatikphänomens in der Grammatik zum Nachschlagen. In Lektion 1 werden z. B. „dass"-Sätze und kausale Nebensätze sowie die Wortstellung in Nebensätzen geübt, daher findet man hier mehrere Verweise auf die Grammatik zum Nachschlagen: ▶ **G 1.1.2, 2.2.1, 2.3.1, 2.3.2**

Lösungen zum Übungsbuch: Hier gibt es Lösungen zu allen Übungen im Übungsbuch, inklusive Mustertexten, wenn eine freiere Textproduktion gefordert wird.

Welche Kompetenzen werden in Kompass DaF trainiert und wie geschieht das?

Einen schnellen Überblick darüber, wie die Kompetenzen im Laufe der Lektionen trainiert und aufgebaut werden, können Sie sich in der Übersicht im Anhang verschaffen. Die Aufgabensequenzen sind sehr kleinschrittig aufgebaut, um die jeweilige Kompetenz – immer im Zusammenhang mit der in der Kopfzeile genannten Fertigkeit – von Grund auf zu trainieren. Im Laufe der Lektionen wird dieses Vorgehen beibehalten, sodass es zu einem sukzessiven Aufbau und Ausbau der Kompetenzen innerhalb der Lektionen, aber auch – wie der Überblick hier im Anhang schnell erkennen lässt – lektionsübergreifend kommt.

Welche Rolle spielt die Mediation in Kompass DaF?

Der Begriff „Mediation" bedeutet im weitesten Sinne Vermittlung und hat bereits seit Längerem Eingang in die Fremdsprachendidaktik gefunden. Er wird dort im Sinne von Sprachmittlung gebraucht, die vom Übersetzen eines Textes zu unterscheiden ist. Beim Übersetzen müssen alle Informationen eines Textes möglichst genau wiedergegeben werden. Hier kommt es auf die richtige Wortwahl und ein differenziertes Verständnis von Bedeutungen an. Bei der Mediation stehen hingegen der Adressat / die Adressatin und die Kommunikation mit ihm bzw. ihr im Mittelpunkt. Denn neben der Wiedergabe der Informationen können zusätzliche Erläuterungen und / oder interkulturelles Wissen notwendig sein. Je nach Kommunikationssituation kann man zudem manches weglassen und sich auf das Wesentliche konzentrieren. Mediation umfasst jedoch nicht nur Sprachhandeln im Sinne der Bearbeitung von mündlichen oder schriftlichen Texten, sondern auch die Vermittlung und Entwicklung von Konzepten und von Kommunikation.

Da Sprachmittlungsaktivitäten im Zuge der wachsenden sprachlichen und kulturellen Vielfalt der Gesellschaften und der internationalen Kooperation an Bedeutung gewonnen haben, wurde es im „Begleitband zum Gemeinsamen europäischen Referenzrahmen für Sprachen" (2018, dt. 2020) als notwendig angesehen, Deskriptoren zur Mediation zu entwickeln, die es bis dato in diesem Umfang nicht gab.

Diese Deskriptoren beschreiben sprachliche Handlungen, die meist aus verschiedenen Aktivitäten bestehen, wie z. B. eine Grafik erklären, bei der man Daten erfassen (Rezeption), mündlich interpretieren (Produktion) und an jemanden weitergeben (Interaktion) muss. Mediation verbindet gewissermaßen Rezeption, Produktion und Interaktion. In den Kannbeschreibungen zu „Mediation" wird von „Sprache A" und „Sprache B" gesprochen. Die Vermittlung bezieht sich dabei aber nicht nur auf das Übertragen von einer in die andere Sprache, sondern es kann auch bedeuten, dass „Sprache A" und „Sprache B" zwei Varietäten derselben Sprache, zwei Register derselben Varietät oder jede beliebige Kombination der genannten sein können - Mediation kann also auch in einer einzigen Sprache stattfinden. Dabei kann die Mediation zwischen unterschiedlichen Akteuren oder auch „mit sich selbst" für einen nicht anwesenden Adressaten stattfinden, etwa wenn man sich bei einer Präsentation Notizen macht, die man dann z. B. in einer E-Mail verarbeitet, um die Inhalte einer Präsentation für Kollegen und Kolleginnen, die abwesend waren, zusammenzufassen. Im Begleitband zum GeR werden Mediationsaktivitäten und -strategien in ein umfassendes systematisches Beschreibungssystem gefasst. Die Deskriptoren sind ein sehr nützliches Instrument, wenn man bestimmte Prioritäten setzen, seinen Unterricht planen oder eigene Lernmaterialien für die Lernenden erstellen möchte.

Bei den in Kompass DaF behandelten Kompetenzen handelt es sich bis auf eine Ausnahme um Mediationsaktivitäten, wie sie im Begleitband beschrieben sind. Dem Bereich „Mediation von Texten" wird im Lehrwerk eine große Bedeutung beigemessen, da z. B. die Vermittlung von erarbeiteten Informationen sowohl im beruflichen als auch im universitären Kontext eine bedeutende Rolle spielt. Da die entsprechenden Kompetenzen einen wichtigen Teil der Studierfähigkeit darstellen, werden sie auch im digitalen TestDaF abgefragt, und in der DSH spielten sie schon immer eine wichtige Rolle. Aus diesen Gründen werden entsprechende Kompetenzen in Kompass DaF systematisch, kleinschrittig und eingehend trainiert, wobei bereits hier in B1+ bestimmte Grundlagen gelegt werden.

An dieser Stelle zur weiteren Verdeutlichung ein Beispiel: Unter den Mediationsaktivitäten im Bereich „Mediation von Texten" führt der Begleitband auch „Notizen anfertigen (in Vorträgen, Seminaren, Besprechungen usw.)" auf. Diese Kompetenz wird auch im digitalen TestDaF, in der DSH und in telc C1 Hochschule gefordert. Wie Sie sicher aus Ihrer Lehrerfahrung wissen, haben viele Lernende Schwierigkeiten, sinnvolle, gut strukturierte Notizen anzufertigen: Sie schreiben zu viel, zu unstrukturiert, können nicht gewichten etc. Diese Kompetenz ist aber unabdingbar, um Texte weiter zu verarbeiten. Sie ist sozusagen eine unverzichtbare Basiskompetenz. Aus diesem Grund wird das Anfertigen von strukturierten Notizen - mit der Betonung auf „strukturiert" - schon hier in Kompass DaF B1+ in jeder Lektion, meist stark gesteuert, geübt. Und daher wird diese Kompetenz sowohl im B2-Band als auch im C1-Band von Kompass DaF schrittweise und mit steigendem Schwierigkeitsgrad trainiert und ausgebaut.

Bei den Mediationsaktivitäten im Bereich „Mediation von Konzepten" geht es vor allem um die Kooperation in Gruppen. Diese wird bereits in Kompass DaF B1+ wie folgt berücksichtigt: Viele der Aufgabensequenzen münden in einer Partner- oder Gruppenaktivität, bei der die Lernenden interagieren. Dabei geht es z. B. um die Vermittlung von Informationen oder um die gemeinsame Konstruktion von Bedeutung, wie bei der Einigung auf Lösungen oder beim Feedbackgeben und -nehmen. Am Ende der Aufgabensequenzen gibt es meist Abschlussaufgaben, auf deren Basis das Gelernte, auch unter Einbeziehung eigener Erfahrungen, in der Interaktion mit anderen angewendet wird. Beispielsweise haben die Lernenden im Teil D von Lektion 1 in einer längeren Aufgabensequenz geübt, wie man seine Meinung äußert, argumentiert und auf Argumente anderer reagiert. In der Abschlussaufgabe wenden sie diese Kenntnisse an, indem sie in Gruppen paarweise Argumente bzw. Gegenargumente zum Thema „Im Inland oder im Ausland studieren?" sammeln. Diese Aktivität erfordert die gemeinsame Konstruktion von Bedeutung, da TN sich auf Argumente bzw. Gegenargumente einigen müssen, die sie verwenden wollen. Danach wenden sie das gemeinsam Erarbeitete an, indem sie in ihrer eigenen Gruppe sowie mit anderen Gruppen über das Thema diskutieren.
Darüber hinaus machen wir in dieser Unterrichtshandreichung Vorschläge für Aktivitäten, die Sie zusätzlich im Unterricht umsetzen können, um die dafür nötige Kooperation mit dem Partner / der Partnerin oder in der Gruppe zu fördern.

Wie wird Grammatik in Kompass DaF vermittelt?
Die Grammatik wird induktiv vermittelt, d.h., die Lernenden analysieren relevante Grammatikstrukturen aus Texten der jeweiligen Lektion, analysieren sie nach Form, Funktion und Bedeutung, üben sie und wenden sie in passenden Situationen an. Bei der Auswahl der Grammatikthemen wurde darauf geachtet, dass wichtige „Grundstufenthemen", wie z.B. der Satzbau, die Zeiten oder die Adjektivdeklination wiederholt werden, mit denen die Lernenden auch auf C1-Niveau oft noch Schwierigkeiten haben. Außerdem werden stilistisch wichtige Grammatikstrukturen trainiert, wie z.B. die Stellung von Angaben im Satz, die beim Schreiben von Texten wichtig ist.

In jeder Lektion werden zwei thematisch abgeleitete Grammatikthemen behandelt. Sie sind jeweils an die Fertigkeiten „Lesen" und „Hören" angedockt. Im Übungsbuchteil werden diese Phänomene kleinschrittig geübt. Am Ende jeder Übungsbuchlektion gibt es eine Überblicksseite über die Lektionsgrammatik. Im Anhang der Bände finden Sie eine Grammatik zum Nachschlagen, in der die Grammatikthemen zusammengeführt und ausführlicher erläutert werden. Verweise zeigen dort den jeweiligen Fundort im Kurs- bzw. Übungsbuch.

Welche zusätzlichen Angebote gibt es zum Lehrwerk?

Mediendateien
Videos: Zu Kompass DaF B1+ gibt es 5 Filme, d.h. auf jede Lektion folgt ein Film, der das Lektionsthema ergänzt und sich auf die Region bezieht, in der die jeweilige Lektion angesiedelt ist.

Audios: Zu allen Höraufgaben im Kurs- und Übungsbuchteil gibt es Audios in verschiedenen Formaten.

Alle Audios und Videos sind über Klett Augmented auf dem Smartphone abrufbar. Sie stehen den Lernenden dadurch zu Übungszwecken jederzeit zur Verfügung und man kann im Unterricht direkt auf sie zurückgreifen. Dies ermöglicht es z.B., dass sich Gruppen im Unterricht parallel verschiedene Audios anhören können. Zusätzlich können Sie die Filme als mp4-Dateien und die Audios als mp3-Dateien auf der Webseite herunterladen. Für den Download benötigen Sie einen Code, der in den Büchern jeweils auf S. 2 beim Impressum abgedruckt ist. Sie finden darüber hinaus alle Audios auf 2 CDs und die Videos auf DVD in einem gesonderten Medienpaket.

Digitale Ausgaben
Digitales Unterrichtspaket: Dabei handelt es sich um eine komplett digitale Ausgabe von Kompass DaF B1+. Sie enthält das Kursbuch, das Übungsbuch und die Unterrichtshandreichung. Im Kurs- und Übungsbuch können Sie sich zu allen Aufgaben die Lösungen anzeigen lassen. Außerdem sind bei den Hörverstehensaufgaben im Kursbuch die Transkriptionen hinterlegt. Zur Nutzung des Digitalen Unterrichtspakets benötigen Sie die Klett-Sprachen-App.

Digitale Ausgabe mit LMS: Das Kurs- und Übungsbuch B1+ ist zudem als digitale Ausgabe für das Learning Management System (LMS) „BlinkLearning" erhältlich. Zu dieser Ausgabe können Sie die speziellen Angebote des LMS nutzen: ein digitales Klassenzimmer für Ihren Kurs anlegen, Hausaufgaben verschicken oder Noten verwalten. Das Kurs- und Übungsbuch ist interaktiv angelegt, sodass die Lernenden die Aufgaben und Übungen direkt im System bearbeiten und dabei eine automatische Auswertung erhalten können.

Bei beiden digitalen Ausgaben haben Sie Zugriff auf nützliche Werkzeuge und Sie können alle Audios und Videos direkt aus der Ausgabe abspielen.

Zusatzmaterial
Wortschatzkärtchen: Zu jeder Lektion gibt es 2 Dateien mit Wortschatzkärtchen, mit deren Hilfe man eine Auswahl aus dem Lektionswortschatz aktiv trainieren kann. Über Klett Augmented können die Lernenden direkt per Smartphone auf die Wortschatzkärtchen zugreifen und so den Wortschatz leicht üben. Darüber hinaus finden Sie die Dateien mit den Wortschatzkärtchen auch online zum Download, sodass Sie sie auch abspeichern können.

Lektionswortschatz: Die Lektionswortschatzseiten vom Ende jeder Übungsbuchlektion gibt es zudem online mit Schreibzeilen zum Download. Dort können die Lernenden Beispielsätze, Übersetzungen o.Ä. notieren.

Transkriptionen: Die Transkriptionen aller Hörtexte im Kurs- und Übungsbuch finden Sie ebenfalls online zum Herunterladen.

Für den Download der Wortschatzkärtchen, der Lektionswortschatzseiten und der Transkriptionen benötigen Sie keinen Code.

Lektionstests: Online finden Sie zu jeder Lektion einen Lektionstest mit Bepunktung. Die Lektionstests können die Lernenden entweder digital lösen oder Sie können die Tests herunterladen, ausdrucken und im Kurs verteilen. Den entsprechenden Code hierfür finden Sie auf S. 2 beim Impressum in dieser Unterrichtshandreichung.

Online-Übungen: Zu jeder Lektion gibt es 5 interaktive Online-Übungen, die auch für das Smartphone geeignet sind, sodass sie für die Lernenden von überall zugänglich sind.

Lektion 1

Überblick

Thema
In dieser Lektion mit dem Thema „Alles neu für mich" geht es um „neu sein" in einer Stadt, als Studienanfänger oder in einem neuen Job. Wichtig dabei ist insbesondere, wie man zurechtkommt, eine Wohnmöglichkeit findet und neue Kontakte knüpft. Am Beispiel der Stadt Aachen und der RWTH Aachen werden verschiedene Angebote vorgestellt, die den Einstieg in die neue Lebenswelt erleichtern. Ergänzt wird dies im Lektionsteil „Auf dem Weg zur Kompetenz" auf den 2 Seiten zur Arbeit mit Texten durch die Themen „Wohnungssuche in einer neuen Stadt" und „Wohnen gegen Hilfe". Auf jede Lektion folgt ein Film, der das jeweilige Themenspektrum noch einmal ergänzt oder erweitert und sich immer auf dieselbe Region bezieht wie die Lektion selbst. Im Film 1 „Eine Stadt mit vielen Gesichtern" erhalten TN* zusätzliche Informationen über Aachen und können verfolgen, was Aachener und Aachenerinnen über das Leben und die Menschen in ihrer Stadt denken.

Fertigkeiten und Kompetenzen
Im rezeptiven Bereich geht es beim Hören darum, Argumente für bestimmte Entscheidungen herauszuhören. Beim Lesen machen TN Notizen zu Vor- und Nachteilen verschiedener Wohnformen, die in einem Forum genannt werden, um sie dann als Basis für einen Austausch mit anderen zu verwenden. Im produktiven Bereich analysieren TN zunächst einen Forumsbeitrag, der ihnen als Mustertext beim Schreiben eines eigenen Forumsbeitrags dienen kann. Zum Training der Sprechfertigkeit hören TN zunächst - ebenfalls im Sinn eines Mustertextes - ein Gespräch, in dem 2 Studierende über das Für und Wider eines Auslandsstudiums diskutieren. Im Anschluss diskutieren die TN in Gruppen über das Thema.

Grammatik
Jede Lektion enthält 2 Grammatikthemen. In Lektionsteil A wird die Wortstellung im Nebensatz anhand von kausalen und „dass"-Sätzen wiederholt. Das zweite Grammatikthema in Lektionsteil C betrifft die Wortstellung im Hauptsatz, wobei es auch darum geht, welche Angaben häufig auf Position 1 stehen.
Eine kurze Anmerkung zur Grammatikterminologie: Um die TN so wenig wie möglich mit Grammatikterminologie zu konfrontieren, verwenden wir in den Aufgaben statt „Subjunktion" den Ausdruck „Nebensatzkonnektor" und Konjunktionen bezeichnen wir als „Hauptsatzkonnektoren", um den TN auf diese Weise einen indirekten Hinweis auf die Wortstellung nach diesen Konnektoren zu geben.

*Ab jetzt sprechen wir statt von Lernenden von TN (für Teilnehmer und Teilnehmerinnen) und statt von Lehrenden von KL (für Kursleiter und Kursleiterinnen).

Aufgabensequenzen

A Alles neu für mich

1 Neu in der Stadt im „Dreiländereck"

Die linke Seite jeder Lektion (Auftaktseite) beginnt mit der Aufgabe 1, die dem Einstieg ins Thema dient.

Einstieg: Zu Kursbeginn bietet sich eine Kennenlernaktivität an, die einerseits den TN Raum gibt, rasch mit anderen in Kontakt zu treten und eine gute Arbeitsatmosphäre herzustellen, andererseits dem / der KL die Gelegenheit bietet, möglichst viele Informationen über die TN zu erhalten, damit von Anfang an individuelle Förderung ermöglicht wird. Da auch das Kursbuch eine zentrale Rolle im Unterrichtsgeschehen innehat, ist es gut, wenn das Kennenlernen bereits mit den Inhalten der Anfangslektion verbunden wird.
Zerschneiden Sie zu Hause die abgebildeten Fotos in je 2 Teile. Bitten Sie die TN, sich im Unterrichtsraum aufzustellen und teilen Sie an jede/n ein Puzzleteil aus. TN suchen sich einen Gesprächspartner / eine Gesprächspartnerin, beschreiben sich ihren Bildteil gegenseitig und entscheiden gemeinsam, ob die Teile zusammenpassen und ein Foto ergeben oder ob sie mit weiteren TN sprechen müssen. TN, die sich gefunden haben, nehmen nebeneinander Platz und notieren folgende Fragen:
- Wie heißt du und woher kommst du?
- Wie lange lernst du schon Deutsch?
- Welches Ziel möchtest du mit dem Kurs erreichen?
- Welche weiteren Fremdsprachen sprichst du?

TN stellen sich gegenseitig die Fragen und notieren die Antworten stichpunktartig. Geben Sie den TN dafür einen zeitlichen Rahmen von 5 Minuten. Anschließend stellen sich die Partner gegenseitig im Kurs vor. Auch hier können Sie einen Zeitrahmen (ca. 1 Minute) vorgeben. Hilfreich ist es, wenn Sie sich einige Notizen zu den Vorstellungen machen, die Sie im weiteren Kursverlauf ergänzen können und somit eine Art Steckbrief der TN erhalten.
Als Überleitung zum A-Teil der Lektion 1 empfehlen wir folgendes Vorgehen, das sich überwiegend für Kurse eignet, die außerhalb von Deutschland, Österreich oder der Schweiz stattfinden: Stellen Sie in der Gesamtgruppe folgende Fragen und bitten Sie die TN aufzustehen, wenn sie die Frage mit „Ja" beantworten können.
- Waren Sie schon einmal in Deutschland, in Österreich oder der Schweiz?
- Möchten Sie in Zukunft für einige Zeit in einem dieser Länder leben?
- Sind Sie im vergangenen Jahr umgezogen?
- Sind Sie in eine andere Stadt oder in ein anderes Land gezogen?
- Haben Sie im vergangenen Jahr eine Ausbildung oder ein Studium begonnen?
- Finden Sie einen Neuanfang interessant und freuen Sie sich darauf?

Leiten Sie anschließend zum Thema der ersten Lektion über, indem Sie den Titel nennen und eine kurze Beschreibung der Inhalte – ähnlich wie im „Überblick" unter dem Stichpunkt „Thema" – geben.

a Die Fotos zeigen Situationen, die mit der Stadt Aachen verbunden sind. TN lesen kurze Aussagen von Aachener Neubürgern/innen, schauen sich dabei die Fotos an und entscheiden, welches Foto zu welcher Aussage passt. Anhand von vorgegebenen Redemitteln tauschen sie sich im Kurs über ihre Lösung aus. Im ÜB A1 finden TN eine Übungssequenz zur Wortbildung. Dabei geht es um zusammengesetzte Nomen im Zusammenhang mit dem Wortschatz dieser Aufgabe. In jeder der 5 Übungsbuchlektionen werden Wortbildungsphänomen geübt, da deren Verständnis für das Erschließen von Texten hilfreich ist.

Binnendifferenzierung: TN entscheiden, ob sie die Aufgabe mit einem Partner / einer Partnerin oder alleine bearbeiten möchten. Da die Abkürzung und die Begriffe „RWTH, BeBuddy, Studierendenwerk, Route Charlemagne" sicherlich nicht allen TN geläufig sind, können Sie diese vorab schriftlich an der Tafel / am Whiteboard – versehen mit kurzen Erklärungen – notieren und so die Zuordnung der Aussagen zu den Fotos für unsichere TN erleichtern.

- RWTH: Rheinisch-Westfälische Technische Hochschule in Aachen. Sie ist die größte Universität für technische Studien in Deutschland.
- BeBuddy: Programm an der Uni Aachen als Hilfe für die Integration ausländischer Studierender.
- Studierendenwerk: Einrichtung für die soziale Betreuung von Studierenden.
- Route Charlemagne (Straße Karls des Großen): Kultur-Route durch die Stadt Aachen.

b TN tauschen sich im Kurs darüber aus, welche Erfahrungen sie beim oder nach dem Umzug in eine neue Stadt gemacht haben. Falls sie noch nie umgezogen sind, sprechen sie im Kurs darüber, wie sie sich die Situation vorstellen.

Alternative: Bilden Sie mittels Ihrer während des Einstiegs angefertigten Notizen 2 Gruppen. Gruppe 1: TN, die bereits Erfahrungen bei oder nach einem Umzug gemacht haben, und Gruppe 2: TN ohne Umzugserfahrungen. Geben Sie den Gruppen 5 Minuten Zeit zur Erstellung von Notizen, wobei Gruppe 1 Stichpunkte zu folgenden Aspekten notiert: Wohnungssuche, Bekanntschaften schließen, Orientierung in der neuen Umgebung, Hilfen und Probleme. Gruppe 2 überlegt sich zu den gleichen Aspekten interessante Fragen und stellt diese nacheinander an die TN der Gruppe 1.

Erweiterung – Kompass DaF B1+: Nachdem sich die TN mit den Aspekten „Umzug" und „neue Lebenssituation" auseinandergesetzt haben, sollten sich die TN auch mit dem neuen Lehrwerk beschäftigen, das sie die kommenden Wochen oder Monate beim Lernen begleiten wird. Dazu können Sie mit den TN eine Rallye durch das Lehrwerk Kompass DaF B1+ machen, in der Fragen zum Aufbau und Inhalt des Lehrwerks gestellt werden. Solche Fragen könnten z. B. sein:

- Wie viele Lektionen umfasst das Lehrwerk?
- Wie ist das Lehrwerk aufgebaut?
- Welche Rubriken / Kategorien umfasst das Inhaltsverzeichnis?
- Wie sind die Lektionen aufgebaut?
- Was folgt auf jede Lektion? Was ist das Ziel dieser Teile?
- Wo können Sie Wortschatz und Grammatik üben und vertiefen?
- Wo wird Aussprache geübt?
- Wo können Sie sich über grammatische Regeln informieren?

2 Der „Newcomer-Friday" – Antenne AC interviewt [Argumente heraushören]

Im Teil A von jeder Lektion beginnt mit der Aufgabe 2 auf der rechten Seite das Training der Fertigkeiten bzw. das Training bestimmter Kompetenzen. Diese stehen immer in eckigen Klammern neben der Aufgabenüberschrift. In dieser Lektion liegt der Fokus der Aufgabe 2 auf der Fertigkeit „Hören" (s. Kopfzeile) und auf der Kompetenz „Argumente heraushören" (s. Angabe in Klammern).

a TN hören die Einleitung zu den Interviews mit Neubürgern und Neubürgerinnen in Aachen, die von „Antenne AC", dem Radio der Städteregion Aachen, durchgeführt werden. Sie identifizieren den Rahmen, in dem diese Interviews stattfinden. Klären Sie vor dem ersten Abspielen des Tracks, ob alle TN die Arbeitsanweisung verstanden haben und was hier unter dem Begriff „Rahmen" verstanden wird.

b Dieser Aufgabenteil dient dem globalen Hören. TN arbeiten in 4er-Gruppen, die jeweils 2 Paare bilden. Jedes Paar hört 2 Interviews und notiert für die beiden interviewten Personen den wichtigsten Grund für ihren Umzug nach Aachen. Die Hör- bzw. Lesestile sollen hier noch nicht Thema sein. Diese werden erst am Anfang von Kompass DaF B2 kleinschrittig vermittelt. Hier können Sie aber das Bewusstsein von TN dafür schärfen, dass es sinnvoll ist, einen Text zunächst einmal ganz zu hören und sich dabei nur auf den wichtigsten Inhalt zu konzentrieren, um einen ersten Eindruck zu erhalten, und sich erst danach, beim zweiten Hören, mit weiteren Punkten bzw. Details zu beschäftigen.

c TN lesen zusätzliche Gründe, die die Personen für ihren Umzug nennen, und markieren die wichtigsten Wörter. Durch dieses Vorgehen werden TN dazu gebracht, sich schon vor dem Hören mit den Kernaussagen der Sätze zu beschäftigen. Auf diese Weise wird der Hörvorgang entlastet und eine Vorgehensweise geübt, die gerade auch in Prüfungen sehr wichtig ist.

Hinweise zu den Lektionen

d Die 2er-Teams hören die Interviews mit „ihren" Personen noch einmal und kreuzen an, welche der in 2c aufgeführten Gründen zu welcher Person passen. Einige der Gründe werden von mehr als einer Person genannt. TN üben hier, Aussagen herauszuhören, die im Interview etwas anders formuliert sind als in den abgedruckten Sätzen. Da die Kompetenz, ähnliche Ausdrücke und Formulierungen zu identifizieren, wesentlich für das Bestehen zahlreicher Prüfungen ist, wird diese Kompetenz in Kompass DaF B1+, B2 und C1 immer wieder auf unterschiedliche Weise trainiert. Außerdem wird durch dieses Vorgehen relevanter Wortschatz vertieft und geübt.

e TN vergleichen ihre Lösungen mit ihrem Partner / ihrer Partnerin und sprechen darüber, welche Unterschiede es gibt.

f Die Paare tauschen sich nun mit dem jeweils anderen Paar der Gruppe darüber aus, welche Gründe sie interessant finden. Zur Vorentlastung können Sie vorher mit den TN Redemittel zur Sprechintention „Interesse ausdrücken / bekunden" (Ich finde interessant, dass ...; Besonders interessant finde ich ...; Mit Interesse habe ich gehört, dass ...; Überrascht hat mich der Grund ...; Neugierig bin ich auf ...) sammeln. Im ÜB A2a finden TN eine Aufgabe zur Paraphrasierung von Sätzen im inhaltlichen Kontext des Interviews. Dies ist wichtig in Bezug auf Aufgaben wie die im KB A2d, in denen Aussagen etwas anders formuliert werden, als TN sie im Interview hören, sowie beim Anfertigen von Notizen. Im ÜB A2b wird eine zusätzliche Aufgabe zum Hörverstehen im Richtig-Falsch-Format angeboten, sodass alle TN alle Interviews noch einmal im Zusammenhang hören können, was den Austausch untereinander erleichtert.

Erweiterung – Recherche: Da vielleicht nicht alle TN ein Stadt- oder Regionalradio sowie dessen Ziele und Programm kennen, bietet es sich an dieser Stelle an, eine Recherche über Antenne AC durchführen zu lassen. Die TN sollen sich dabei einen Überblick über die Angebote des Radiosenders verschaffen. Diese Aufgabe eignet sich gut als Hausaufgabe. Der Austausch darüber, was die TN besonders interessant an Antenne AC finden, kann am nächsten Unterrichtstag stattfinden.

g Hier sind 4 Fotos aus der Eifel, Maastricht und Lüttich sowie von einer Sehenswürdigkeit in Aachen abgedruckt. TN werden gefragt, ob sie die Aachener Gegend gern kennenlernen würden. Sie werden dazu aufgefordert, sich die Fotos anzuschauen und die Infotexte im ÜB A3 zu lesen sowie bei Interesse im Internet zu recherchieren. Die kurzen Texte dort und die dazu gehörigen Aufgaben sollen TN anregen, sich weiter mit der einen oder anderen Sehenswürdigkeit zu beschäftigen – über die Webseite der Stadt Aachen findet man weitere Informationen zu allen 4 Orten. Diese Aufgabe dient dazu, das Interesse an landeskundlichen Informationen zu Deutschland zu fördern.

Erweiterung – Infotext über Euregio Maas-Rhein (Kopiervorlage 1): TN lesen einen Informationstext über die Euregio Maas-Rhein und tauschen sich anschließend in Gruppen über grenzüberschreitende Kooperationen in ihren Herkunftsländern aus.

Erweiterung – Projekt: Notieren Sie die 4 Orte an der Tafel / am Whiteboard und verteilen Sie je einen Klebepunkt an jeden TN. TN kennzeichnen mit diesen den Ort, über den sie mehr recherchieren möchten. Die beiden Orte mit den meisten Punkten gewinnen. TN teilen sich in 2 Gruppen auf – pro Ort eine Gruppe – und bereiten je eine Präsentation vor. Innerhalb der Gruppen sollten sich die TN nach Unterthemen aufteilen – ein Paar pro Unterthema. Jedes Paar erstellt in Heimarbeit pro Unterthema ein bis 2 Präsentationsfolien. Am Ende werden die Folien zu einer gemeinsamen Präsentation zusammengefügt und im Kurs der anderen Gruppe präsentiert.

3 Grammatik: Wortstellung im Nebensatz – kausale Nebensätze, „dass"-Sätze

Da die deutsche Wortstellung TN auch in höheren Stufen immer wieder Probleme bereitet, wird diese hier und in weiteren Lektionen ausführlich wiederholt.

a TN lesen Sätze aus den Interviews und ergänzen dann in der Tabelle die Satzanfänge mit „weil" bzw. „dass". Im Tipp finden TN Hinweise, nach welchen Verben „dass-Sätze" frequent sind.

b TN lesen die Sätze in 3a noch einmal und ergänzen die Regel zur Stellung des Verbs im Nebensatz.

c TN schreiben die Sätze aus 3a in eine Tabelle, in der der Nebensatz vorne steht. Im Tipp werden TN darauf aufmerksam gemacht, dass das Subjekt im Nebensatz meist direkt nach dem Nebensatzkonnektor steht.

d TN schauen sich die Sätze in 3c noch einmal an und kreuzen die richtige Lösung zur Stellung des Verbs im Hauptsatz an. Die Regel hilft zum Verständnis, warum in Satzgefügen, in denen der Nebensatz vorne steht, der Hauptsatz mit dem Verb beginnt. Im ÜB A4 werden die kausalen Sätze mit „weil" und „da", im ÜB A5 die Nebensätze mit „dass" geübt.

4 Warum habe ich diesen Wohnort gewählt?

In der Abschlussaufgabe tauschen sich TN im Kurs darüber aus, warum sie ihren Studien- bzw. Arbeitsort in Deutschland oder anderswo gewählt haben. 2 Sprechblasen mit Redemitteln deuten an, dass dafür „weil"- bzw. „dass"-Sätze verwendet werden sollen.

Erweiterung – Projekt: TN stellen den Ort vor, den sie für ihr Studium oder für ihre Arbeit gewählt haben. Sie orientieren sich an folgenden Punkten: Lage, Einwohnerzahl, Sehenswürdigkeiten, besondere persönliche Gründe für die Wahl. Sie erstellen ein Plakat und hängen es im Kursraum auf oder stellen ihren Ort auf Padlet oder auf eine andere interaktive Plattform. TN gehen dann im Raum herum, lesen die Plakate der anderen und schreiben eine kurze, persönliche Anmerkung – 2 bis 3 Sätze – unter das Plakat. Wenn Sie digital arbeiten, kommentieren die TN auf der entsprechenden Seite.

B Anschluss finden, aber wie?

In diesem Lektionsteil liegt der Fokus auf der Fertigkeit „Schreiben". Mithilfe von abgedruckten Forumsbeiträgen, die als Mustertexte fungieren und die von TN analysiert werden, schreiben TN einen eigenen Forumsbeitrag.

1 Aller Anfang ist schwer – oder auch nicht?
[Forumsbeitrag analysieren]

a TN lesen den ersten Forumsbeitrag schnell und überlegen, welches Problem der Autor hat und was man machen könnte, um es zu lösen. TN sammeln ihre Ideen im Kurs. Falls Sie in A1b die Alternative mit den TN durchgeführt haben, können Sie auf den Aspekt „Bekanntschaften in einer neuen Umgebung schließen" zurückgreifen. Fragen Sie nach dem Überfliegen des Textes zunächst nach den Tipps der TN, die bereits Umzugserfahrungen gemacht haben, und sammeln Sie anschließend die Ideen der TN ohne Umzugserfahrung. Notieren Sie die Tipps an der Tafel / am Whiteboard.

b TN lesen 3 weitere Forumsbeiträge, die auf die Frage nach Tipps im ersten Beitrag antworten und begründen, welchen sie am interessantesten finden. In diesen Beiträgen geht es um Tipps dazu, wie man in einer neuen Stadt Anschluss finden kann. Diese Tipps können TN als Anregung dienen, wenn sie sich selbst in dieser Situation befinden. Im ÜB B1 üben TN Nomen-Verb-Verbindungen bzw. Verben aus dem thematischen Kontext. Besprechen Sie mit TN den Tipp zum Lernen von Nomen-Verb-Verbindungen neben der Übung B1a, in dem es darum geht, Wortschatz mit persönlich relevanten Sätzen zu üben.

c TN lesen die Beiträge in 1b noch einmal und markieren die Ausdrücke, die sie verwenden können, um selbst einen Forumsbeitrag mit Tipps zu schreiben. Regen Sie die TN an, eine digitale Redemitteldatei anzulegen und dort nach und nach die Redemittel aus den Lektionen aufzunehmen und mit passenden Beispielen zu ergänzen.

Tipp: Motivieren Sie Ihre TN, sich eine Kartei für Redemittelsammlungen geordnet nach Sprechintentionen anzulegen. Wenn diese über den ganzen Kurs hinweg geführt wird, haben die TN jederzeit Gelegenheit – vor allem, wenn sie diese digital erstellen – rasch darauf zurückzugreifen und entsprechende Hilfen zu erhalten. Außerdem kann die Kartei zum Lernen von Redemitteln genutzt werden.

2 Kontakte knüpfen in meiner Stadt
[in Forumsbeitrag Tipps geben]

TN schreiben einen Forumsbeitrag mit Tipps, wie man in ihrer Heimatstadt Kontakte knüpfen könnte. Dabei können die in 1c markierten Ausdrücke helfen. TN hängen ihre Beiträge im Kursraum auf, lesen die Beiträge der anderen und tauschen sich dann im Kurs darüber aus, welche Beiträge sie interessant fanden und warum. Übungen zu den Redemitteln finden TN in ÜB B2a. In ÜB 2b schreiben TN einen Forumsbeitrag, in dem sie die Redemittel anwenden können.

Binnendifferenzierung: TN, die noch etwas unsicher im schriftlichen Formulieren sind, sollten vorab Stichpunkte notieren sowie Redemittel und Ausdrücke wählen, die sie im Beitrag verwenden möchten. Als weitere binnendifferenzierende Maßnahme können Sie den TN ggf. Einleitungs- und Schlusssätze zur Auswahl an die Hand geben.

C Hier lebe ich nun

In diesem Lektionsteil steht die Fertigkeit „Lesen" im Fokus. Dabei geht es um erste Schritte zum sinnvollen Notieren von wichtigen Textinformationen, um sie mit anderen besprechen zu können.

1 Job oder Studium in einer neuen Stadt – aber wie wohnen? [Vor- und Nachteile erkennen und notieren]

a TN lesen den Einleitungstext von einem Forum zum Erfahrungsaustausch über Wohnformen und überlegen, was das Ziel des Forums ist.

b TN arbeiten in 4er-Gruppen, die jeweils 2 Paare bilden. Sie teilen sich die 4 Forumsbeiträge auf: Paar 1 liest die Forumsbeiträge A und B, Paar 2 die Beiträge C und D auf der nächsten Seite. Jedes Paar betrachtet 2 Fotos und entscheidet, welches Foto zu welchem Beitrag passt. Fordern Sie die TN auf, ihre Forumsbeiträge schnell zu lesen und sich nur auf den Abgleich von Text und Foto zu konzentrieren. Da erfahrungsgemäß viele TN rasch in ein Detaillesen verfallen, empfiehlt es sich, mit Zeitvorgaben zu arbeiten.

c TN lesen ihre jeweiligen Beiträge noch einmal und markieren die Vor- und die Nachteile der genannten Wohnformen in 2 Farben. Erklären Sie den TN, dass sie ihre Forumsbeiträge zunächst nur nach Vor- und Nachteilen durchsuchen sollen und erst in Aufgabenteil 1d die gefundenen Stellen gründlich und genau zur Anfertigung von Notizen lesen sollen. In ÜB C1a bis C1c üben TN relevanten Wortschatz. In ÜB C1d üben TN die Endungen von Wörtern wie „Studierender" oder „Berufstätiger", die für geschlechtsneutrale Bezeichnungen verwendet werden und bei denen die Endungen eine häufige Fehlerquelle sind.

d TN lesen nun die in 1c markierten Stellen genau, um so Stichpunkte zu den wichtigsten Informationen zu notieren. Da es TN erfahrungsgemäß nicht leichtfällt, die wichtigsten Informationen in Sätzen zu erkennen, soll diese Aufgabe sie dazu bringen, sich intensiv damit auseinanderzusetzen, welches die allerwichtigsten Aspekte sind, die man als Stichpunkte formulieren sollte. Im ÜB C2a lesen TN Sätze aus den Forumsbeiträgen. Sie verkürzen die Sätze zu Stichpunkten, mit denen sie die Informationen weitergeben können. Zu diesem Zweck streichen sie die unnötigen Wörter im Satz; in ÜB C2b vergleichen sie ihre Notizen mit einem Partner/einer Partnerin und sprechen über mögliche Unterschiede. Falls diese Übung nicht im Kurs gemacht werden kann, können sich TN an der Musterlösung orientieren. Im ÜB C3a wird eine Übung angeboten, in der TN Notizen zu Vor- und Nachteilen von Wohnformen in ganze Sätze umformulieren. Diese Übung zielt darauf ab, dass TN üben, anhand von Notizen Informationen an andere weiterzugeben. Im ÜB C3b wird eine weitere Übung zur Wortbildung angeboten: Zusammensetzungen mit Verb + Nomen bzw. Präposition + Nomen. Dort wird auf das Digitale Wörterbuch der deutschen Sprache (DWDS: www.dwds.de) hingewiesen. Dieses ist für TN sehr nützlich, weil man dort Wörter nach Form, Bedeutung, Etymologie, thematischem Kontext und in Beispielsätzen finden kann.

Tipp: Um TN beim Herausarbeiten der wichtigsten Informationen zu unterstützen, können Sie die Methode des Schwärzens einführen, indem Sie die TN bitten, alle überflüssigen Satzteile mit einem schwarzen Filzstift zu übermalen. Da es sicherlich einigen TN schwerfällt, unwiederbringliche Streichungen vorzunehmen, ist es ratsam, dass Sie den Text als Kopie austeilen. Wichtig ist außerdem, dass Sie das Ziel des Schwärzens deutlich machen. Es sollen lediglich Stichpunkte für das Übertragen in die Tabelle in 1d stehenbleiben, die dann in 1e als Vorlage für einen Austausch mit einem anderen Paar dienen. Nach dem Schwärzen und vor dem Notieren der Stichpunkte ist bei der Methode noch ein weiterer Schritt vorgesehen. TN tauschen sich zu zweit darüber aus, was sie stehen gelassen haben. Damit wird erreicht, dass TN über die Wichtigkeit der Inhalte diskutieren und ihre Entscheidungen begründen. Weitere Informationen und Beispiele über „Schwärzen" findet man im Internet unter dem Stichwort „Unterrichtsmethode Schwärzen".

e TN tauschen sich mithilfe ihrer Notizen mit einem anderen Paar über die Vor- und Nachteile der Wohnformen aus. Zu den Forumsbeiträgen gibt es zur Verständnissicherung im ÜB C4 eine zusätzliche Aufgabe zum Leseverstehen im Format „richtig / falsch / nicht im Text enthalten", sodass sich alle TN einmal mit allen 4 Forumsbeiträge beschäftigen.

2 So ist das bei uns in ...

TN tauschen sich im Kurs darüber aus, wie Studierende und junge Berufstätige in ihren Herkunftsländern wohnen.

Alternative: TN tauschen sich zunächst in kleinen Gruppen aus. Sie wählen einen Gruppensprecher / eine Gruppensprecherin, der / die anschließend die Informationen der einzelnen Mitglieder kurz zusammenfasst. Ein solches Vorgehen fördert die Interaktion und Zusammenarbeit in der Gruppe sowie die Fähigkeit, sich in der Gruppe auf ein Ergebnis zu einigen und somit die Mediationsaktivität, gemeinsam Bedeutung zu konstruieren.

3 Grammatik: Wortstellung im Hauptsatz

a TN lesen 4 Sätze und markieren die konjugierten Verben.

b TN schreiben die Sätze aus 3a in eine Satzbautabelle und ergänzen die Regeln. Dabei soll ihre Aufmerksamkeit auf 2 Grammatikregeln gelenkt werden: 1. Das Verb steht auf Position 2; 2. Auf Position 1 steht entweder das Subjekt oder eine Angabe, z. B. zu Ort oder Zeit, bzw. ein Verbindungsadverb. Zu Regel 2 wird in „Auf dem Weg zur Kompetenz" im Zusammenhang mit dem Kompetenzbereich „Texte schreiben" eine kleinschrittige Aufgabensequenz angeboten.

c TN lesen 4 Sätze und formulieren die Sätze um, indem sie die markierten Ausdrücke auf Position 1 stellen. Im ÜB C5 wird die Wortstellung im Hauptsatz geübt. In ÜB C6 und C7 wird die Wortstellung in Hauptsätzen mit kausalen Verbindungsadverbien geübt: Im ÜB C6 geht es um die Wortstellung beim Verbindungsadverb „nämlich", im ÜB C7 um die Wortstellung bei den Verbindungsadverbien „deshalb, deswegen, daher".

d TN ergänzen eine Satzbautabelle, die sich auf den Satzbau mit den „aduso"-Konjunktionen (Hauptsatz-Konnektoren) bezieht, mit Informationen aus den Beiträgen in 1b und ergänzen die Regel zur Stellung. Der Ausdruck „aduso", der als Lernhilfe gedacht ist, wird im Tipp erklärt. Im ÜB C8 wird die Verbindung von Hauptsätzen bzw. Satzteilen mit den aduso-Konnektoren geübt.

Erweiterung – aduso-Konnektoren (Kopiervorlage 2): TN arbeiten in kleinen Gruppen und verbinden anhand von Kartensets Sätze bzw. Satzteile mit passenden Konnektoren. Danach bringen sie die Sätze in eine sinnvolle Reihenfolge, sodass ein kleiner Text entsteht.

4 Mein (neues) Zuhause

TN schreiben einen kurzen Text über ihr Zuhause. Anhand der Leitfragen in der Arbeitsanweisung markieren sie in den Forumsbeiträgen A bis D Ausdrücke, die sie in ihrem Text verwenden können.

Erweiterung – kausale Konnektoren: TN schreiben den Text auf ihrem Tablet oder PC, tilgen anschließend die kausalen Konnektoren und verschicken ihn an einen anderen TN, der die Konnektoren ergänzt. Diese Aufgabe bietet sich auch zur Binnendifferenzierung für stärkere TN an.

D Zum Studium wegziehen?

In diesem Lektionsteil geht es innerhalb der Fertigkeit „Sprechen" um die Kompetenz zu diskutieren und dabei Argumente auszutauschen. Auch hier wird der Ansatz fortgeführt, dass TN sich zunächst mit einem Mustertext beschäftigen, hier in Form eines Gespräches zwischen 2 Studierenden.

1 Über den Tellerrand schauen

a TN sprechen im Kurs darüber, was der Ausdruck „über den Tellerrand schauen" bedeuten könnte. Die Illustration rechts hilft.

Erweiterung – plurikultureller Austausch: TN gleicher Muttersprache überlegen, ob es in ihrer Herkunftssprache eine Redewendung mit ähnlicher Bedeutung gibt. Sammeln Sie die Ausdrücke anschließend im Kurs, wobei die TN diese zunächst in ihrer Herkunftssprache nennen und sie danach übersetzen bzw. erläutern.

b TN lesen zuerst die Aussagen 1 bis 5. Sie hören dann ein Gespräch zwischen 2 Studierenden auf einer Erstsemesterparty, in dem es darum geht, ob man an der Heimatuniversität oder in einer anderen Stadt studieren sollte. TN kreuzen an, wer was sagt. Lassen Sie TN etwas Zeit, um die Aussagen vor dem Hören zu lesen und die wichtigsten Wörter zu markieren.

c TN hören das Gespräch noch einmal, lesen dabei Sätze mit markierten Redemitteln und kreuzen die Redemittel an, die sie hören. Dabei wählen sie jeweils zwischen 2 angebotenen Möglichkeiten: a oder b.

Erweiterung – Kursspaziergang: Jeder TN schreibt auf die Vorderseite von einem Kärtchen ein Redemittel für die Sprechabsicht „Meinung äußern" (z. B. „Meiner Ansicht nach …") sowie eine Aussage (z. B. „Am besten studiert man in der Heimatstadt."). Auf die Rückseite schreiben TN die Lösung (z. B. „Meiner Ansicht nach ist es am besten, wenn man in der Heimatstadt studiert."). Zur Lösungssicherung sollten Sie als KL kurz die Karten aller TN ansehen und ggf. korrigieren. TN gehen im Kurs umher und suchen sich einen Partner / eine Partnerin. TN zeigen sich gegenseitig ihre Karten und formulieren die Meinungsäußerungen und vergleichen dann ihre Sätze mit der Lösung auf der Rückseite der Karten. Im Anschluss suchen sich die TN neue Partner.

d TN ordnen die Redemittel aus 1c den 3 Kategorien „seine Meinung sagen", „Argumente nennen" und „auf Aussagen reagieren" zu und markieren 3 Redemittel, die sie in der Diskussion in 2b verwenden wollen. Erinnern Sie die TN daran, die Redemittel in ihre Sammlung einzutragen.

2 Im Inland oder im Ausland studieren

[diskutieren und Argumente austauschen]

a TN arbeiten in 4er-Gruppen, die jeweils 2 Paare bilden. Ein Paar notiert Argumente, die für ein Studium im Inland sprechen. Das andere Paar notiert Argumente, die für ein Studium im Ausland sprechen. Die Argumente in 1b helfen. TN überlegen sich auch Gegenargumente. Dieser Aufgabe ist im ÜB D1 der Ausspracheteil der Lektion zugeordnet, in dem es um Wortakzent und Vokallänge geht. Im ÜB D2a finden TN eine Musterdiskussion in unsortierter Reihenfolge abgedruckt, die TN nach der Logik der Diskussion ordnen sollen. Dafür markieren sie die Redemittel, aus denen man die Reihenfolge ersehen kann. In ÜB D2b hören sie den Dialog zur Kontrolle. In ÜB D2c schließen TN das Buch, spielen den Dialog und nehmen ihn mit dem Smartphone auf. Sie besprechen mit ihrem Partner / ihrer Partnerin, was man verbessern könnte, und tauschen dann die Rollen. Auf diese Weise können TN in einer Minidiskussion die Kompetenz „diskutieren und Argumente austauschen" kleinschrittig einüben, bevor sie die Aufgabe 2b im KB machen.

Alternative: Falls die Aufgabe ÜB D2c nicht im Unterricht gemacht werden kann, können TN auch allein oder mit einem Lernpartner / einer Lernpartnerin zu Hause üben. Sie lesen zuerst den ganzen Dialog laut und nehmen sich dabei mit dem Smartphone auf. Sie hören diese Aufnahme ab und überlegen, was sie beim Sprechen ändern möchten. Dann nehmen sie einmal die eine und einmal die andere Rolle ein und nehmen dies ebenfalls mit dem Smartphone auf. Wenn sie ihre eigenen Aufnahmen hören, können sie die Teile markieren, bei denen sie Verbesserungsbedarf sehen, und das Ganze ggf. noch einmal sprechen.

b TN diskutieren mit einem Partner / einer Partnerin von dem anderen Paar in ihrer Gruppe über die Frage „Soll man im Ausland oder im Inland studieren?". Nach 3 Minuten suchen sie sich einen Diskussionspartner / eine -partnerin aus einer anderen Gruppe. Besprechen Sie den Ablauf mit TN, bevor diese die Diskussion beginnen. Verwenden Sie einen Wecker oder Ähnliches.

Erweiterung – Lerntagebuch (Kopiervorlage 3): Regen Sie die TN an, ein Lerntagebuch – zumindest für die Kursdauer – zu führen. Ein Lerntagebuch bietet den Vorteil, dass es TN auf 2 Arten zur Reflexion anregt: rückblickend, z. B. über die Inhalte der vergangenen Lektion, und vorausschauend, z. B. darüber, welche Techniken, Strategien und Fertigkeiten sie in der nächsten Zeit üben möchten. Sprechen Sie mit den TN darüber, wie oft und wann Sie Einträge vornehmen wollen. Möglich wäre z. B. nach jedem Lernabschnitt (Lektionsteil A, Lektionsteil B usw.) oder nach jeder Lektion. Stimmen Sie darüber ab, ob die TN die Einträge im Kurs selbst (am Ende der Kursstunden) oder zu Hause vornehmen wollen.

Auf dem Weg zur Kompetenz 1

Auf jede Lektion folgt ein vierseitiger Trainingsteil mit der Bezeichnung „Auf dem Weg zur Kompetenz". In diesem Teil, der thematisch mit der Lektion verbunden ist, werden die Grundlagen für bestimmte Kompetenzen, die später in B2 und C1 systematisch aufgebaut werden, kleinschrittig geübt. Es handelt sich also um vorbereitende Schritte in Bezug auf das eigentliche Kompetenztraining. Dieser Teil ist wiederum in 4 Teile gegliedert. In den Teilen 1 und 2 geht es um die Arbeit mit Texten. Schwerpunkte sind hier die Reflexion von Textaufbau und die Produktion von mündlichen und schriftlichen Texten. Zum besseren Verständnis ein Beispiel: Da es in Lektion 1 um das Diskutieren und Argumentieren geht, setzen sich TN in Teil 2 zunächst einmal damit auseinander, was überhaupt unter „Argument" zu verstehen ist, trainieren dann das Argumentieren und wenden dies anschließend in einer Gruppenaktivität an. In den Teilen 3 und 4 werden Lernstrategien vermittelt: in Teil 3 „Grammatik lernen" und in Teil 4 „Wortschatz lernen". Dafür werden verschiedene Übungsmöglichkeiten exemplarisch vorgestellt und von TN, zum Teil spielerisch, erprobt.

Teil 1: In einer neuen Stadt – mein Neuanfang (Arbeit mit Texten – Texte schreiben)

In diesem Teil üben TN kleinschrittig, wie man Texte abwechslungsreicher schreibt, indem man die Satzanfänge variiert. Dies knüpft thematisch an das Thema „Neu in der Stadt" und strukturell an das Grammatikthema der Lektion an, nämlich welche Elemente auf Position 1 im Satz stehen können. Hier nun wenden TN - in stark gelenkter Form - diese Kenntnisse an, um einen Text abwechslungsreicher zu schreiben. In „Auf dem Weg zur Kompetenz 3" wird dies weitergeführt, indem TN den Satzbau variieren.

1 Meine Erfahrungen in der neuen Stadt
[Satzanfänge variieren]

Hier sollen TN das, was sie im KB C3 in Bezug auf die Wortstellung im Satz wiederholt haben, noch einmal reflektieren und Schritt für Schritt in einem praxisnahen Kontext üben, um es am Ende selbst anzuwenden.

a TN lesen den ersten Abschnitt aus einem Forumsbeitrag schnell und tauschen sich darüber aus, um welches Thema es geht.

b TN arbeiten zu zweit. Sie lesen eine Variante des Forumsabschnitts in 1a, vergleichen die beiden Abschnitte und markieren die Stellen, die sich verändert haben. TN reflektieren darüber, was der Hauptunterschied ist (Satzanfänge variiert, s. Lösungen). Um schwächerer TN zu unterstützen, können Sie bei der Paarbildung darauf achten, dass je ein stärkerer mit einem unsicheren/schwächeren TN zusammenarbeitet.

c TN schauen sich ihre Markierungen in 1b noch einmal an. Sie achten darauf, was auf Position 1 steht, und ordnen ihre Markierungen einer Tabelle zu, die nach temporalen, lokalen und modalen Angaben, Nebensatz / Infinitivkonstruktion sowie Verbindungsadverbien aufgeteilt ist. In diesem Aufgabenteil spiegelt sich im inhaltlichen Kontext wider, was TN in der Grammatik im KB C3 geübt haben.

d TN vergleichen gemeinsam die beiden Abschnittsvarianten 1a und 1b und besprechen mit ihrem Partner / ihrer Partnerin, welche Variante sie besser finden und warum.

e TN lesen mit ihrem Partner / ihrer Partnerin den 2. Abschnitt des Forumsbeitrags und verbessern ihn wie im Beispiel in 1b. TN überlegen dabei auch, welche Sätze nicht verändert werden sollten.

f TN vergleichen nun ihre Verbesserungen in 1e mit einem anderen Paar und tauschen sich dann im Kurs über die Verbesserungsvorschläge aus.

Teil 2: Wohnen gegen Hilfe (Arbeit mit Texten – Textsorten analysieren und trainieren)

1 Die Argumentation
[Aufbau von Argumentation erkennen]

Der Hintergrund für die Aufgabe ist ein grundsätzliches Problem: In der Lehrpraxis kann man immer wieder feststellen, dass TN eigentlich nicht genau wissen, was ein Argument ist und wie eine Argumentation aufgebaut ist. Beides sollen TN hier analysieren und in der folgenden Diskussion in der Praxis anwenden. TN lesen dafür die Informationen zum Aufbau einer Argumentation. Sie überlegen, welche Aussage zu welchem Teil der Argumentation gehört, und notieren die entsprechende Nummer.

2 Diskussionen [überzeugend argumentieren]

TN lesen die Diskussion von Ralf und Mia und vergleichen sie mit dem Diskussionsmodell rechts. Sie überlegen sich, um welche Art von Reaktion es sich jeweils handelt: Zustimmung oder Einwand? TN markieren dafür in der Diskussion Zustimmung + Argument in Blau und Einwände + Argument in Rot. Hier sollten Sie vorab mit TN den Begriff „Einwand" - im Sinn von „Gegenargument" - klären und ggf. besprechen, warum es nützlich ist, ein Beispiel für einen Einwand zu bringen, wenn man überzeugend argumentieren will, auch wenn der Nutzen von Beispielen schon in Aufgabe 1 erklärt wird.

3 Wohnpartnerschaften mit Senioren – ja oder nein?
[Vor- und Nachteile diskutieren]

a TN bilden im Kurs 2 Gruppen: A und B. Gruppe A sammelt und notiert 3 oder 4 Argumente für eine Wohnpartnerschaft mit Senioren, Gruppe B Argumente dagegen. Die Gruppen überlegen auch, welche Gegenargumente die anderen haben könnten und wie sie darauf reagieren könnten.

b Dieser Aufgabenteil findet im Stil eines Zick-Zack-Dialogs, auch „American Debate" genannt, statt. Diese Form eignet sich besonders für Pro-Contra-Diskussionen. Die Gruppen stellen sich wie in der abgedruckten Grafik in 2 Reihen auf und diskutieren. Jeder / Jede muss auf das Argument des vorigen Gesprächspartners reagieren, es dafür z. B. auch wiederholen und - an den nächsten TN gewandt - ein neues Argument dafür oder dagegen nennen. Besprechen Sie dafür mit TN die Grafik und die Sprechblasen, bis alle verstanden haben, wie so ein Zick-Zack-Dialog funktioniert.

Binnendifferenzierung: Stellen Sie den TN Redemittel zur Verfügung. Notieren Sie diese an der Tafel / am Whiteboard getrennt nach „Argumente nennen", „Zustimmende Reaktionen auf Argumente", „Reaktionen, die Widerspruch oder Zweifel ausdrücken". Sie können die Redemittel auch auf Kärtchen schreiben und diese so legen, dass alle TN während der Diskussion darauf zugreifen können. Dies ist besonders bei der unten formulierten Alternative hilfreich.

- **Argumente nennen:** Für ... spricht, dass ... / Der Hauptgrund für ... ist, dass ... / Wichtig bei ... ist, dass ... / Es ist schwierig / leicht ...
- **Zustimmende Reaktionen auf Argumente:** Das ist ein gutes Argument. / Da hast du recht. / Da stimme ich dir zu. / Ja, das stimmt natürlich.
- **Reaktionen, die Widerspruch oder Zweifel ausdrücken:** Das sehe ich anders. / Da bin ich ganz anderer Meinung. / Ich verstehe, was du sagst, aber ... / Das stimmt zwar, aber ...

Alternative: TN arbeiten in 4-er- oder 6er-Gruppen und sitzen sich an Tischen gegenüber. Dies kann vorteilhaft sein, wenn TN nicht so viele Argumente gefunden haben. Auf der einen Tischseite sitzt die Pro-Gruppe, ihr gegenüber die Contra-Gruppe. Jede Gruppe hat einen Beobachter, der die Argumente notiert und nach der Diskussion im Kurs vorträgt; es können auch 2 Beobachter sein, die die Argumente und Gegenargumente (Einwände) abwechselnd vortragen. Bei der Diskussion redet immer ein Mitglied der Pro- abwechselnd mit einem Mitglied der Contra-Gruppe. Dabei muss sich jeder / jede zuerst auf den Beitrag des Vorredners / der Vorrednerin beziehen. Stellen Sie den TN ggf. passende Redemittel zur Verfügung, wie in der „Binnendifferenzierung" beschrieben.

Teil 3: Oh diese Wortstellung! (Lernstrategien – Grammatik lernen)

Im Teil 3 geht es immer um Lernstrategien zum Grammatiklernen. Dafür werden jeweils verschiedene Aktivitäten - oft auch spielerische - angeboten, nach dem Motto „Was man mit Spaß, vielleicht auch mit Bewegung lernt, behält man besser".

1 Wie lerne ich die Wortstellung? [Wortstellung trainieren]

In dieser Aufgabe soll das Vorwissen der TN darüber, wie man die deutsche Wortstellung lernen kann, aktiviert und der Austausch darüber im Kurs gefördert werden.

a Teilnehmende eines Deutschkurses haben auf Karten geschrieben, wie sie die deutsche Wortstellung lernen. Die Karten sind abgebildet. TN lesen die Karten und sprechen im Kurs darüber, wie sie die Methoden finden. Bei den Beispielen auf den Kärtchen handelt es sich um die Wortstellung in Hauptsätzen.

b TN schreiben ihre Lieblingsmethode zum Wortschatzlernen auf eine Karte. Sie hängen die Karten im Kursraum auf und lesen die Karten der anderen. Dann sprechen sie im Kurs darüber, welche Methode ihnen am besten gefällt.

Spiel – Wortstellung im Nebensatz: Um die Wortstellung zu automatisieren, können TN ein Kettenspiel nach dem Prinzip „Ich packe meinen Koffer ..." machen, in dem die Wortstellung in Nebensätzen geübt und durch die häufige Wiederholung automatisiert wird: TN stellen sich in 2 Reihen auf. Die / Der Erste antwortet auf die Frage und fragt dann die / den Nächste/n. Die / Der Nächste wiederholt, was die / der Erste gesagt hat, antwortet auf die Frage und fragt die / den Nächste/n usw. Die Antworten können auch lustig oder unsinnig sein, z. B.: „Was machst du, wenn du Langeweile hast? TN 1: „Wenn ich Langeweile habe, springe ich auf dem Trampolin." TN 2: „TN 1 springt auf dem Trampolin, wenn er / sie Langweile hat. Wenn ich Langeweile habe, langweile ich mich weiter." TN3: „TN 1 springt auf dem Trampolin, TN 2 langweilt sich weiter, wenn ich Langeweile habe, gehe ich in den Park." etc. Sagen Sie TN auch, dass die Beispiele lustig oder absurd sein können, dann macht es noch mehr Spaß!

2 So ein Kauderwelsch! – Das klingt lustig in meiner Sprache [Wortstellung bewusst machen]

Diese Aufgabe dient dem Sprachvergleich durch Interlinearübersetzung. 2 Beispiele mit Deutsch und Englisch zeigen das Prinzip. Wenn man einen Satz in einer anderen Sprache wortwörtlich in die eigene Sprache übersetzt, entstehen merkwürdige, oft lustige Sätze. Wenn man sie liest, merkt man ganz schnell die strukturellen Unterschiede, ohne dass es vieler Erklärungen bedarf. Und dadurch, dass die Sätze so merkwürdig sind, merkt man sich das Phänomen auch besser.

a Hier geht es um die Verbindung von Haupt- und Nebensatz. TN übertragen 2 deutsche Beispielsätze interlinear, d. h., indem sie die deutsche Wortstellung beibehalten, in ihre eigene Sprache und überlegen, was sie nun an dem muttersprachlichen Satz merkwürdig finden.

b TN formulieren in Gruppen kurze deutsche Sätze mit der Wortstellung aus ihrer Sprache und fragen die anderen, wie der Satz richtig heißt.

Teil 4: Wörter in thematischer Umgebung (Lernstrategien – Wortschatz lernen)

Im Teil 4 geht es immer um Lernstrategien zum Wortschatzlernen. Dafür werden jeweils verschiedene Aktivitäten – sowohl strukturierte als oft auch spielerische – angeboten, da sich für unterschiedliche Lerntypen verschiedene Methoden eignen und man das, was man gern lernt, besser behält.

1 So viele Wörter ...

Diese Aufgabe dient dem Austausch über Methoden des Wortschatzlernens. TN sprechen im Kurs darüber, was sie von der Lernmethode halten, die durch die Illustration dargestellt wird. Dort geht es um das beliebte Lernen mit zweispaltigen Vokabellisten (Fremdsprache – Übersetzung), indem man eine Seite verdeckt und sich selbst in Gedanken abfragt. TN tauschen sich auch darüber aus, wie sie selbst Wortschatz lernen.

2 Wörter thematisch ordnen
[Wortschatz effektiver lernen]

Hier geht es um das Wortschatzlernen mit nach Themen organisierten Wortschatzkarten.

a TN schauen sich die Vorder- und die Rückseite der Wortschatzkarte an. Sie ergänzen die Überschrift für das Thema und notieren weitere Wörter aus der Wortschatzliste zu Lektion 1 im ÜB, die zum Thema passen. Außerdem wird durch die Rückseite der Karte verdeutlicht, dass es ratsam ist, Wörter in Beispielsätzen zu lernen.

b TN legen eine thematische Karte wie in 2a zum Thema „studieren" an. Sie erstellen jeweils zu zweit die Vorder- und Rückseite der Karte. Sie können sich dabei auch an der Wortschatzliste zu Lektion 1 im ÜB orientieren. Im Tipp finden TN den Hinweis auf Online-Wörterbücher wie den Duden oder das DWDS, wo man Wörter im typischen Kontext finden kann.

c TN besprechen ihre Karte zum Thema „studieren" mit einem anderen Paar.

Erweiterung – Online-Wörterbücher: Bilden Sie 2 Gruppen. Gruppe 1 recherchiert im Duden, Gruppe 2 im DWDS die Stichwörter „Kontakt" und „Mentalität". Anschließend vergleichen die Gruppen ihre Ergebnisse und sprechen über die Rubriken und Eintragungen wie Herkunft der Wörter, typische Verbindungen (Kollokationen) usw. Mittels dieser Recherchen und Vergleiche wird ein Übergang zu Aufgabe 3, in der u.a. Synonyme thematisiert werden, geschaffen, da beide Online-Wörterbücher auch Synonyme zu Suchwörtern auflisten.

3 Synonyme und Antonyme gemeinsam lernen
[Wortschatz effektiver lernen]

a TN notieren mit einem Partner / einer Partnerin zu jedem Wort oder Ausdruck in der Tabelle – wenn möglich – Begriffe mit gleicher Bedeutung und mit ihrem Gegenteil. Sie schauen ggf. auf der Wortschatzliste zu Lektion 1 im ÜB nach. Anschließend ergänzen sie noch weitere Wörter mit ihrem Synonym (Symbol: =) bzw. Antonym (Symbol: #). Der Tipp weist auf dieses Vorgehen hin.

b TN bilden im Kurs 2 Gruppen: A und B. Jemand von Gruppe A sagt „Synonym oder Antonym von ..." mit einem Wort / Ausdruck von seiner Liste. Jemand von Gruppe B antwortet. Wenn die Antwort richtig ist, ist Gruppe B an der Reihe. Wenn nicht, stellt die nächste Person aus Gruppe A eine Frage. Wenn alle Personen einer Gruppe Fragen gestellt haben, ist das Spiel zu Ende und diese Gruppe gewinnt.

Film 1: Eine Stadt mit vielen Gesichtern

Nach jeder Lektion folgt ein Film, der jedesmal in der Region spielt, die in der Lektion thematisiert wird, und zu dem es immer 2 Seiten mit Aufgaben gibt. Auf diese Weise werden die landeskundlichen Kenntnisse der TN erweitert und u.U. bei den TN Interesse geweckt, mehr über die Region zu erfahren.
Im Film 1 erfahren die TN passend zum Thema von Lektionsteil A, was Bewohner und Bewohnerinnen von Aachen an ihrer Stadt so lieben. TN erhalten zudem die Möglichkeit, die Aspekte, die die Bewohner und Bewohnerinnen von Aachen nennen, mit dem zu vergleichen, was ihnen an der Stadt, in der sie sich zu Hause fühlen, besonders gefällt. Darüber hinaus erhalten die TN sowohl im Film selbst, als auch auf den beiden Filmseiten weitere Informationen über Besonderheiten von Aachen, z.B. zum Aachener Dialekt, zu kulinarischen Besonderheiten, wie den Printen oder dem Sauerbraten, zum CHIO oder zum Internationalen Karlspreis zu Aachen.

Binnendifferenzierung: Da die Personen im Film zum Teil sehr schnell sprechen, kann es für schwächere TN hilfreich sein, in YouTube unter „Einstellungen" die Wiedergabegeschwindigkeit etwas zu vermindern. Den Film finden Sie bei YouTube unter „Aachen – mein Zuhause". Probieren Sie mit den TN verschiedene Geschwindigkeiten aus. Auf diese Weise können TN den Film auch mehrfach sehen. Wenn man die Geschwindigkeit z.B. auf 0,75 setzen, klingt der Text noch natürlich, wenn man ihn noch mehr verlangsamt, ist das natürlich nicht der Fall, aber auch das kann im Kurs Spaß machen.

Erweiterung – Aachen: Über Aachen gibt es viele sehr informative Filme. Man braucht nur bei YouTube „Aachen" einzugeben und schon bekommt man eine Liste, darunter z.B. den empfehlenswerten Film „Aachen – Stadt und Region". Auch auf der Webseite der Stadt Aachen können TN interessante Informationen finden. Bei Interesse könnten sich Gruppen verschiedene Filme ansehen und dann im Kurs berichten, was neu für sie war.

Lektion 2

Überblick

Thema
In dieser Lektion geht es um das Thema „Migration“, insbesondere um die Gründe für Auswanderung aus bzw. Zuwanderung nach Deutschland, Letzteres auch aus historischer Perspektive.

Fertigkeiten und Kompetenzen
Nachdem sich TN in der Lektion 1 im rezeptiven wie im produktiven Bereich mit Grundlagen des Argumentierens beschäftigt haben, wird dies hier fortgeführt, indem TN sich mit Informationen zu Gründen und Zielen von Personen beschäftigen und auf argumentative Aussagen von anderen mündlich und schriftlich reagieren. Auch die Kompetenz, strukturierte Notizen zu machen, wird ausgebaut und es wird weiter trainiert, Inhalte mithilfe dieser Notizen weiterzugeben.

Grammatik
In dieser Lektion werden im Lektionsteil A das Präsens und Perfekt wiederholt und im Lektionsteil C das Präteritum und Plusquamperfekt. Hierbei geht es hauptsächlich darum, dass TN sich die Funktion und Bedeutung der Zeiten im Deutschen noch einmal klarmachen. Wichtige formale Aspekte werden im Übungsbuch geübt. Das Thema „Wortstellung im Satz“, das bereits in Lektion 1 eine Rolle spielt, wird hier auf der Basis von Übungen zu den Zeiten im Übungsbuch ebenfalls weitergeführt.

Aufgabensequenzen

A In der Fremde zu Hause

In diesem Lektionsteil geht es um Gründe, die deutsche Auswanderer und Auswanderinnen für ihre Auswanderung nennen, sowie um Ziele, die sie mit der Auswanderung verfolgen. Auf Seite 2 steht die Fertigkeit „Hören“ im Fokus und die Kompetenz, Informationen gezielt herauszuhören und strukturiert zu notieren. Dies ermöglicht TN, die wichtige Mediationsaktivität „Informationen an andere weitergeben“ zu trainieren.

Einstieg: Schaffen Sie einen Übergang zum Lektionsteil A, indem Sie die TN nochmals auf Lektion 1, Teil D verweisen und sagen, dass es dort um Studieren im Ausland ging und dass sich Teil A von Lektion 2 mit weiteren Gründen, das Herkunftsland zu verlassen, beschäftigt.

1 Auswanderer früher und heute

a Der Einstieg in das Thema findet über die Fotos von Auswanderinnen und Auswanderern statt. TN betrachten die Fotos und stellen Vermutungen an, warum die Menschen ausgewandert sind und welche Ziele sie hatten. In 2 Schüttelkästen wird passender Wortschatz zur Verfügung gestellt. Dieser wird im ÜB A1 geübt.

b TN sprechen im Kurs darüber, ob sie Menschen kennen, die ausgewandert oder für längere Zeit in ihr Heimatland gekommen sind, und was deren Gründe dafür waren.

Alternative: Erstellen Sie für jeden TN ein Arbeitsblatt wie unten abgebildet, und bitten Sie die TN, sich im Raum zu bewegen und mit anderen TN zu sprechen. Ziel ist es, sich mit mindestens 3 verschiedenen Personen über Ein- bzw. Auswanderung auszutauschen. Die Namen der Gesprächspartner/-partnerinnen werden auf dem Arbeitsblatt notiert. Außerdem kreuzen die TN an, ob der Partner/die Partnerin über Ein- oder Auswanderung spricht, und notieren, über welche Personen und Gründe er/sie berichtet. Um auch das Sprechen in der Großgruppe zu üben, rufen Sie nacheinander TN auf mit der Bitte, die Aussagen eines Partners/einer Partnerin kurz wiederzugeben.

Name von Partner/in	Einwanderung	Auswanderung	Personen / Grund
______	☐	☐	______
______	☐	☐	______
______	☐	☐	______
______	☐	☐	______

2 Deutsche Auswanderer berichten – drei Erfahrungsberichte [Informationen gezielt heraushören und notieren]

In dieser Aufgabe steht die Fertigkeit „Hören“ im Fokus und die Basiskompetenz, strukturierte Notizen zu machen, um Informationen weiterzugeben, wird kleinschrittig trainiert.

a TN bilden 3 Gruppen. Jede Gruppe hört einen der Beiträge von 3 Auswanderern aus einer Radiosendung zum Thema „Auswanderung aus Deutschland“ und notiert Stichpunkte zu den Antworten ihrer Person zu 4 abgedruckten W-Fragen. Im ÜB A2 geht es darum, wie TN schneller Notizen machen können: In A2a und A2b üben sie Abkürzungen und Symbole, in A2c kürzen sie Sätze aus dem Interview, indem sie unnötige Wörter streichen und Abkürzungen und Symbole verwenden.

Binnendifferenzierung – Textpuzzle (Kopiervorlage 4): Schwächere TN erhalten den Text in Form von Papierstreifen, die sie während des Hörvorgangs in die richtige Reihenfolge bringen müssen. Danach kürzen TN den Text auf den Streifen so, dass nur Stichpunkte mit den wichtigsten Informationen zu den W-Fragen „Wann? / Wohin? / Warum? / Welches berufliche Ziel? / Welches private Ziel?“ übrigbleiben. Im ÜB A2c hatten TN bereits Gelegenheit, dies zu üben, sodass ihnen dieses Vorgehen nicht neu ist. Die so entstandenen Notizen tragen sie in den Notizzettel im KB ein und vergleichen die Notizen dann in ihrer Gruppe, wie in Aufgabe 2b vorgesehen.

b TN vergleichen ihre Notizen in der Gruppe und ergänzen sie, wenn nötig. Achten Sie darauf, dass die TN ausreichend Zeit für den Austausch haben und weisen Sie die TN darauf hin, dass sie ihre Notizen auch mit Stichpunkten eines Partners / einer Partnerin ergänzen können.

c TN hören „ihren" Erfahrungsbericht noch einmal und achten darauf, wie „ihre" Person über ihre Wünsche und Pläne spricht. Sie notieren die gehörten Redemittel, indem sie Satzanfänge ergänzen. Anschließend sammeln die TN die Redemittel aus allen Gruppen im Kurs. Regen Sie die TN dazu an, die Redemittel in ihre Sammlung zu übertragen.

Binnendifferenzierung – Redemittel (Kopiervorlage 4): Sie verteilen die Erfahrungsberichte als Ganzes, ohne sie in Textabschnitte zu zerschneiden. Unsichere bzw. schwächere TN können auf diese Weise die Erfahrungsberichte gleichzeitig lesen und hören und dabei die gehörten Redemittel markieren. Bei der anschließenden Kontrolle innerhalb der 3 Gruppen sollten jeweils die TN, die mit der Kopiervorlage gearbeitet haben, anhand der Transkription die Kontrolle der Ergebnisse vornehmen. Auf diese Weise leisten alle TN einen Beitrag zum Gelingen der Aufgabe.

d TN formulieren Sätze mit den Wünschen bzw. Zielen der Auswanderer so um, dass sie die Inhalte an eine andere Person weitergeben können. Dieser und der vorige Aufgabenteil dienen als Vorbereitung auf die Mediationsaktivität in der folgenden Abschlussaufgabe 3.

3 Was hatten die Auswanderer vor?
[Informationen anhand von Notizen weitergeben]

a TN bilden Expertengruppen, in denen jeder / jede einen anderen Bericht gehört hat. Sie informieren sich gegenseitig mithilfe ihrer Notizen aus 2a über ihre Berichte. Die Redemittel in 2c und 2d helfen. Wer zuhört, notiert Stichpunkte zu den Informationen der anderen. Stellen Sie dabei den TN frei, ob sie sich kurz vorbereiten wollen (max. 3 Minuten) und bitten Sie sie, das Schema mit W-Fragen von der Kopiervorlage 4 in ihr Heft / auf ihr Tablet zu übertragen.

b TN tauschen im Kurs die Informationen von allen Gruppen aus und besprechen, ob alle die wichtigsten Informationen verstanden haben. Mit dem Ziel der Verständnissicherung wird im ÜB A3 eine zusätzliche Hörverstehensaufgabe im Format „Was ist richtig: a oder b?" angeboten, durch die alle TN die 3 Erfahrungsberichte noch einmal im Zusammenhang hören können.

4 Grammatik: Präsens – sich über Gegenwärtiges und Zukünftiges äußern

a TN lesen 2 Sätze aus den Erfahrungsberichten und markieren die Verben. Sie lesen dann die Regeln und kreuzen die richtige an. Hier geht es darum, dass TN sich noch einmal klarmachen, dass das Präsens im Deutschen auch für Zukünftiges verwendet werden kann.

b TN lesen 5 Sätze und kreuzen an, ob es sich um ein Ereignis in der Gegenwart oder der Zukunft handelt. Auch im ÜB A4 wird dies geübt, indem TN Verben im Präsens ergänzen und notieren, ob sich der Satz inhaltlich auf die Gegenwart oder die Zukunft bezieht.

c TN schreiben 5 Sätze dazu, was sie am nächsten Tag, am nächsten Wochenende, im nächsten Monat, im nächsten Jahr oder zu einem Zeitpunkt ihrer Wahl machen werden. Dabei sollen sie unterschiedliche Temporalangaben verwenden und die Wortstellung variieren. Die Aufforderung, die Wortstellung zu variieren, greift das in Lektion 1 Geübte noch einmal auf.

Erweiterung – Ratespiel: Sammeln Sie von jedem TN einen Satz über seine Wochenendpläne ein und legen Sie die Papierstreifen in ein Gefäß. Bitten Sie einen TN, einen beliebigen Streifen zu ziehen und den Satz vorzulesen. Die anderen TN raten, wer den Satz geschrieben hat. Danach wird der nächste Papierstreifen gezogen, der Satz wird vorgelesen, die Gruppe rät usw. Diese spielerische Aktivität macht die Grammatikübung etwas „leichter" und hat den Vorteil, dass sich die TN besser kennenlernen und somit die Gruppenatmosphäre verbessert wird.

5 Grammatik: Perfekt – sich über Vergangenes äußern

Einstieg: Fragen Sie die TN vor dem ersten Abspielen des Textes nach Möglichkeiten, um Vergangenes auszudrücken, und lassen Sie die TN dazu einfache Beispielsätze („Ich bin in … geboren." oder „Ich war krank." usw.) formulieren.

a TN hören zu zweit, was die Moderatorin über Michaels Erfahrungen sagt. Sie konzentrieren sich dabei nur auf die Verbformen. Partner/in A notiert alle Verben im Perfekt, Partner/in B alle Verben im Präteritum.

Erweiterung – Autokontrolle: Verteilen Sie den Text zur Autokontrolle an die Paare. TN lesen den Text und markieren Perfekt- und Präteritumformen in verschiedenen Farben.

b TN schauen sich die Verben in 5a noch einmal an und kreuzen die passenden Regeln zum Gebrauch des Perfekts bzw. zur Verwendung des Präteritums bei frequenten Verben an. Im ÜB A5 werden die Bildung des Perfekts und seine Wortstellung wiederholt sowie in einem typischen Kontext geübt.

6 Und Ihre Erfahrung?

TN sprechen mit einem Partner / einer Partnerin darüber, ob sie schon einmal länger in einem anderen Land gelebt haben oder ob sie sich vorstellen könnten, in ein anderes Land zu gehen und welche Hoffnungen sie mit dem Land verbinden. Dabei können die Redemittel aus 2c helfen.

Binnendifferenzierung: TN fertigen zunächst Stichpunkte – z. B. zu den Fragen „Wann? / Wohin? / Warum? / Welches Ziel?" – an, wobei je eine Information auf ein Kärtchen geschrieben wird. Danach wählen sie für jeden Stichpunkt ein Redemittel aus 2c aus und notieren auch diese auf Kärtchen, die sie zu dem entsprechenden Informationskärtchen legen. Sie formulieren in Gedanken ihren Beitrag und beginnen erst danach, ihrem Partner / ihrer Partnerin zu berichten. TN, die ihren Austausch bereits beendet haben, können ihre Texte mit dem Smartphone aufnehmen und später auf freiwilliger Basis im Kurs abspielen.

B Zuwanderung heute

In diesem Lektionsteil steht die Fertigkeit „Sprechen" im Fokus. Das Thema „Argumentieren" wird fortgeführt, indem die TN hier auf die Aussagen eines Partners oder einer Partnerin mit Zustimmung oder Ablehnung reagieren.

1 Ein neues Leben in Deutschland

a TN schreiben Ideen zu der Frage „Welche neuen Erfahrungen macht man, wenn man in ein fremdes Land geht?" auf Karten und hängen diese an die Wand.

Erweiterung – Clustern: TN ordnen am Ende der Aktivität die Kärtchen nach Inhalt und finden Überschriften, unter denen sie an die Wand gepinnt werden. Wenn Teilaufgaben, wie z. B. das Vorlesen der Texte, die Entscheidung, welche Kärtchen zusammenpassen, sowie das Moderieren der Überschriftenvorschläge von Ihnen unterstützt werden, können die TN das Clustern selbstständig durchführen. Auf diese Weise trainieren TN die Mediationsaktivitäten „Interaktion in der Gruppe organisieren" und „gemeinsame Konstruktion von Bedeutung".

b TN lesen zuerst 9 Aussagen aus einem Auszug eines Radiofeatures für junge Zuwanderer / Zuwanderinnen in Deutschland und markieren die wichtigsten Wörter. Falls TN unsicher sind, sollten Sie diese Aufgabe in Paaren durchführen lassen.

c TN hören dann den Auszug aus einem Radiofeature über junge Zuwanderer und Zuwanderinnen in Deutschland und kreuzen an, welche Aussage zu welcher Person passt. 2 Aussagen passen zu beiden.

d TN lesen die Redemittel, hören den Auszug aus dem Radiofeature in 1c noch einmal und kreuzen an, welche der abgedruckten Redemittel sie hören. Im ÜB B1 werden die Redemittel für Meinungsäußerungen geübt. Regen Sie die TN dazu an, die abgedruckten Redemittel in ihre Redemittelsammlung zu übertragen und die Sprechintention „seine Meinung äußern" um die Aspekte „jdm. zustimmen" und „jdm. widersprechen" zu erweitern.

2 Stimmen Sie zu? [auf Aussagen reagieren]

TN machen einen Kursspaziergang und sprechen mit einem Partner / einer Partnerin darüber, welchen Argumenten in 1c sie zustimmen, welchen nicht und warum. Dabei helfen die Redemittel aus 1d. TN tauschen sich auch darüber aus, ob sie ähnliche oder andere Erfahrungen gemacht haben. Nach einer Minute wechseln TN immer den Partner / die Partnerin, sodass es einen Austausch unter möglichst vielen TN des Kurses gibt. An diese Aufgabe ist in ÜB B2 der Ausspracheteil der Lektion angedockt, in dem es um das Schwa und das vokalisierte „r" geht.

Binnendifferenzierung: Erarbeiten Sie den Kursspaziergang Schritt für Schritt, indem Sie anregen, dass sich die TN zunächst die Aussagen in 1c nochmals genau durchlesen und entscheiden, welcher Aussage sie zustimmen und welcher nicht. Im zweiten Schritt überlegen sich die TN, weshalb sie einer Aussage zustimmen bzw. diese ablehnen. Zum Schluss wählen sie Redemittel aus 1d.

Alternative – Kugellager: TN 1 beginnt mit einer Aussage und begründet diese. TN 2 stimmt zu bzw. äußert seine Bedenken und nennt den Grund dafür. Anschließend formuliert er / sie seine / ihre Meinung mit Angabe des Grundes zu einem anderen Aspekt. TN 3 reagiert usw.

C Zuwanderung früher

In diesem Lektionsteil steht die Fertigkeit „Lesen" im Fokus. Hier werden die Kompetenzen „strukturierte Notizen machen" und „Inhalte mithilfe von Notizen wiedergeben" weiter aufgebaut. Dies wird durch Aufgaben im ÜB kleinschrittig geübt.

1 Zuwanderung ins Ruhrgebiet im 19. Jahrhundert [strukturierte Notizen machen]

a TN arbeiten in 4er-Gruppen. Jede 4er-Gruppe bildet 2 Paare: A und B. Diese Aufgabe wird von Paar A bearbeitet. Eine analoge Aufgabe bearbeitet das Paar B in Aufgabe 3. TN lesen den Artikel von der Webseite einer Stadt im Ruhrgebiet schnell, um zu erkennen, worum es in dem Artikel geht. Dafür kreuzen sie die passende von 2 Antworten an. Die Bezeichnungen „überfliegen" bzw. „globales Lesen" haben wir hier vermieden, da dies ausführlich in B2 behandelt wird. Klären Sie dafür mit den TN vorab, was „schnell" hier bedeutet, nämlich schnell lesen, um den Hauptinhalt zu identifizieren und sich nicht an Details, z. B. an unbekannten Wörtern, „festzubeißen".

Binnendifferenzierung: Je ein stärkerer und ein schwächerer TN arbeiten zusammen, sodass schwächere TN unterstützt werden können. Besonders in Aufgabenteil 1b – beim Ausfüllen des Notizzettels – können davon schwächere TN profitieren und mehr Sicherheit gewinnen.

b TN lesen den Artikel noch einmal und ergänzen zu zweit das abgedruckte Notizblatt. Dieses Notizblatt soll als Beispiel dafür dienen, wie man seine Notizen strukturiert und übersichtlich gestalten kann. Gleichzeitig soll es

Möglichkeiten zeigen, wie man Stichpunkte formulieren und Symbole bzw. Abkürzungen gebrauchen kann, wie z.B. einen Pfeil, der auf die Folge von etwas vorher Gesagtem hinweist. Da dies eine erste Aufgabe zum strukturierten Notieren ist, sind eine Reihe von Inhalten bereits auf diese Weise handschriftlich abgedruckt, sodass TN das Notieren erleichtert wird. Im ÜB C1 wird der Wortschatz geübt. Im ÜB C3a wird eine Übung angeboten, in der TN das Thema „strukturierte Notizen machen" vertiefen, indem sie sich mit einem Notizzettel und den darauf abgedruckten Notizen beschäftigen. Sie schauen sich den Notizzettel an und überlegen, ob er gut strukturiert ist und die wichtigsten Informationen aus dem Text enthält. Zur Unterstützung finden TN im Tipp die wichtigsten formalen Aspekte, die man beachten sollte, um strukturiert und auch schnell zu notieren. Im ÜB C3b schauen sich TN diese Notizen noch einmal genau an und korrigieren 5 inhaltliche Fehler. Der Text mit der Überschrift „Die DDR - ein Auswanderungsland", der als Basis für diese Übung dient, ist darüber hinaus eine wichtige landeskundliche Ergänzung in Bezug auf Migrationsaspekte in Deutschland.

Erweiterung - Symbole und Abkürzungen (Kopiervorlage 5): TN ordnen Kärtchen mit Symbolen bzw. Abkürzungen den passenden Erklärungen zu.

2 Die Ruhrpolen
[Inhalte mithilfe von Notizen wiedergeben]

a TN decken den Artikel in 1b ab, z.B. mit einem Blatt Papier. Sie bilden neue Paare aus A und B und geben mithilfe ihrer Notizen den Inhalt ihres Artikels wieder. Ihr Partner / Ihre Partnerin macht dazu Notizen. Dann tauschen sie die Rollen. Es ist wichtig, dass TN den Artikel abdecken, damit sie nicht in Versuchung kommen, Sätze daraus abzulesen, denn sie sollen ja gerade aus den Stichpunkten neue verständliche Sätze formulieren.

b Die Paare lesen gemeinsam noch einmal den Artikel in 1b und vergleichen ihn mit den Notizen, die der / die Zuhörende in 2a gemacht hat. Sie besprechen ihr Ergebnis und überlegen ggf., was sie in Zukunft verbessern können.

3 Zuwanderung in den 1950er- und 1960er-Jahren
[strukturierte Notizen machen]

a TN arbeiten in 4er-Gruppen. Jede 4er-Gruppe bildet 2 Paare: A und B. Diese Aufgabe wird von Paar B bearbeitet. TN lesen den Artikel aus einem Geschichtsforum schnell, um zu erkennen, worum es in dem Artikel geht. Dafür kreuzen sie die passende von 2 Antworten an. In den Antworten wird die Abkürzung „BRD" verwendet. Dazu finden Sie im Folgenden zusätzliche Informationen. Die Bezeichnungen „überfliegen" bzw. „globales Lesen" wird hier vermieden, da dies ausführlich in B2 behandelt wird. Klären Sie dafür mit den TN vorab, was „schnell" hier bedeutet, nämlich schnell lesen, um den Hauptinhalt zu identifizieren und sich nicht an Details, z.B. an unbekannten Wörtern, „festzubeißen".

Erweiterung - zur Abkürzung „BRD": Da die Verwendung dieser Abkürzung in der Bundesrepublik eine Zeitlang umstritten war, möchten wir hier einige Hintergrundinformationen dazu liefern, falls es in Ihren Kursen geschichtlich interessierte TN gibt. Bei Interesse können Sie Genaueres dazu auf der Webseite des Bundestages finden: Schon in den 1950er-Jahren war die Abkürzung „BRD" für die Bundesrepublik Deutschland gebräuchlich, im Jahr 1967 wurde sie auch im Rechtschreibeduden (16. Auflage) aufgeführt und war Ende der 1960er-Jahre allgemein, auch in offiziellen Dokumenten, verbreitet. Erst 1965 wurde vom Bundesministerium für gesamtdeutsche Fragen empfohlen, die Abkürzung „BRD" oder die Bezeichnung „Bundesrepublik" ohne den Zusatz „Deutschland" nicht zu verwenden. Sowohl in offiziellen Dokumenten als auch in den Medien und im Schulunterricht wurde diese Empfehlung in den folgenden Jahren umgesetzt. Der Hintergrund dafür war, dass im damals nach dem Zweiten Weltkrieg geteilten Deutschland die Bundesrepublik Deutschland bis in die 1970er-Jahre den Anspruch hatte, die Gesamtheit des deutschen Volkes zu vertreten. Im Gegenzug dazu gab es in der Bundesrepublik gesellschaftliche Gruppen, die die DDR als bessere Alternative für Deutschland sahen und daher wie in der DDR selbst das Kürzel BRD verwendeten. Die meisten Bundesbürger teilten diese Einstellung jedoch nicht und waren daher auch gegen die Verwendung der Abkürzung BRD. Die öffentlichen Auseinandersetzungen darüber änderten sich erst, nachdem die DDR und die Bundesrepublik Deutschland 1972 einen Vertrag über die „Grundlagen der Beziehungen der beiden deutschen Staaten" unterzeichnet hatten, in dem man sich zu guter Nachbarschaft auf der Basis der Gleichberechtigung und der Unverletzlichkeit der Grenzen verpflichtete. 1973 wurden beide deutsche Staaten in die Vereinten Nationen aufgenommen. Untersuchungen der GfdS (Gesellschaft für deutsche Sprache) zum Sprachgebrauch ergaben, dass schon am Anfang der 1970er-Jahre „in Westdeutschland" meist nur die Kurzform „Bundesrepublik" verwendet wurde, während der Gebrauch der Abkürzung „BRD" sehr selten war. Das änderte sich auch in den folgenden Jahrzehnten nicht. Nach der Wiedervereinigung im Jahr 1990 wurde die Diskussion darüber uninteressant und in den Regeln der Schulen und Universitäten war der Beschluss „Die Abkürzung BRD ist nicht zu verwenden." nicht mehr enthalten. (Quelle: https://www.bundestag.de)

b TN lesen den Artikel noch einmal und ergänzen zu zweit das abgedruckte Notizblatt. Hierzu finden TN im ÜB C2 eine Übung, in der sie unterstrichene Wörter durch passende Ausdrücke aus dem Schüttelkasten ersetzen. Diese Übung ist hilfreich, wenn TN bestimmte Inhalte paraphrasieren wollen. Im ÜB C3 finden TN die Übung zum Notizenmachen, die unter 1b beschrieben ist.

4 Die Gastarbeiter

[Inhalte mithilfe von Notizen wiedergeben]

Diese Aufgabe ist analog zu Aufgabe 2 aufgebaut. Die Bezeichnung „Gastarbeiter" wird häufiger kritisiert, da es sich bei diesen Menschen ja nicht um „Gäste", sondern um Vertragsarbeiter / -arbeiterinnen handelte. Da der Begriff jedoch dem historischen entspricht, wird er auch in der Überschrift verwendet und im Artikel selbst in Anführungszeichen gesetzt.

a TN decken den Artikel in 3b ab, z. B. mit einem Blatt Papier. Sie bilden neue Paare aus A und B und geben mithilfe ihrer Notizen den Inhalt ihres Artikels wieder. Ihr Partner / Ihre Partnerin macht dazu Notizen. Dann tauschen sie die Rollen. Es ist wichtig, dass TN den Artikel abdecken, damit sie nicht in Versuchung kommen, Sätze daraus abzulesen, denn sie sollen ja gerade aus den Stichpunkten neue verständliche Sätze formulieren.

b Die Paare lesen gemeinsam noch einmal den Artikel in 3b und vergleichen ihn mit den Notizen, die der / die Zuhörende in 4a gemacht hat. Sie besprechen ihr Ergebnis und überlegen ggf., was sie in Zukunft verbessern können.

Erweiterung – Songs oder Filme zu „Gastarbeitern": Der türkischstämmige deutsche Rapper und Schauspieler Eko Fresh hat den Song „Der Gastarbeiter" geschrieben und aufgenommen. Der Song spannt den Bogen von der Einwanderungsgeneration bis zu deren Enkeln. Den Song findet man auf YouTube. Sie können den Song mit verschiedenen Fragen verbinden, z. B. „Aus welcher Sicht ist der Song geschrieben?" „Wie viele Generationen werden genannt?" „Was wird über das Leben der verschiedenen Generationen ausgesagt?"
Bei YouTube finden Sie zudem zahlreiche Filme über das Leben von Gastarbeitern bzw. Gastarbeiterinnen in der Bundesrepublik Deutschland, in der DDR, in Österreich und der Schweiz. Sie könnten den Kurs z. B. in 4 Gruppen aufteilen: jede Gruppe sieht einen Film zu Gastarbeitern in der Bundesrepublik Deutschland, in der DDR, in Österreich und der Schweiz. Anschließend informieren sich die Gruppen gegenseitig, sammeln Gemeinsamkeiten und Unterschiede.

5 Grammatik: Präteritum – sich über Vergangenes in Berichten und Geschichten äußern

Da viele TN Schwierigkeiten haben, den Unterschied in der Verwendung von Perfekt und Präteritum zu verstehen, sollen sie durch die Überschrift bereits darauf hingewiesen werden, dass es bestimmte Textsorten gibt, in denen das Präteritum typischerweise vorkommt.

a TN lesen den ersten Abschnitt des Artikels in 3b noch einmal und markieren alle Verben im Präteritum. Sie notieren dann die Infinitive zu diesen Verben und kreuzen anschließend in der Regel zur Verwendung des Präteritums die richtige Alternative an.

Erweiterung – Präteritumformen (Kopiervorlage 6): TN spielen ein Kartenspiel und festigen dadurch die Präteritumformen der unregelmäßigen bzw. gemischten Verben.

b Was war das Gastarbeiterprogramm? TN schreiben aus vorgegebenen Versatzstücken einen kleinen Text im Präteritum. Im ÜB C4a ergänzen TN Verben im Präteritum zu einem Text über die Auswanderung aus der DDR. In ÜB C4b schreiben TN einen kurzen Text aus Versatzstücken über die Ruhrpolen im Ruhrgebiet. Falls Sie diese Aufgabe im Unterricht machen, bietet es sich an, dass schwächere TN diesen Text gemeinsam mit einem Partner / einer Partnerin schreiben.

6 Grammatik: Plusquamperfekt – über Vorvergangenes berichten

a TN lesen 2 Sätze und markieren die Verben. Dann lesen sie die Regel und kreuzen jeweils die richtige Alternative zum Gebrauch des Plusquamperfekts an.

Erweiterung – Staffellauf: Für diese Aktivität können Sie die Aufgabenkärtchen von Kopiervorlage 6 verwenden, wenn Sie den unteren Teil jeder Karte mit der Lösung abschneiden. Teilen Sie die TN in 2 gleich große Gruppen und bitten Sie sie, sich hintereinander in 2 Reihen aufzustellen. Eine Reihe steht vor der Tafel / dem Whiteboard, die andere Reihe in einer anderen Ecke des Kursraums vor einem großen Plakat oder Flipchart. Achten Sie darauf, dass genügend Abstand zwischen den TN von Gruppe 1 und 2 besteht, damit sie die Lösungen der „Gegenseite" nicht lesen können. Die vordersten TN der beiden Reihen erhalten jeweils einen Stapel mit den Karten von Kopiervorlage 6. Die vordersten TN bilden nun zu der obersten Karte die entsprechende Form im Plusquamperfekt und schreiben sie an die Tafel / auf das Plakat. Anschließend geben sie den Stapel mit Karten an die nächste Person in der Reihe weiter. Diese verfahren wie die ersten usw. Hat der / die letzte TN einer Gruppe die Lösung notiert, ist das Spiel zu Ende. Zum Schluss werden die Lösungen beider Gruppen kontrolliert. Die Gruppe mit den meisten korrekten Plusquamperfektformen hat gewonnen.

b Damit TN besser verstehen, was „Vorvergangenheit" eigentlich bedeutet, lesen sie jeweils 2 in Infinitivform formulierte Sätze und markieren, welches der darin beschriebenen Ereignisse zuerst stattfand. TN schreiben dann die Sätze in der Vergangenheit und verbinden sie mit „nachdem". Falls TN Probleme mit dieser Aufgabe haben, weisen Sie sie noch einmal auf die Regeln in 6a hin. Im ÜB C5a wiederholen TN eine analoge Aufgabe und formulieren Sätze mit „nachdem", die sich inhaltlich auf den Text im KB C1b beziehen. Im ÜB C5b ergänzen sie Sätze mit „nachdem" in einem Lückentext zur Emigration aus der DDR. So werden auch in den Grammatikübungen immer wieder landeskundliche Aspekte aufgegriffen.

7 Migration in Ihrem Heimatland

a TN bilden Gruppen und tauschen sich über 2 Fragen zur Migrationssituation in ihrem Heimatland in der Vergangenheit bzw. zur aktuellen Migrationssituation aus. Sie notieren Gemeinsamkeiten und neue, interessante Informationen. Im ÜB C6 sehen sich TN eine Grafik zu Zuzügen nach und Fortzügen aus Deutschland an und lesen einen erläuternden Text dazu. Dazu beantworten sie 4 Fragen. Diese Aufgabe ist ein erstes Beispiel für Aufgaben zu Grafiken + Text. Eine solche Aufgabe erfordert, Informationen aus unterschiedlichen Quellen herauszuarbeiten. Diese Kompetenz wird in verschiedenen B2- und C1-Prüfungen verlangt.

Alternative – plurikultureller Austausch: TN derselben Herkunftsländer bilden eine Gruppe und überlegen, welche Informationen sie zur Migration in ihrem Heimatland haben und welche sie mittels einer kleinen Recherche ergänzen möchten, wie z. B. offizielle Zahlen zu Auswanderung und Zuwanderung. Danach tauschen sich TN verschiedener Herkunftsländer in Gruppen über das Thema „Migration in meinem Herkunftsland" aus. Am Schluss sollten sich die TN darauf einigen, über welche Informationen sie in Aufgabe 7b im Kurs berichten wollen. Auf diese Weise trainieren die TN die wichtige Mediationsaktivität, Bedeutung gemeinsam zu konstruieren.

b TN berichten über die Ergebnisse ihres Austauschs im Kurs. Sie sprechen auch darüber, was sie überrascht hat oder was neu für sie war.

D Auswandern – ja oder nein?

In diesem Lektionsteil steht die Fertigkeit „Schreiben" im Fokus. Wie im Teil „Sprechen" wird trainiert, auf die Äußerung von anderen zu reagieren, hier in Form einer schriftlichen Reaktion auf einen Forumsbeitrag zum Thema „Auswanderung".

Einstieg: Fragen Sie die TN, die bereits für einige Zeit in einem anderen Land gewohnt haben, wie und wo sie sich vor ihrem Umzug über das neue Land informiert haben. Sammeln Sie die Erfahrungen und fragen Sie danach, ob TN im anderen Land auf Probleme gestoßen sind und, wenn ja, auf welche und warum.

1 Ist Auswandern eine gute Entscheidung? [schriftlich auf Beitrag reagieren]

a TN lesen den Forumsbeitrag von Daniel und überlegen sich, ob er zufrieden oder unzufrieden mit seiner Auswanderung ist.

b TN markieren im Forumsbeitrag in 1a Daniels Argumente.

c TN reagieren in einer stark gelenkten Aufgabe auf den Forumsbeitrag in 1a. Sie finden unter der Arbeitsanweisung Angaben zur grundsätzlichen Struktur eines Forumsbeitrags und inhaltliche Stichpunkte, die zu den jeweiligen Strukturpunkten passen. Die Einleitung ist bis auf die fehlende Ergänzung des letzten Satzes bereits geschrieben. Zu den anderen Strukturpunkten sind Satzanfänge abgedruckt, die TN ergänzen. Im ÜB D1a wird der Wortschatz des Forumsbeitrags geübt, in D1b und D1c trainieren TN Redemittel, die sie verwenden können, wenn sie auf einen Forumsbeitrag reagieren: In D1b ordnen TN die Redemittel nach Sprachhandlungen, die einen solchen Beitrag strukturieren, in D1c ergänzen sie diese Redemittel in 2 Reaktionen auf den Forumsbeitrag von Daniel im KB D1a. Durch diese Übung haben TN 2 Mustertexte, wie man auf den Forumsbeitrag reagieren könnte. Im ÜB D2 finden TN eine weitere Übung zur Wortbildung, hier zu Nomen aus Verben mit der Endung „-ung".

Lerntagebuch (Kopiervorlage 3): TN füllen die Kopiervorlage aus, die Fragen zur Reflexion der Kompetenzen und Lerninhalte sowie zur Einschätzung des Lernfortschritts umfasst.

Auf dem Weg zur Kompetenz 2

In Teil 1 und Teil 2 geht es um die Arbeit mit mündlichen und schriftlichen Texten; in den Teilen 3 und 4 um Lernstrategien zur Grammatik bzw. zum Wortschatz.

Teil 1: Ein Auslandsjahr – ja oder nein? (Arbeit mit Texten – Texte schreiben)

In diesem Teil beschäftigen sich TN zunächst mit dem Aufbau der Textsorte „Forumsbeitrag", um danach selbst die Struktur eines Forumsbeitrags nachzubilden, indem sie den Hauptteil eines Beitrags durch eine passende Einleitung und einen passenden Schluss ergänzen.

1 Ein Auslandsjahr [Textaufbau erkennen]

a TN lesen den Hauptteil eines Forumsbeitrags genau und klären ggf. unbekannte Wörter.

b TN lesen 4 kurze Texte und entscheiden, welche beiden Texte Einleitungen, welche Schlusstexte sind. TN überlegen auch, woran man das erkennt, und tauschen sich darüber in Gruppen aus. Als Tipp kann formuliert werden, dass in Einleitungssätzen sehr häufig eine allgemeine Aussage („viele Studierende fragen sich …" oder „in der heutigen Zeit sind Unternehmen …") getroffen wird, während die Schlusstexte die persönliche Meinung des Autors / der Autorin wiedergeben. Ausdrücke wie „meiner Meinung nach" oder „ich finde es wichtig" signalisieren daher häufig das Ende eines Beitrags.

c TN tauschen sich in der Gruppe aus, welche Einleitung und welcher Schluss am besten zu dem Hauptteil des Forumsbeitrags in 1a passen und begründen ihre Auswahl.

d TN präsentieren ihre Auswahl und die Begründung im Kurs und vergleichen diese mit denen der anderen.

2 Kontakte im Ausland [strukturierte Texte schreiben]

a TN lesen den Hauptteil eines Forumsbeitrags und klären ggf. unbekannte Wörter. Dazu können sie auch Online-Wörterbücher nutzen.

b TN arbeiten zu zweit. Sie schreiben eine Einleitung und einen passenden Schluss zum Hauptteil in 2a.

c TN hängen alle Einleitungen und Schlussteile im Kursraum auf. Sie schauen sich dann die Texte an, kleben einen Punkt auf die Texte, die ihnen am besten gefallen, und besprechen anschließend im Kurs die Gründe für ihre Auswahl.

Teil 2: Ein Telefongespräch (Arbeit mit Texten – Verständnis durch Nachfragen erleichtern)

In diesem Teil geht es um die Kompetenz, in Gesprächen nachzufragen, um wichtige Informationen nicht zu verpassen bzw. zu notieren. Oft sind TN zu ängstlich oder zu schüchtern nachzufragen, wenn sie etwas nicht verstehen. Diese Aufgabensequenz soll die TN hierzu ermuntern, indem sie das nötige „Werkzeug" an die Hand bekommen.

1 Beim neuen Arbeitgeber anrufen
[in Gesprächen nachfragen]

In dieser Aufgabe werden TN langsam an das Thema „Nachfragen" herangeführt und trainieren diese Kompetenz in kleinen Schritten.

a TN hören ein Telefongespräch der künftigen Mitarbeiterin Alexia Losada mit ihrem neuen Arbeitgeber in Deutschland und ergänzen 3 Informationen auf einem vorgegebenen Notizzettel. Um eine semi-authentische Situation herzustellen, spult der Arbeitgeber in dieser Variante des Gesprächs alle Informationen schnell hintereinander ab. Zudem gibt es technische Störungen. Daher werden die TN vermutlich nicht alles notieren können, sodass die Notwendigkeit nachzufragen deutlich wird.

b TN antworten auf die Frage, ob sie alle Informationen notieren konnten. Im Falle einer negativen Antwort begründen sie, warum nicht. TN tauschen sich mit einem Partner / einer Partnerin aus, was man tun kann, wenn man in Telefongesprächen etwas nicht versteht.

c TN hören eine Variante des Telefongesprächs und notieren die Informationen, die sie in dem Gespräch in 1a nicht verstanden haben.

d TN sprechen im Kurs darüber, was in dem Gespräch anders ist. Falls nötig, hören sie das Gespräch dafür noch einmal.

e TN lesen die Redemittel in einem Schüttelkasten und ordnen sie in einer Tabelle den Sprachhandlungen „etwas höflich einleiten", „um etwas bitten" und „ein Problem benennen / eine Bitte begründen" zu. Diese Aufgabe dient der weiteren Vorbereitung der Abschlussaufgabe im Aufgabenteil 1f, in der TN ein Telefongespräch spielen. Motivieren Sie die TN dazu, die Redemittel in ihre Sammlung zu übertragen.

Erweiterung – plurikultureller Austausch: Verweisen Sie die TN auf die typischen, höflichen Einleitungen „Verzeihung", „Entschuldigung" und „Entschuldigen Sie". Fragen Sie die TN, wie man in ihrer Herkunftssprache höfliche Einleitungen formuliert und ob Entschuldigungen auch häufig dafür verwendet werden.

f TN arbeiten zu zweit. Sie lesen die beiden Rollenkarten für ein Telefongespräch und übernehmen jeder / jede eine Rolle. TN spielen das Telefongespräch, fragen, wenn nötig, nach und notieren die wichtigen Informationen. Sie wechseln dann die Rollen. Damit die Situation möglichst authentisch wird, können TN die Gespräche auch über ihre Smartphones führen und – wenn möglich – dabei in unterschiedlichen Räumen sitzen.

Binnendifferenzierung – Telefongespräch: Auf den Stufen A2 und B1 üben TN häufiger ein Telefongespräch mit einem potenziellen Vermieter. Für TN, die noch etwas unsicher in komplexeren mündlichen Produktionen sind, bietet es sich deshalb an, mit folgenden Rollenkarten zu arbeiten. Der dafür notwendige Wortschatz wurde bereits in Lektion 1 wiederholt.

A

Ein Mitarbeiter in Ihrer zukünftigen Firma zieht weg, die Wohnung wird frei. Sie rufen an.
Fragen zur Wohnung Ihres Kollegen / Ihrer Kollegin:
- Wohnungsgröße?
- Umzugstermin?
- Kosten?
- Lage?

B

Sie ziehen aus Ihrer Wohnung aus. Ein Kollege / Eine Kollegin hat Interesse an der Wohnung und ruft Sie an.
Informationen zu Ihrer Wohnung:
- 86 m^2, 3 Zimmer, Küche, Bad, Balkon
- Sie ziehen am 26.11. aus, ab dem 27.11. ist die Wohnung frei.
- Die Wohnung kostet 1.200€, inkl. Nebenkosten 345 €.
- Die Wohnung liegt in der Siesmayerstraße.

Teil 3: Verbformen mit Rhythmus (Lernstrategien – Grammatik lernen)

In diesem Teil geht es um Strategien, wie man Verbformen von unregelmäßigen bzw. starken Verben lernen kann, hier durch Gruppieren nach Vokalgruppen, durch rhythmisches Sprechen, das wiederum durch Gesten verstärkt werden kann, und durch Lernsätze auf Karten.

1 Unregelmäßige Verben [mit Rhythmus lernen]

a TN ergänzen in einer Tabelle die Stammvokale von frequenten unregelmäßigen Verben im Infinitiv, Präteritum und Partizip Perfekt. Im Tipp wird darauf hingewiesen, dass man unregelmäßige bzw. starke Verben gut in Vokalgruppen lernen kann, von denen einige häufige aufgeführt sind.

b TN hören am Beispiel der Verben in 1a, wie man die Stammformen durch rhythmisches Sprechen automatisieren kann; dazu sind Illustrationen mit Gesten abgebildet, die den rhythmischen Vokalwechsel verstärken können. Auf diese Weise wird der Lernprozess unterstützt.

c TN arbeiten in Gruppen. Sie ordnen die unregelmäßigen Verben im Schüttelkasten in 3 Vokalgruppen und bilden die passenden Stammformen.

d TN sprechen die Verbformen aus 1c rhythmisch wie in 1b. Lassen Sie TN dies häufiger machen, sodass sich die Formen automatisieren. Diese Aktivität eignet sich z. B. auch gut als Bewegungsübung zwischendurch. Regen Sie auch einen Austausch im Kurs an, indem Sie TN fragen, ob sie weitere Arten, rhythmisch zu sprechen, oder weitere unterstützende Gesten kennen. Wenn TN ihre Erfahrungen damit oder ihre Ideen präsentieren, und diese dann mit den anderen ausprobieren, ist Spaß in der Unterrichtsstunde garantiert.

Alternative: Um das Chorsprechen etwas dynamischer zu gestalten, können Sie die Infinitivformen auf Kärtchen schreiben und das Kartenset verdeckt auf einen Stapel legen. TN 1 nimmt ein Kärtchen vom Stapel, liest das Verb laut vor. Die Gruppe wiederholt den Infinitiv, bildet das Präteritum sowie das Partizip Perfekt und unterstützt alle Formen mit der entsprechenden Geste. Dann ist der / die nächste TN an der Reihe und liest das nächste Verb vor; die Gruppe wiederholt usw. Dabei kann im Laufe der Aktivität das Tempo gesteigert werden, sodass sich die Formen besser einschleifen und somit leichter für die mündliche und schriftliche Produktionen zur Verfügung stehen.

2 Verben im Satzkontext [mit Kärtchen lernen]

Weisen Sie TN immer wieder darauf hin, wie wichtig es ist, nicht nur Wörter, sondern auch Grammatik im Satzkontext zu lernen. Hier wird gezeigt, wie man das auch mit anderen zusammen tun kann. Das Lernen mit anderen hat den Vorteil, dass man die Sätze und Verbformen nicht nur liest, sondern auch immer wieder hört.

a TN schreiben in Gruppen Lernsätze im Perfekt oder Präteritum, die zu Lektion 1 oder 2 passen, auf Karten. Dabei lassen sie für die Verbformen jeweils eine Lücke. Auf eine andere Karte schreiben TN die fehlenden Verbformen.

b TN tauschen die Sätze unter den Gruppen aus und fragen sich gegenseitig ab.

c TN spielen in ihrer Gruppe. Sie legen die Satzkarten verdeckt und gemischt auf die linke Seite und die Karten mit den Präteritum- bzw. Perfektformen verdeckt und gemischt auf die rechte Seite. Reihum zieht jeder / jede TN je eine Karte von links und eine Karte von rechts. TN liest beide Karten laut vor, wenn die Karten zusammenpassen, darf er / sie die beiden Karten behalten. Wenn die Karten nicht zusammenpassen, legt der / die TN die Karten verdeckt auf den gleichen Platz zurück. Wer am Schluss die meisten Karten hat, gewinnt.

Teil 4: Wörter in typischen Kontexten (Lernstrategien – Wortschatz lernen)

In diesem Teil werden Strategien trainiert, wie man Wörter mithilfe von Wortwolken in typischen Verbindungen lernen kann. Wie auch im Teil 3 werden hier Aktivitäten vorgestellt, wie man gemeinsam mit anderen lernen kann.

1 Typische Verbindungen von Wörtern [Kollokationen trainieren]

a Im Tipp erfahren TN, was Kollokationen sind und wie man Kollokationen im Duden nachschlagen kann. TN lesen Verben und Adjektive und überlegen, in welche der 3 folgenden Wortwolken sie passen. Sie ergänzen die entsprechenden Wörter auf den Schreiblinien in den Wortwolken.

b TN arbeiten zu zweit, sie fragen sich gegenseitig ab. Eine / Einer sagt ein Adjektiv oder ein Verb aus 1a. Der / Die andere nennt die passende Verbindung und sagt ein anderes Adjektiv oder Verb.

c TN arbeiten in Gruppen. Jede Gruppe wählt ein Wort aus dem Schüttelkasten aus und erstellt eine Wortwolke wie in 1a. TN können dabei auch mit der Duden-Internetseite arbeiten. Dabei sollen sie nur Wörter auswählen, die sie kennen und auch korrekt verwenden können.

d Alle Gruppen hängen ihre Wortwolken im Kursraum auf. TN schauen sich alle Wortwolken an und fragen ggf. die Autorengruppe, wenn sie etwas nicht verstehen.

Film 2: Vielfältige Region Ruhrgebiet

In diesem Film erhalten TN in Ergänzung zum Artikel „Die Ruhrpolen" im Lektionsteil C zusätzliche Informationen zum Ruhrgebiet, das in der Geschichte der Zuwanderung nach Deutschland eine wichtige Rolle gespielt hat. Es geht darin auch um das Thema „Integration der Zuwanderinnen und Zuwanderer" sowie um die Entwicklung der Region heute. Es gibt auch zu diesem Film 2 Seiten mit Aufgaben, in denen TN sich die Informationen erarbeiten. Zum Abschluss wird eine kooperative Aufgabe angeboten, in der TN für ihre Gruppe einen Tagesausflug zur „Zeche Zollverein" in Essen planen, die seit 2001 UNESCO-Welterbe ist.

Lektion 3

Überblick

Thema

In dieser Lektion geht es um das Thema „Landschaften in Deutschland", insbesondere um solche, die beliebte Reiseziele sind. TN beschäftigen sich auch mit Outdoor-Aktivitäten, die dort möglich sind. Exemplarisch werden der Harz und seine Geschichte sowie die Entwicklung des Waldes am Beispiel vom Harz vorgestellt. Im Zusammenhang mit der Vorstellung einer Region erfahren TN außerdem etwas über die Nordfriesischen Inseln sowie im Trainingsteil „Auf dem Weg zur Kompetenz" über die Halbinsel Fischland-Darß-Zingst.

Fertigkeiten und Kompetenzen

Im produktiven Bereich trainieren TN die Sprechfertigkeit, indem sie über Vorlieben in Bezug auf Urlaubsziele und Landschaften und über Urlaubsaktivitäten sprechen. Beim „Schreiben" verfassen TN anhand eines Mustertexts einen Flyer, mit dem sie eine Region vorstellen. Im rezeptiven Bereich beschäftigen sich TN beim „Hören" weiter mit dem Aufbau von Texten, indem sie die Reihenfolge der Unterthemen eines Interviews identifizieren. Gleichzeitig wird auch die Kompetenz „strukturierte Notizen machen" weiter aufgebaut, indem TN zu jedem Unterthema Detailinformationen notieren. Beim „Lesen" geht es darum, dass TN in einem Artikel die chronologische Abfolge der Informationen notieren und darüber hinaus die Argumentationsstruktur des Textes erkennen, indem sie Ursachen und Folgen von Entwicklungen herausarbeiten und diese Informationen anhand von Notizen an andere weitergeben. Diese Art von Mediationsaktivitäten werden TN auch in den nächsten Lektionen trainieren.

Grammatik

Im Lektionsteil B wird das Vorgangspassiv wiederholt, mit dem TN die Entwicklung im Harz bzw. in der Region, die sie vorstellen, formulieren. Hierbei geht es wieder, wie in den vorigen Lektionen, hauptsächlich darum, dass TN sich die Bedeutung eines Grammatikphänomens klarmachen. Im ÜB wird das Thema durch das Vorgangspassiv mit Modalverben erweitert. Im Lektionsteil C wird das Futur I für Pläne und Vorhersagen wiederholt. Das Thema „Wortstellung im Satz", das bereits in den vorigen Lektionen eine Rolle spielt, wird hier mit Bezug auf die beiden Grammatikthemen ebenfalls fortgeführt.

Aufgabensequenzen

A Hier bin ich gern

In diesem Lektionsteil geht es um „Lieblingslandschaften" in Deutschland und im Herkunftsland sowie um Outdoor-Aktivitäten in diesen Regionen.

1 Landschaften in Deutschland

Einstieg: Für Kurse im Ausland: Hängen Sie eine große Deutschlandkarte – kostenlos erhältlich z. B. bei der Bundeszentrale für politische Bildung (bpb) – im Unterrichtsraum auf und bitten Sie die TN zu kennzeichnen, in welchen Gegenden in Deutschland sie schon einmal waren, sie studieren bzw. eine Ausbildung machen oder arbeiten wollen. Zur Kennzeichnung können Sie den TN Steck- bzw. Pinnadeln zur Verfügung stellen. Für Kurse hier in Deutschland bitten Sie die TN die Gegenden, die sie bereits besucht haben, zu markieren.

a TN schauen sich die Fotos an und hören die Aussagen von 5 Personen aus einer Radioumfrage zu beliebten Reisezielen in Deutschland. Sie ordnen die Fotos den Personen 1 bis 5 zu.

b TN schauen auf der Karte hinten im Buch, im Internet oder auf der im Kursraum aufgehängten Karte nach, wo in Deutschland diese Landschaften liegen.

c TN beschreiben die Landschaften. Dafür sind im Schüttelkasten Wörter abgedruckt. In ÜB A1 wird der Wortschatz geübt. Dafür ordnen TN im ÜB A1a diesen Wörtern die jeweils passende Erklärung zu, im ÜB A1b lesen sie dann eine Landschaftsbeschreibung, die sich auf die abgebildeten Landschaften bezieht, und streichen bei zwei Alternativen das Wort, das nicht passt. Auf diese Weise haben TN hier einen Mustertext zur Verfügung, der ihnen bei ihrer eigenen Landschaftsbeschreibung im KB A1c helfen kann. Im ÜB A2 finden TN passend dazu eine Wortbildungsübung mit Adjektiven auf „-ig". Hier könnte es sich anbieten, mit TN noch einmal kurz die Aussprache der Endung „-ig" am Ende eines Adjektivs zu wiederholen: Hochdeutsch „ich-Laut", in Süddeutschland eher wie „-ik".

Erweiterung – Bingo (Kopiervorlage 7): TN festigen mittels einer spielerischen Aktivität die Wortbildung der Adjektive auf „-ig".

Zusatzinformtionen: **Der Harz:** Der Harz ist das höchste Gebirge in Norddeutschland. Sein höchster Berg ist der Brocken mit 1.141 Metern. Die Landschaft hat eine reiche Flora und Fauna. Es gibt viele Wälder und Hochflächen, die teils wirtschaftlich genutzt werden, sowie tiefe Täler mit Flüssen und Stauseen. Der Harz ist ein Wintersport- und Wandergebiet und beherbergt den „Nationalpark Harz" sowie 5 Naturparks.

Die Alpen: Die Alpen sind das höchste europäische Gebirge. Ein kleiner Teil davon befindet sich im Süden von Deutschland, nämlich in Bayern und ein sehr kleiner Teil in Baden-Württemberg. Die Zugspitze mit 2.962 Metern ist der höchste Berg in Deutschland. Die Alpenregion bietet viele Möglichkeiten für Outdoor-Aktivitäten wie Klettern, Rafting oder Skifahren, sodass jedes Jahr viele Touristen dorthin fahren. Außerdem gibt es sehenswerte Attraktionen, z. B. zahlreiche Seen (Königssee, Tegernsee usw.), die Schlösser von Ludwig II. (u. a. Schloss Neuschwanstein) sowie die Passionsspiele in Oberammergau.

Die Mecklenburgische Seenplatte: Die Mecklenburgische Seenplatte ist eine seenreiche Landschaft im Nordosten Deutschlands mit Naturparks und dem Müritz-Nationalpark. Die Müritz (der größte innerdeutsche Binnensee), andere Seen sowie Kanäle sind ideal für Touren mit dem Hausboot, Segelboot oder dem Kanu. Wanderer und Radfahrer können seltene Tiere und Pflanzen entdecken und kleine Städte (z. B. Malchow, Waren) besichtigen.
Nordfriesische Inseln: Informationen zu den Nordfriesischen Inseln und Halligen gibt es in Teil D.
Die Schwäbische Alb: Die Schwäbische Alb ist ein Mittelgebirge in Süddeutschland und ist bekannt als Wander-, Kletter-, Wintersport- und Höhlengebiet. 6 Höhlen gehören sogar zum UNESCO Weltkulturerbe, weil man dort Kulturgegenstände aus der Eiszeit gefunden hat. Der höchste Berg der Schwäbischen Alb, der Lemberg, ist 1015 Meter hoch. Die Hochflächen sind aufgrund des Kalkgesteins sehr wasserarm. Die Landschaft dort ist rau; es gibt viele Wälder, Wiesen und Wacholderheiden, aber auch Ackerbau. Am sogenannten Albtrauf gibt es viele Burgen (z. B. Burg Hohenzollern).

2 Aktivitäten in der Natur

Diese Aufgabe dient als Input für die Aufgabe 3, in der TN trainieren, über Vorlieben zu sprechen.

a TN schauen sich Fotos von verschiedenen sportlichen Aktivitäten an und überlegen, um welche Aktivität es sich handelt. Dafür ordnen sie Begriffe aus dem Schüttelkasten den Fotos zu.

b TN ordnen zu zweit die Aktivitäten in 2a den Landschaften in 1a zu und ergänzen weitere mögliche Aktivitäten. Falls TN das deutsche Wort für eine Aktivität nicht kennen, können TN sie z. B. zeichnen oder eine typische Bewegung vormachen. Die anderen TN (oder KL) nennen dann das deutsche Wort. In Vorbereitung auf diese Aufgabe könnten Sie mit TN eine Wiederholungsübung bzw. Aktivität machen, mit in diesem Zusammenhang wichtigen Präpositionen, z. B. am Meer, an der Nordsee, auf den Nordfriesischen Inseln, im Gebirge, in den Alpen, im Harz, auf einem Berg, auf der Schwäbischen Alb, auf einem See, in der Mecklenburgischen Seenplatte.

3 Meine Lieblings-... [über Vorlieben sprechen]

In dieser Aufgabe steht die Fertigkeit „Sprechen" im Fokus und die Kompetenz, über Vorlieben zu sprechen. Die Überschrift der Aufgabe ist wie oben formuliert, weil hier verschiedene Nomen ergänzt werden können, je nachdem, wovon gerade die Rede ist, z. B. „Lieblingslandschaft, -region, -reiseziel, -beschäftigung, -aktivität, -sportart" etc.

Einstieg: Notieren Sie warme und kalte Jahreszeiten an der Tafel / am Whiteboard und bitten Sie die TN, in Einzelarbeit aufzuschreiben, welche sportlichen Aktivitäten sie gerne in warmen bzw. in kalten Jahreszeiten ausüben. Dann tauschen sich die TN im Kurs kurz darüber aus, welche Aktivitäten sie gerne machen. Dabei aktivieren die TN Wortschatz und Redemittel, die sie schon kennen, z. B. „Ich fahre im Winter gerne Ski". Dann leiten Sie zum Hörverstehen in 3a über, das der Vorbereitung der mündlichen Aktivität in 3b dient.

a TN lesen die Aussagen der Personen und markieren die wichtigsten Informationen. Sie hören dann die gesamte Radioumfrage zu beliebten Reisezielen in Deutschland und kreuzen an, wer was sagt. Weisen Sie TN darauf hin, dass sie in den Aussagen Redemittel finden, die sie in der Aufgabe 3b verwenden können und die sie unter der Sprechabsicht „Vorlieben ausdrücken" in ihre Redemittelsammlung übertragen sollten. Zur Radioumfrage wird im ÜB A3 eine zusätzliche Hörverstehensaufgabe mit Aussagen angeboten, in der TN richtig oder falsch ankreuzen.

b TN stellen ihre Lieblingslandschaft in Deutschland oder anderswo vor, dabei kann es sich natürlich auch um ihr Herkunftsland handeln. TN gehen dabei auf 4 W-Fragen ein und können sprachliche Mittel, die im ÜB A4 geübt werden, verwenden: Im ÜB A4a lesen TN die Beschreibung einer Lieblingsregion – hier die landeskundlich interessante Sächsische Schweiz –, in der sie die zu den W-Fragen 1 bis 3 passenden sprachlichen Mittel in verschiedenen Farben markieren. Im ÜB A4b lesen sie, wie jemand seine Lieblingsregion beschreibt, und ergänzen die passenden Redemittel aus dem Schüttelkasten. Diese Beschreibungen können TN als Muster für ihre eigene mündliche Beschreibung dienen.
An diese Aufgabe ist im ÜB A5 bis 8 auch der Ausspracheteil der Lektion angedockt. Dort werden Einzellaute geübt: das „h" am Anfang von Wörtern und Silben, das konsonantische und das vokalisch gesprochene „r", die „f-" und „w"-Laute sowie die „b-" und „w"-Laute. Es sollen nicht alle Laute hintereinander geübt werden, sondern sie wurden ausgewählt, weil sie je nach Erstsprache der TN Schwierigkeiten bereiten können. KL sollten sich im Kurs nur auf die Laute konzentrieren, mit denen TN Probleme haben. Falls – je nach Zusammensetzung Ihres Kurses – alle Laute Probleme bereiten, bietet es sich an, die TN in entsprechende Laut-Gruppen einzuteilen. Die TN üben dann in Gruppen jeweils ihren Problemlaut.

Alternative: TN arbeiten zu zweit und stellen sich gegenseitig die in 3b aufgelisteten Fragen. Der jeweilige Partner / Die jeweilige Partnerin notiert die Antworten stichpunktartig auf Notizzetteln. Anschließend präsentieren die TN die Lieblingslandschaft ihres Partners / ihrer Partnerin im Kurs oder in einer größeren Gruppe.

Binnendifferenzierung: Schnellere Paare können zusätzlich eine Region / Landschaft in Deutschland schriftlich beschreiben und verfahren dann wie in der Alternative beschrieben. Sie stellen sich gegenseitig die in 3b aufgelisteten Fragen, notieren die Antworten des Partners / der Partnerin und präsentieren die Landschaft im Kurs oder in einer größeren Gruppe.

B Der Harz und seine Geschichte

In diesem Lektionsteil steht die Fertigkeit „Lesen" im Fokus. Wie in Lektion 2 trainieren die TN die Kompetenzen, zeitliche Abläufe zu identifizieren sowie die argumentative Struktur eines Textes zu erkennen. Diese bezieht sich hier auf Ursachen und Folgen.

Einstieg: Verweisen Sie nochmals auf Foto A der Einstiegsseite, erwähnen Sie den Tourismus im Harz und fragen Sie die TN, wie und wo man sich über Tourismusgegenden und deren Angebote informieren kann. Leiten Sie dann zu Aufgabe 1a über.

1 Die Geschichte des Harzes

[Ursachen und Folgen erkennen]

a TN lesen den Artikel „Der Harz – eine Region im Wandel" aus einem Reisemagazin schnell und ordnen die Überschriften den 4 Textabschnitten zu. Wie auch im Teil C in Lektion A geht es hier darum, dass die TN schnell lesen, um den Hauptinhalt zu identifizieren und sich nicht an Details, z. B. an unbekannten Wörtern, „festbeißen".

b TN lesen den Artikel in 1a noch einmal und legen mit einem Partner / einer Partnerin auf einem DIN A3-Blatt einen Zeitstrahl an. Sie notieren dort wichtige Informationen zur Entwicklung der Harzregion. Anschließend vergleichen sie ihren Zeitstrahl mit dem eines anderen Paars. Im ÜB B1 wird wichtiger Wortschatz geübt.

Binnendifferenzierung: Achten Sie bei der Zusammenstellung der Paare, wenn möglich, darauf, dass TN, die Texte langsamer lesen und bearbeiten, einen stärkeren TN zur Seite gestellt bekommen.

c Hier teilen sich die Paare aus 1b auf. Partner/innen 1 bilden eine Gruppe und Partner/innen 2 eine andere Gruppe. Die Gruppe 1 liest die Abschnitte A und B und notiert auf Klebezetteln in unterschiedlicher Farbe die Informationen zu den Ursachen (blau) und Folgen (rot) der Entwicklungen. Die Gruppe 2 bearbeitet die Abschnitte C und D genauso. Auf diese Weise lernen TN, wie sie Chronologie und argumentative Struktur eines Textes zusammenbringen können. Hier sollten Sie TN auf den Tipp hinweisen, dass im Text auch mehrere Folgen genannt werden können, weil eine Ursache mehrere Folgen haben kann. Darüber hinaus kann eine Folge wiederum eine Ursache für eine weitere Folge sein, z. B. in Abschnitt B: Der Bergbau im Harz endet. Eine Folge davon ist, dass der Tourismus für den Harz immer wichtiger wird. Eine weitere Folge ist, dass in den Tourismus viel investiert wird. Diese Folge ist wiederum die Ursache dafür, dass der Tourismus inzwischen der bedeutendste Wirtschaftsfaktor im Harz ist. Durch diese Aufgabe wird wiederum die Mediationsaktivität, Notizen zu machen, um Inhalte weiterzugeben, weiter aufgebaut sowie die Mediationskompetenz, mit anderen etwas zu erarbeiten und sich gemeinsam auf ein Ergebnis zu einigen, trainiert.

d TN arbeiten nun wieder mit ihrem Partner / ihrer Partnerin aus 1b. Sie stellen sich gegenseitig ihre Ergebnisse aus 1c vor, kleben dafür die in 1c erstellten Zettel auf den Zeitstrahl in 1b und erläutern sie.

e TN vergleichen die verschiedenen Zeitstrahlen im Kurs, finden heraus, ob sie dieselben Informationen notiert haben, und besprechen anschließend ihre Ergebnisse.

f TN sammeln und vergleichen im Kurs, welche Ausdrucksmittel ihnen geholfen haben, die Aufgabe 1c zu lösen. Eine solche Reflexionsaufgabe kann bei TN ein Bewusstsein dafür schaffen, dass es hilft, auf gliedernde Elemente zu achten, wenn man sich einen Text erschließen will. TN sortieren und notieren dafür die Ausdrucksmittel nach Ursachen und Folgen. Im ÜB B2 werden wichtige Ausdrücke zu Zeitangaben und Redemittel zur Wiedergabe von Ursachen und Folgen geübt. Regen Sie die TN an, die Ausdrücke in ihre Redemittelsammlung zu übertragen.

2 Die Entwicklung einer Region vorstellen

a TN bereiten eine Präsentation einer Region / Stadt ihrer Wahl vor. TN orientieren sich dafür an Aufgabe 1b. Sie notieren wichtige Entwicklungsschritte auf einem Zeitstrahl und ergänzen dann Informationen zu Ursachen und Folgen.

b TN präsentieren ihre Regionen bzw. Städte im Kurs an 4 Stationen. Zunächst präsentieren 4 TN, die anderen teilen sich auf und hören sich eine der 4 Präsentationen an. TN wiederholen die Durchgänge, bis alle einmal präsentiert haben. In 4 Sprechblasen finden TN Satzanfänge mit Redemitteln, die sie bei der Präsentation verwenden können.

3 Grammatik: Vorgangspassiv – Vorgänge beschreiben

Einstieg: TN lesen den Abschnitt A, Zeile 9 bis 14 in Aufgabe 1. Fragen Sie die TN, welche Form der Verben hier verwendet wird. Sammeln Sie weitere Textsorten, die die TN bereits auf der Stufe A2 und B1 kennengelernt haben (z. B. Anweisungen, Regeln und Vorschriften und verallgemeinernde Aussagen) sowie Beispielsätze, in denen üblicherweise das Passiv verwendet wird.

a TN lesen 5 im Passiv formulierte Sätze aus dem Artikel und markieren jeweils das Subjekt und das Verb. Dann kreuzen sie in den Regeln zu Bildung und Funktion des Vorgangspassivs die richtige Alternative an.

b TN notieren in 3a, in welcher Zeitform die Sätze 1 bis 5 jeweils stehen. Im ÜB B3 gibt es Übungen zur Bildung des Vorgangspassivs.

c TN formulieren 6 unpersönliche Aktivsätze mit „man" ins Passiv um. Im ÜB B4 wird das Vorgangspassiv mit Modalverben geübt und im ÜB B5 reflektieren und üben TN, in welchen Fällen der Akteur (das Agens) wichtig ist und wie man ihn (es) in Passivsätze einbaut.

4 Das muss gemacht werden!

Bevor TN diese Aufgabe in Angriff nehmen, empfiehlt es sich, die Übung im ÜB B4 zu machen, in der das Passiv mit Modalverben wiederholt wird.

Erweiterung – Kartenspiel (Kopiervorlage 8): TN wiederholen und festigen Wortschatz, grammatische Strukturen sowie Redemittel, um über Vorlieben zu sprechen, anhand eines Kartenspiels.

C Der Wald im Wandel

In diesem Lektionsteil steht die Fertigkeit „Hören" im Fokus. Die Basiskompetenz, strukturierte Notizen zu machen, mit denen die Struktur von Unterthemen und entsprechende Detailinformationen wiedergegeben werden, wird – auf kleinschrittige und stark gelenkte Weise – weiter trainiert.

1 Die Bedeutung des Waldes
[strukturierte Notizen machen]

Einstieg: Spielen Sie zum Einstieg in das Thema „Wald" eines der zahlreichen Volkslieder über den deutschen Wald ab (z.B. „Oh Täler weit, oh Höhen" von Joseph von Eichendorff) oder ein anderes Lied, das Sie kennen und mögen, und fragen Sie die TN anschließend, was sie über die Liebe der Deutschen zum Wald wissen und denken. Sammeln Sie die Beiträge und geben Sie dann einige Informationen über die geschichtliche Bedeutung des Waldes, die sich u.a. in Gedichten, Geschichten, Märchen und im Liedgut zeigt (s. „Informationen zum Wald"). Als Übergang zum Hörverstehen können Sie den TN folgende Schätzfragen stellen, deren Antworten die TN notieren und später mit den im Hörtext genannten Zahlen vergleichen sollen: Was schätzen Sie, wie viel Waldfläche gibt es in Deutschland? Wo gibt es Ihrer Meinung nach am meisten, wo am wenigsten Wald in Deutschland?

Informationen zum Wald: **Romantik:** Seit Anfang des 19. Jahrhunderts war der Wald Metapher und Sehnsuchtslandschaft in Gedichten, Märchen und Sagen. Dabei wurde auch Bezug zu historischen Ereignissen genommen, z.B. zur Schlacht im Teutoburger Wald. Der Wald wurde – als Gegenbewegung zur Industrialisierung – als idyllischer Rückzugsort gesehen.
Ende 19. Jhdt. / Anfang 20. Jhdt.: In dieser Zeit entstanden die ersten Umwelt- und Naturschutzbewegungen wie „Naturfreunde" oder „Wandervogel", die in Wäldern ein wichtiges Element deutscher Kulturlandschaften sahen.
Nationalsozialismus: Waldmetaphern wurden als Propaganda genutzt. Der Wald wurde als Modell für eine gesunde Volksgemeinschaft gesehen: Die Deutschen als Nachkommen des Waldvolkes der Germanen; die Juden dagegen als Nachkommen des Nomaden- und Wüstenvolks.
1980er Jahre: Als Folge des Waldsterbens entstanden zum Schutz der Natur „grüne Parteien".
Heute: Der Wald genießt bis heute eine besondere Stellung bei den Deutschen. Er wird als ein der Gesundheit zuträglicher Ort sowie als wichtige, nachhaltige Ressource angesehen.

a TN schauen sich die Fotos an und lesen abgedruckte Stichworte, die Unterthemen des folgenden Interviews repräsentieren. TN ordnen die Fotos den Stichworten zu, wobei es zu einem Stichwort kein Foto gibt. Sie tauschen sich dann mit einem Partner / einer Partnerin aus.

b TN hören ein Radiointerview mit einem Förster zu „Bedeutung und Funktionen des Waldes". Sie hören heraus, in welcher Reihenfolge die Stichworte aus 1a besprochen werden. Sie nummerieren dafür die Stichworte und tragen sie dann in die linke Spalte des Notizzettels ein.

c TN lesen zunächst die Notizen in der rechten Spalte von 1b. Der Grund dafür, dass hier schon viele Stichworte abgedruckt sind, ist folgender: Auf diese Weise haben TN ein Beispiel, wie ein strukturierter Notizzettel aussehen kann und wie man Stichworte so platzieren kann, dass der Zusammenhang klar wird.TN hören nach dem Lesen der Notizen das Radiointerview noch einmal in Abschnitten und ergänzen die Notizen in 1b. Sie werden aufgefordert, nur Stichpunkte zu notieren. Dies ist wichtig, weil TN dazu tendieren, zu viel zu notieren, und trainieren sollten, sich auf das Wesentliche zu beschränken. TN vergleichen ihre Notizen nach jedem Abschnitt mit einem Partner / einer Partnerin. Zur Unterstützung schwächerer TN bietet es sich dabei an, die Paare so zu bilden, dass stets ein stärkerer mit einem schwächeren TN zusammenarbeitet. Im ÜB C1a wird der Wortschatz geübt, im ÜB C1b finden TN eine Zusatzaufgabe zum Leseverstehen im Richtig-Falsch-Format, in der sie das Radiointerview noch einmal ganz hören können. In ÜB C2 ist ein Notizzettel mit Notizen abgedruckt. TN beurteilen diesen Notizzettel nach 6 abgedruckten Kriterien. Die Übung dient dazu, dass TN noch einmal reflektieren, wie sie klar und knapp notieren können.

d TN tauschen sich darüber aus, welche Informationen sie interessant finden und was sie noch über den Wald in Deutschland wissen.

Binnendifferenzierung: TN können wählen, ob sie sich auf die Austauschphase vorbereiten möchten. Sie unterstreichen für sie persönlich interessante Informationen auf dem Notizzettel, überlegen, was sie noch über den Wald wissen, und notieren dies in Stichpunkten.

Erweiterung – plurikultureller Austausch: TN desselben Herkunftslandes sammeln Informationen über die Bedeutung des Waldes in ihrer Heimat. Dazu sollen sie auch Fakten wie z.B. bewaldete Fläche, Verhältnis von Nadel- zu Laubbäumen usw. im Internet recherchieren. TN präsentieren ihre Ergebnisse in max. 2 Minuten im Kurs.

2 Grammatik: Futur I – sich über Pläne und Vorhersagen äußern

a TN lesen 6 Sätze und entscheiden, in welchen eine Aussage über die Zukunft gemacht wird. Im Tipp wird noch einmal das, was sie bereits aus Lektion 2 wissen, wiederholt, nämlich dass man im Deutschen Zukünftiges auch im Präsens + Zeitangabe ausdrücken kann. Diese Erinnerung ist wichtig, weil dies in vielen Sprachen nicht möglich ist.

b TN tragen die Sätze aus 2a, in denen Aussagen über etwas Zukünftiges gemacht werden, in die Satzbautabelle ein. Auf diese Weise führen sich die TN noch einmal die Wortstellung im Futur I vor Augen.

c In diesem Aufgabenteil geht es um die Bedeutung des Futurs I. TN lesen in der linken Spalte 4 Ausgangssätze und in der rechten Spalte jeweils 2 Erklärungssätze (a und b) und kreuzen an, welche der beiden Alternativen inhaltlich dem Ausgangssatz entspricht.

d TN lesen die Sätze in 2b und 2c noch einmal und reflektieren darüber, wie das Futur I gebildet wird, wie die Wortstellung ist und welche Funktionen es hat. Da es in dieser Lektion nur um die Funktionen „Pläne" und „Vorhersagen machen" geht, wird in einem Tipp der Begriff „Vorhersage" näher erläutert. Im ÜB C3 werden diese Funktionen des Futur I geübt.

Erweiterung – Kartenspiel (Kopiervorlage 9): TN spielen ein Kartenspiel und festigen dadurch das Futur I.

e In der Abschlussaufgabe gehen die TN im Kursraum herum und fragen die anderen nach ihren Vorhersagen und Plänen. In 4 Sprechblasen finden TN Beispielfragen, an denen sie sich orientieren können.

Alternative – Kugellager: Jede/r TN notiert eine Frage (im Futur I) auf einer Karte. TN bilden einen Innen- und einen Außenkreis mit möglichst gleicher Personenanzahl. TN, die sich gegenüberstehen, beantworten jeweils die Frage des TN gegenüber. Danach drehen sich der Innen- und der Außenkreis in entgegengesetzter Richtung, sodass sich neue Paare bilden. Legen Sie ein Zeitlimit für die Austauschphasen fest, damit sich die TN im gleichen Rhythmus bewegen.

D Eine Region vorstellen

In diesem Lektionsteil geht es um die Fertigkeit „Schreiben" und die Kompetenz, einen Flyer zu analysieren und auf der Basis dieses Mustertextes selbst einen Flyer zu verfassen.

1 Die Nordfriesischen Inseln [Flyer analysieren]

Einstieg: Bringen Sie einige touristische Flyer mit in den Unterricht und fragen Sie die TN, um welche Textsorte es sich handelt und welche Funktion sie hat. Leiten Sie dann zum Flyer im Buch über, indem Sie den TN nochmals auf der Deutschlandkarte die Nordfriesischen Inseln zeigen.

a TN lesen den Flyer über die Nordfriesischen Inseln und kreuzen bei 6 vorgegebenen Kriterien an, was inhaltlich und sprachlich typisch für einen touristischen Flyer ist.

Zusatzinformation zum Wattenmeer: Das Watt ist der Küstenbereich, der durch Ebbe und Flut (= Gezeiten oder Tiden) jeden Tag zweimal an der Luft und zweimal unter Wasser liegt. Der Zeitabstand zwischen Ebbe und Flut beträgt etwas mehr als 6 Stunden. Im Watt leben viele Tiere und Pflanzen, die nur dort existieren, weil sie sich an den Wechsel von Wasser und Luft gewöhnt haben.

b TN markieren im Flyer Formulierungen, die sie beim Verfassen eines eigenen Flyers verwenden können.

2 Und Ihre Region? [Flyer verfassen]

a TN überlegen mit einem Partner / einer Partnerin oder in Gruppen, welche Region sie in einem Flyer vorstellen wollen. Sie können eine Region dieser Lektion oder eine andere, die sie kennen, vorstellen.

b TN überlegen, wie sie den Flyer aufbauen können, formulieren Überschriften und suchen nach passenden Fotos. Sie verfassen dann mithilfe der in 1b markierten Formulierungen einen eigenen Flyertext. Die Redemittel und Übungen im ÜB D1 helfen dabei. Falls die Zeit im Unterricht für diese Aufgabe zu knapp ist, können die TN den Flyer zu Hause erstellen.

c TN hängen die Flyer im Kursraum auf oder präsentieren sie digital. TN gehen im Kurs herum und sehen sich die Flyer der anderen an. Sie tauschen sich dann darüber aus, welche Region ihnen besonders gut gefällt und warum.

Erweiterung – Reisemesse: Teilen Sie den Kurs in 2 oder 3 Gruppen: Die Mitglieder einer Gruppe stehen als Experten bei den Messeständen und beantworten Fragen zu den Flyern. Die Mitglieder der anderen Gruppe(n) informieren sich mithilfe der Flyer und fragen nach. Danach tauschen sich die TN im Kurs darüber aus, welche Landschaft sie gern sehen möchten. TN begründen ihre Wahl mithilfe der Informationen, die sie aus den Flyern bzw. von den Experten / Expertinnen erhalten haben.

Lerntagebuch (Kopiervorlage 3): TN füllen die Kopiervorlage aus, die Fragen zur Reflexion der Kompetenzen und Lerninhalte sowie zur Einschätzung des Lernfortschritts umfasst.

Auf dem Weg zur Kompetenz 3

Teil 1: Meine Lieblingsregion (Arbeit mit Texten – Texte schreiben)

In diesem Teil lernen TN eine weitere – diesmal an der Ostsee gelegene – Region in Deutschland kennen und trainieren auf kleinschrittige Weise, wie man Texte abwechslungsreicher schreiben kann.

1 Fischland-Darß-Zingst
[Texte abwechslungsreicher schreiben]

a TN lesen den 1. (schlecht geschriebenen) Abschnitt eines Blogbeitrags. Sie sprechen in Gruppen darüber, was ihnen sprachlich auffällt. Diese Aufgabe setzt das Thema des Teils „Texte schreiben" in „Auf dem Weg zur Kompetenz 1" fort, nämlich Satzanfänge auf unterschiedliche Weise zu variieren. In „Auf dem Weg zur Kompetenz 1" ging es um die Besetzung der Position 1 im Satz durch unterschiedliche Angaben oder Nebensätze. In diesem Aufgabenteil nun sollen TN erkennen, dass die Sätze viele Wiederholungen enthalten – hier das Wort „Region" –, die sie durch Personalpronomen, Adverbien oder synonyme Ausdrücke ersetzen können.

b TN lesen eine Variante des Abschnitts in 1a. Sie untersuchen, was sich verändert hat, und markieren die entsprechenden Stellen.

c TN lesen den 2. (schlecht geschriebenen) Abschnitt des Blogbeitrags und sprechen in ihrer Gruppe darüber, was ihnen beim Satzbau auffällt: In diesem Blogabschnitt folgen Hauptsätze unverbunden hintereinander.

d TN lesen die Variante des 2. Abschnitts und vergleichen sie mit dem Blogabschnitt in 1c. Sie markieren wiederum die Veränderungen: In dieser Variante sind die Sätze durch Konnektoren verknüpft.

e TN lesen den 3. (schlecht geschriebenen) Abschnitt des Blogbeitrags und verbessern ihn. Sie orientieren sich dabei an den Textvarianten in den Aufgaben 1b und 1d. Im Tipp werden Konnektoren und Adverbien aufgezählt, mit denen man Sätze in Texten verknüpfen kann und die TN hier verwenden können.

f TN vergleichen ihre verbesserten Texte mit denen der anderen Gruppen.

Teil 2: Die Künstlerkolonie Ahrenshoop (Arbeit mit Texten – Textaufbau analysieren)

In der Folge von Lektion 2 und 3 wird in diesem Teil die Kompetenz, den (chronologischen) Aufbau von Texten zu erkennen, weiter trainiert, wobei hier der Fokus stark auf textverbindende Elemente gelenkt wird.

1 Entwicklung der Künstlerkolonie Ahrenshoop
[Textaufbau erkennen]

a TN lesen mit einem Partner / einer Partnerin die 5 verwürfelten Abschnitte eines Informationstextes über die Entwicklung der Künstlerkolonie Ahrenshoop und ordnen jedem Abschnitt die passende Überschrift zu.

b TN lesen den Informationstext noch einmal und nummerieren mit ihrem Partner / ihrer Partnerin die Abschnitte in der richtigen Reihenfolge. Dabei achten TN immer besonders auf den ersten und letzten Satz jedes Abschnitts und markieren darin die Teile, die den einen mit dem anderen Abschnitt verbinden.

c TN besprechen und begründen ihre Lösungen im Kurs. Die gemeinsame Reflexion darüber, wie Texte verknüpft sind, verstärkt den Übungseffekt.

Teil 3: Das Passiv aktiv üben (Lernstrategien – Grammatik lernen)

In diesem Teil lernen TN verschiedene Möglichkeiten kennen, wie man Grammatikstrukturen – hier das Passiv – besser lernen kann und wenden diese praktisch an.

1 Im „Lern-Duo" [mit Kursbuchtexten üben]

Die Aufgabenüberschrift spielt auf den aus Lektion 1 bekannten Begriff „Wohn-Duo" an: Gemeinsam mit einem Partner / einer Partnerin kann man oft besser lernen.

a TN arbeiten zu zweit mit dem Artikel über den Harz im KB, Teil B. Partner/in 1 formuliert zu Abschnitt A 3 Fragen im Passiv und notiert auch die Antworten, Partner/in 2 macht das Gleiche zu Abschnitt B. TN schreiben jede Frage auf die Vorderseite einer Karte und die Antwort auf die Rückseite. Ein Beispiel ist abgebildet. Im Tipp erhalten TN den Hinweis, warum es sinnvoll ist, im Dialog mit einem Partner / einer Partnerin zu lernen und Sätze laut zu sprechen.

b TN stellen sich gegenseitig ihre Fragen aus 1a. Wenn die Antwort nicht richtig ist, zeigen sie ihrem Partner / ihrer Partnerin die Rückseite der Karte. Er / Sie liest die Sätze dann laut vor.

Binnendifferenzierung: Paare, die bereits alle Fragen korrekt beantwortet haben, tauschen ihre Karten mit einem anderen Paar. Sie teilen die neuen Karten untereinander auf und gehen dann genauso vor, wie in 1b beschrieben.

2 Berühmte Erfindungen und Erfinder
[mit Quizfragen lernen]

a TN betrachten zu zweit 5 Fotos, auf denen es um berühmte Erfindungen geht. Sie stellen sich gegenseitig W-Fragen im Passiv: Wann wurde was erfunden? Von wem wurde es erfunden? Sie recherchieren die Lösungen ggf. im Internet. Die Lösungen finden sie auch im Lösungsteil.

b TN recherchieren in Gruppen 6 weitere Beispiele für die Quizfrage „Von wem wurde / Wann wurde … erfunden?" 2 Gruppen stellen sich im Wechsel gegenseitig ihre Quizfragen. Die Gruppe, die die meisten Antworten richtig hat, gewinnt. Die Gruppen können die Quizfragen auch mithilfe eines Tools wie Kahoot oder iSpringSuite erstellen.

3 Ein besonderer Tag! [mit Geschichten lernen]

a TN lesen die Geschichte rechts und schreiben zu zweit mit denselben Satzanfängen eine eigene Geschichte im Passiv über einen besonderen Tag.

b TN lesen ihre Geschichten im Kurs vor. Am Ende tauschen TN sich darüber aus, welche Geschichte sie am besten finden.

Teil 4: Wortfamilien (Lernstrategien – Wortschatz lernen)

In diesem Teil werden weitere Methoden zum Wortschatzlernen vorgestellt und trainiert.

1 Wörter in Familien

[Wortschatz in Wortfamilien lernen]

In dieser Aufgabe werden 2 unterschiedliche Methoden vorgestellt, wie man Wortschatz in Wortfamilien lernen kann. Diese Lernmethoden haben 2 unterschiedliche Lerntypen im Blick: nämlich diejenigen, die leichter assoziativ lernen, sowie diejenigen, die lieber mit festen Strukturen lernen.

a In der Arbeitsanweisung wird zuerst kurz erklärt, was „Wortfamilien" sind. TN schauen sich die Mindmap an, tragen den Wortstamm in dem Oval in der Mitte ein und ergänzen die Mindmap mit Wörtern aus dem Schüttelkasten. Im Internet finden Sie eine Reihe von gut nutzbaren, zum Teil kostenlosen Tools, um Mindmaps zu erstellen, z. B.: Mindmeister, Mind-map-online oder Jamboard.

b TN schauen sich die unten abgedruckte Tabelle an, in der bereits einige Wörter eingetragen sind, und ergänzen Wörter aus dem Schüttelkasten bzw. auch weitere Wörter, die sie kennen. Im Tipp erhalten TN einen Hinweis, dass sie ihren Wortschatz mithilfe von digitalen Wörterbüchern wie z. B. dem DWDS erweitern können. Der Wortstamm „migr-" wurde deshalb ausgewählt, weil die entsprechenden Wörter Synonyme zum rechten Teil der Mindmap in 1a sind. Es handelt sich dabei um Fremdwörter, die in Lektion 2 vorkommen. So können Sie TN anregen, Fremdwörter parallel zu bestimmten deutschen Begriffen zu lernen, da dies ja auch im Studium oder für bestimmte Arbeitskontexte nützlich sein kann.

c TN vergleichen ihre Lösungen im Kurs und tauschen sich über die unterschiedlichen Methoden in 1a und 1b aus. TN sprechen auch darüber, welche Methode ihnen persönlich besser gefällt und welche sie selbst anwenden würden und warum.

d Zum weiteren Training ihrer favorisierten Methode erstellen TN eine Wortfamilie mit dem Wortstamm „arbeit-". TN wählen dabei die Darstellungsform – Mindmap oder Tabelle –, die ihnen besser gefällt und mit der sie besser lernen können.

e TN hängen ihre Wortfamilien im Kursraum auf, gehen dann im Raum herum, schauen sich die Wortfamilien der anderen an, analysieren, welche Unterschiede es gibt, und tauschen sich darüber im Kurs aus.

Alternative: TN bilden 2 Gruppen. Jede Gruppe schreibt in 3 Minuten eine Wortfamilie zu „stud-". TN spielen dann folgendes Spiel im Kurs: Gruppe 1 beginnt und ruft „studieren". Gruppe 2 ruft z. B. „Studium". Dann ist Gruppe 1 wieder dran; so rufen die Gruppen abwechselnd je ein Wort, bis eine Gruppe keine Wörter mehr hat. Dann hat die andere Gruppe gewonnen.

Film 3: Baustelle Natur

In Ergänzung zu den Lektionsteilen B und C, in denen es um die Entwicklung des Harzes von einer Bergbau- zu einer Tourismusregion (Lektionsteil B) sowie um die Rolle und Entwicklung des Waldes in Deutschland (Lektionsteil C) geht, handelt der Film von der Geschichte und heutigen Entwicklung des Waldes im Nationalpark Harz. Der Titel „Baustelle Natur" bezieht sich darauf, dass in einem Nationalpark, in dem die Regeneration des Waldes der Natur überlassen wird, die Natur sozusagen wie ein „Baumeister" wirkt. Bei dem durch die Natur angestoßenen Umbauprozess kann sich der Wald wieder verjüngen und so gesund weiterentwickeln.

Erweiterung – Waldspaziergang: In diesem Zusammenhang könnte sich ein Waldspaziergang am Kursort anbieten, bei dem TN bestimmte Entwicklungen – negative oder positive –, die im Film gezeigt werden, beobachten können.

Erweiterung – Projekt: TN recherchieren, wie es um die Baustelle Natur im Nationalpark Harz oder im Nationalpark Bayerischer Wald zurzeit steht, welche Weiterentwicklungen sich abzeichnen und welche Auswirkungen diese auf Pflanzen- und Tierwelt haben. Dazu gibt es auch zahlreiche Filme im Internet.

Lektion 4

Überblick

Thema
In dieser Lektion geht es um das Thema „Arbeit". Dabei werden verschiedene Aspekte beleuchtet, z.B. wie man arbeitet, was Menschen an ihrer Arbeitsstelle wichtig ist oder was deutsche Unternehmen tun, um internationale Fachkräfte zu unterstützen. Zudem wird die Arbeit in einem Start-up mit Herausforderungen wie Gründung oder Arbeitsbelastung beleuchtet. Auch der Bewerbungsprozess wird thematisiert mit den Punkten E-Mail-Bewerbung und Motivationsschreiben. Letzteres sowie das Kurzformat einer Präsentation - ein sogenannter „Pitch" - um potenzielle Investoren oder künftige Arbeitgeber zu überzeugen, werden ausführlich trainiert. Die „Lektionsregion" ist hier das Rhein-Main-/Rhein-Neckar-Gebiet.

Fertigkeiten und Kompetenzen
Im Kompetenztraining liegt der Fokus in den Fertigkeitsbereichen „Hören" und „Lesen" darauf, bestimmte Informationen herauszuarbeiten und sie mit anderen Informationen abzugleichen. Im produktiven Bereich trainieren TN beim „Sprechen" in einem Pitch Informationen überzeugend zu präsentieren und beim „Schreiben" auf eine Anzeige hin ein Motivationsschreiben zu verfassen.

Grammatik
Hier wird das Training der Wortstellung fortgeführt: In Lektionsteil A wiederholen TN die Wortstellung von Angaben in der Satzmitte und in Lektionsteil B geht es um die Stellung des Negationsworts „nicht".

Aufgabensequenzen

A Wie möchte ich arbeiten?

1 Arbeitswelten

a Zum Einstieg ins Thema „Arbeit" betrachten TN Fotos mit Szenen aus dem Arbeitsalltag und vermuten zunächst, in welchen Berufen die Personen arbeiten könnten.

Alternative: TN arbeiten bei geschlossenen Büchern. Bilden Sie Gruppen und verteilen Sie je ein Foto an eine Gruppe. TN stellen Vermutungen darüber an, als was die abgebildeten Personen arbeiten. Die Gruppen stellen ihre Ergebnisse anschließend im Kurs vor.

b Anhand der Leitfrage, wo und wie die Personen auf den Fotos arbeiten, ordnen TN Begriffe aus einem Schüttelkasten den Fotos zu und vergleichen ihre Ergebnisse im Kurs oder, falls Sie nach dem Alternativvorschlag vorgegangen sind, in den dort gebildeten Gruppen.

c TN lesen Stichpunkte, die sich auf Arbeitsstellen beziehen, und kreuzen an, was für sie bei der Entscheidung für eine Arbeitsstelle wichtig ist. TN tauschen sich dann darüber im Kurs aus.

Alternative: TN tauschen sich in ihren Gruppen (s. Alternative zu 1a) über ihre Prioritäten aus und erstellen eine Strichliste, die zeigt, wie oft ein Kriterium genannt wurde. Später kann daraus eine Kursstatistik entstehen, indem ein/e TN als Moderator/in die Strichlisten der Gruppen abfragt und das Ergebnis zusammenfasst. Dieses Vorgehen, bei dem TN die Zusammenarbeit von Gruppen organisieren, passt auch in vielen anderen Situationen, z.B. bei Diskussionen oder Feedbackrunden, und fördert im Sinne der Mediation die Interaktion und Kooperation der TN untereinander.

d TN hören die Aussagen von 3 Personen. Sie hören heraus, was den Personen wichtig bei ihrer Arbeit ist, und schreiben die Nummern der Personen zu den entsprechenden Punkten in 1c. Im ÜB A1 wird der Wortschatz geübt, wobei im ÜB A1c die in 1a und 1b geübten Wörter in einen Lückentext eingefügt werden müssen, der gleichzeitig als Beispieltext für die Präsentation in KB 1e fungieren kann.

Binnendifferenzierung: Regen Sie nach jeder Person einen Austausch der TN über ihre Ergebnisse an. Unsichere TN können von dem Austausch profitieren, Informationen ergänzen und diese während eines zweiten Hörvorgangs leichter identifizieren.

e TN überlegen sich, wie sie gern arbeiten möchten. Sie wählen 6 Begriffe aus 1b und 1c aus und präsentieren ihre perfekte Stelle. Die Texte können mit dem Smartphone aufgenommen werden und stehen dann später für einen Vergleich zur Verfügung.

Binnendifferenzierung: TN wählen und notieren einige für ihre Präsentation passende Redemittel aus der Beispielpräsentation im ÜB A1c, wie z.B. „am liebsten", „ist das Richtige für mich", oder Ausdrücke, um etwas zu begründen, wie „denn", „weil" usw. Anschließend nehmen sie ihren Text mit dem Smartphone auf.

2 Start-ups

Auf dieser Seite von Lektionsteil A liegt der Fokus auf der Fertigkeit „Hören". TN trainieren die Kompetenz, Aussagen zu dem, wie man sich etwas vorgestellt hat und wie die Realität aussah, miteinander abzugleichen. Die Seite beginnt zunächst mit einer Input-Aufgabe zum Thema „Start-up".

Einstieg: Verweisen Sie die TN nochmals auf Lektion 3, in der u.a. die Tourismusbranche in Deutschland thematisiert wurde. Fragen Sie die TN bei geschlossenen Büchern, welche Branchen sie noch kennen, und notieren Sie diese an der Tafel / am Whiteboard. Lassen Sie die TN vermuten, in welchen Branchen es aus ihrer Sicht viele Unternehmensgründungen geben könnte. Leiten Sie dann zur Grafik und den Kurzbeschreibungen über.

a TN schauen sich zunächst die Grafik zu Branchen, in denen Start-ups gegründet werden, und die Kurzbeschreibungen von 3 Start-ups an. TN tauschen sich im Kurs darüber aus, welchen Branchen sie die Start-ups zuordnen würden und welche Informationen sie besonders interessant finden. Im ÜB A2 üben TN Redemittel zur Beschreibung der Grafik im KB. Regen Sie die TN dazu an, die Redemittel in ihre Sammlung zu übertragen.

b TN stellen Vermutungen dazu an, was ein Start-up im Gegensatz zu einem anderen Unternehmen auszeichnet. Dazu lesen sie 6 Aussagen (von denen 3 die Unternehmensform „Start-up" definieren), kreuzen diejenigen an, die sie für passend halten, und sprechen dann darüber im Kurs.

c TN vergleichen ihre Lösungen mit dem rechts abgebildeten Lexikonartikel zu „Start-up".

Binnendifferenzierung – Lexikoneintrag: Da vielleicht nicht alle TN ausreichend Erfahrungen mit einsprachigen Lexika gemacht haben, können Sie wie folgt verfahren. TN lesen den Eintrag und unterstreichen unbekannte Wörter. TN klären zunächst in kleinen Gruppen alle Wörter, die die Gruppenmitglieder kennen. Danach erstellt jede Gruppe eine Liste mit noch ungeklärten Begriffen und tauscht sich mit anderen Gruppen über die noch unbekannten Wörter aus, sodass am Ende immer weniger Wörter auf der Liste stehen. Deren Bedeutung kann am Ende im Kurs geklärt werden.

Erweiterung – Informationen zu Start-ups: TN recherchieren in Gruppen auf den Webseiten der 3 Start-ups, was diese Unternehmen aktuell machen und anbieten bzw. andere Fakten, die sie interessant finden, und berichten darüber im Kurs. Zur Förderung des plurikulturellen Austauschs können Sie die TN fragen, ob sie das Prinzip von Start-ups auch aus ihren Herkunftsländern kennen und ob sie weitere Informationen dazu geben können.

3 Interview: Start-up und Studium

[Vorstellung und Realität gegenüberstellen]

Auch in dieser Aufgabe müssen TN unterschiedliche Informationen miteinander abgleichen, hier die Differenz zwischen den anfänglichen Vorstellungen der Interviewten und der späteren Realität.

a TN hören das Radiointerview mit 2 Studierenden und konzentrieren sich dabei auf die 4 Fragen, was sie studieren, was für ein Start-up sie gegründet haben, wie ihr Arbeitsaufwand ist und was sie motiviert.

b Da die ursprünglichen Vorstellungen der beiden Start-up-Gründer und die Realität nicht übereinstimmten, mussten sie ihre Pläne immer wieder der Wirklichkeit anpassen. Um die Unterschiede zwischen den Vorstellungen und der Realität zu identifizieren, hören TN das Interview in 3a noch einmal mit einem Partner/einer Partnerin. Sie ergänzen eine zweiteilige Tabelle: In der linken Spalte sind die anfänglichen Vorstellungen der Gründer abgedruckt, in der rechten notieren TN das, was die Gründer tatsächlich gemacht haben. Zu dieser Aufgabe finden TN im ÜB A3 eine Übung, in der sie die Vorstellungen der Gründer und die wirkliche Situation einander zuordnen.

Binnendifferenzierung: TN führen vor dem zweiten Hören (Abgleich zwischen Vorstellungen und Realität der Gründer) die Übung im ÜB A3 durch, in der sie die Vorstellungen und die wirkliche Situation einander zuordnen.

4 Grammatik: Wortpositionen in der Satzmitte (tekamolo)

Die Wortstellung im Satz wird weiter trainiert, hier in Bezug auf die Stellung der Angaben in der Satzmitte und die stilistische Variationsmöglichkeit durch Besetzen der Satzposition 1 mit einer der Angaben.

a TN lesen 4 Sätze in einer Satzbautabelle und markieren die Angaben in 4 verschiedenen Farben: **te**mporal blau, **ka**usal rot, **mo**dal gelb und **lo**kal grün. Die lateinischen Adjektive – im Tipp mithilfe der entsprechenden Fragewörter transparent gemacht – werden verwendet, weil sich „tekamolo" gut dazu eignet, sich die grundsätzliche Folge der Angaben in der Satzmitte zu merken. TN lesen den Tipp und stellen mit den Fragewörtern Fragen zu den einzelnen Angaben. Dies dient zusätzlich dazu, dass sie sich die Bedeutung des Merkworts „tekamolo" und damit die Abfolge der Angaben noch einmal klarmachen.

b TN schauen sich ihre Markierungen in 4a noch einmal an und ergänzen die Regeln. Machen Sie die TN – wie es auch in der Regel steht – darauf aufmerksam, dass die Reihenfolge der Angaben manchmal anders ist, je nachdem, was man betonen möchte oder wie der Textzusammenhang ist, z. B. was die Informationsverteilung oder Schwerpunkte betrifft. Wenn TN andere Lösungen als „tekamolo" haben, gibt es einen pragmatischen Standardsatz für Sie als KL: „Ja, das geht auch." Wichtig ist aber, dass TN mit der Reihenfolge „tekamolo" nichts falsch machen können. Hilfreich ist es auch zu betonen, dass, wenn eine dieser Angaben auf Position 1 steht, die Reihenfolge der anderen Angaben gleich bleibt. Im ÜB A4 wird die Wortstellung kleinschrittig geübt. In ÜB A4d finden TN u. a. eine Aufgabe zur Wortstellung im Sprachvergleich: Sie vergleichen die Wortstellung in einem deutschen und einem englischen Satz mit dem entsprechenden Satz in einer dritten Sprache, die sie kennen.

c TN variieren die Sätze aus der Tabelle in 4a, indem sie eine der Angaben auf Position 1 stellen.

d TN überlegen in Gruppen, an welche Stelle in 4 abgedruckten Sätzen sie die Angabe in Klammern stellen würden.

e TN ergänzen die Sätze an der durch einen senkrechten Strich markierten Stelle mit Angaben aus dem Schüttelkasten.

Erweiterung – Satzpuzzle (Kopiervorlage 10): Anhand von Satzteilen formulieren TN paarweise Sätze unter Anwendung der „tekamolo"-Regel.

5 In einem Start-up arbeiten

a TN bereiten in Gruppen Interviews vor. Dafür sammeln sie Fragen. 3 Fragen sind bereits vorgegeben.

b TN führen die Interviews aus 5a nun mit Personen aus den anderen Gruppen. Anschließend berichten sie über eine interessante Information im Kurs.

Erweiterung – Projekt: Dieses Projekt eignet sich vor allem für Gruppen, die Freude am selbstständigen Arbeiten und Entwickeln von kreativen Ideen haben. TN überlegen in Kleingruppen, für welche Produkte / welche Dienstleistungen sie gerne ein Start-up gründen würden. Die Ideen werden an der Tafel / am Whiteboard festgehalten. TN entscheiden sich für ein Produkt bzw. eine Dienstleistung und arbeiten in Gruppen an folgenden Fragen:
- Für welche Zielgruppe ist das Produkt / die Dienstleistung gedacht?
- Wie soll das Start-up heißen?
- Welchen Standort wählt man am besten (Online-Markt, Büro oder Ladenlokal usw.)?
- Braucht man Mitarbeiter bzw. externe Berater?
- Wie kann man das Start-up finanzieren?
- Wie kann man das Produkt / die Dienstleistung bewerben?

Die Gruppenergebnisse werden online gestellt (z. B. mithilfe von Programmen wie Padlet), sodass sie von allen eingesehen und ggf. in Teil C zur Erstellung eines Kurzvortrags (Pitch) genutzt werden können.

B Arbeiten in Deutschland?

In diesem Lektionsteil steht die Fertigkeit „Lesen" im Fokus. Analog zum Teil „Hören" wird hier die Kompetenz trainiert, Informationen herauszuarbeiten und zu vergleichen, wobei es sich hier um Informationen aus unterschiedlichen Quellen handelt. Das Training solcher Vergleiche ist ein wichtiger Baustein in der Entwicklung der Lesekompetenz, wie sie in Studium und Beruf gebraucht wird.

1 Gute Chancen?

[Informationen finden und abgleichen]

Einstieg: Zur Einführung in das Thema „Arbeiten in Deutschland" bitten Sie die TN, sich in einem großen Kreis im Unterrichtsraum aufzustellen. Stellen Sie einige Ja- / Nein-Fragen (s. u.). TN, die eine Frage mit „Ja" beantworten können, gehen einen Schritt nach vorn. Lassen Sie dann einige TN kurz zu Wort kommen, bevor sich alle wieder auf ihrer Ausgangsposition einfinden.
- Haben Sie genaue Pläne für Ihre berufliche Zukunft?
- Freuen Sie sich auf Ihre Berufstätigkeit bzw. auf Ihr Studium?
- Können Sie sich vorstellen, in Deutschland oder einem anderen deutschsprachigen Land zu arbeiten?
- Haben Sie schon berufliche Erfahrungen?
- Haben Sie schon berufliche Erfahrungen in Deutschland gemacht?

Bereiten Sie ein Plakat mit den 5 Fragen vor, das Sie an die Wand hängen oder schreiben Sie die Fragen an die Tafel / ans Whiteboard. Wenn jemand zu einer bestimmten Frage vortritt, machen Sie einen Strich bei der betreffenden Frage. Für Sie selbst kann es hilfreich sein, auf einem Zettel mit den Fragen die Namen der entsprechenden TN zu notieren, sodass Sie diese TN im Verlauf der Lektion direkt ansprechen und auf ihre Erfahrungen zurückgreifen können.

a TN lesen die E-Mail des indischen Studenten Rahul an seinen Freund Yannik. Rahul ist unsicher, ob er nach dem Studium Deutschland verlassen oder bleiben und eine Stelle suchen soll. TN tauschen sich im Kurs darüber aus, was sie ihm raten würden.

b TN markieren in der E-Mail in 1a die Fragen, die Rahul hat, und notieren sie stichpunktartig in der linken Spalte der Tabelle. Falls TN unsicher sind, sollten Sie diese Aufgabe in Paaren durchführen lassen.

c TN lesen das Interview mit einer Expertin des Kompetenzzentrum Fachkräftesicherung (KOFA). Das KOFA ist ein Projekt des Instituts der deutschen Wirtschaft Köln und wird gefördert durch das Bundesministerium für Wirtschaft und Klimaschutz. Es unterstützt kleinere und mittlere Unternehmen dabei, Fachkräfte zu finden, zu binden und zu qualifizieren. TN markieren in dem Interview die Stellen, die Antworten auf Rahuls Fragen enthalten, und notieren diese stichpunktartig in der rechten Spalte der Tabelle in 1b. Durch die angedeutete Tabelle werden TN erneut daran erinnert, dass sie Notizen immer in strukturierter Form machen sollten. Im ÜB B1 werden in diesem Kontext häufige Wortverbindungen sowie relevanter Wortschatz geübt. Im ÜB B2a trainieren TN noch einmal die Kompetenz, Informationen zu finden und abzugleichen, indem sie zunächst das Interview im KB B1c noch einmal lesen und in der linken Spalte einer Tabelle Stichpunkte dazu machen, was Studierenden den Einstieg in den Beruf in Deutschland erleichtern kann. Dann lesen TN die in ÜB B2b abgedruckte E-Mail von Rahul, in der er beschreibt, was er erlebt und gemacht hat, und notieren dazu Stichpunkte in der rechten Spalte der Tabelle im ÜB B2a.

d TN vergleichen mit einem Partner / einer Partnerin ihre Notizen in der linken und rechten Spalte der Tabelle in 1b.

e TN übernehmen die Rolle von Yannik, dem Freund von Rahul. Sie antworten auf Rahuls E-Mail und geben ihm zu seinen Fragen die Informationen weiter, die sie im Interview in 1c gelesen haben. Dabei helfen ihnen ihre Notizen aus 1b.

Binnendifferenzierung 1: Da sich unsichere TN stärker an die Formulierungen des Originaltextes halten, sollten Sie zunächst die TN für den Wechsel des Registers sensibilisieren, ohne sie zu überfordern. Fragen Sie, welche Anrede man für einen Freund wählt („du") und erwähnen Sie auch, dass die Sprache in informellen Mails einfacher ist und manche Formulierungen wie „hohe Bedarfe" anders ausgedrückt werden (z.B. „brauchen"). Damit die Aufgabe für die TN einfacher wird, können Sie ihnen die Lösungen von 1c an die Hand geben:

Fragen des Studenten	Antworten der Expertin im Interview
Chancen für guten Job in Dt.?	gute Chancen, Dt. benötigt qualifizierte Fachkräfte, gerade im MINT-Bereich
Goethe-Prüfung oder etwas anderes, um Chancen zu verbessern?	Praxiserfahrung sammeln, z.B. bei Praktikum oder als Werkstudent/in; hierbei kann man auch Sprachkenntnisse verbessern
sich in dt. Firma isoliert und fremd fühlen?	viele Unternehmen bemühen sich, Einstieg ins Unternehmen zu erleichtern (z.B. Willkommensmappe, Mentor/in, gemeinsame Events); persönlicher Kontakt und Austausch ist entscheidend und hilft Vorurteile abzubauen

Sie können auch darauf hinweisen, dass Ratschläge weniger belehrend wirken, wenn man eine kurze Einleitung wie „Ich glaube / denke / meine, ...; Ich würde dir raten, ...; Soviel ich weiß ...; Aus eigener Erfahrung weiß ich ..." voranstellt, z.B.: „Ich glaube, du hast super Chancen auf einen guten Job, da Deutschland gerade im MINT-Bereich viele qualifizierte Fachkräfte braucht."

Binnendifferenzierung 2: TN, die schneller beim Verfassen der E-Mail sind, notieren weitere Fragen, die sie nach einem Studienabschluss in Deutschland beschäftigen könnten, auf kleine Zettel. Anschließend werden die Zettel gemischt, die Fragen werden vorgelesen und alle TN überlegen, wo man Antworten darauf finden kann. Die offenen Fragen werden in Gruppen recherchiert; die Antworten werden an alle mündlich übermittelt oder per E-Mail verschickt oder auf Padlet gesammelt.

2 Grammatik: Stellung des Negationsworts „nicht"

a TN lesen 4 Sätze und markieren jeweils das Wort „nicht".

b TN analysieren, wo „nicht" in den Sätzen in 2a jeweils steht, und notieren die Satznummern hinter den passenden Regeln.

c Bei den b-Sätzen handelt es sich um Sätze, in denen ein bestimmter Satzteil negiert wird. In diesem Fall steht das Negationswort „nicht" vor dem negierten Satzteil. Bei dieser Art der Negation liegt die Betonung auf dem negierten Satzteil. TN hören 3 Beispiele mit je 2 alternativen Sätze, a und b. Sie markieren jeweils, was betont wird.

d TN hören die Sätze in 2c noch einmal und kreuzen in der Regel die richtige Alternative an. Im ÜB B3a wird die Stellung von „nicht" bei der Negation des ganzen Satzes geübt. Im ÜB B3b geht es um die Negation einzelner Elemente, mit der oft eine besondere Betonung des verneinten Elements zusammenhängt. Um Letzteres zu üben, hören TN im ÜB B3c die Sätze aus 3b, markieren die betonten Wörter und lesen dann die Sätze mit der entsprechenden Betonung laut. Im ÜB B4a wiederholen TN den Unterschied zwischen „nicht" und „kein-" und im ÜB B4b frequente Wörter bzw. Ausdrücke, die sich bei der Negation ändern, wie z.B. „etwas - nichts", „schon (mal) - noch nicht" etc.

e TN überlegen, wie die b-Sätze in 2c weitergehen können, und formulieren Sätze mit „sondern".

Erweiterung - lebende Sätze: Notieren Sie je ein Wort eines positiven Aussagesatzes auf Kärtchen und verteilen Sie diese an TN, die dann gemeinsam entscheiden, in welcher Reihenfolge sie sich aufstellen müssen, damit der Satz korrekt ist. TN verneinen anschließend den Satz und müssen dabei erneut entscheiden, an welcher Stelle das „nicht" steht. Damit auch die Intonation geübt wird, werden die Sätze nach der Aufstellung der TN zunächst von Ihnen und danach von allen im Chor gesprochen.

3 So möchte ich nicht arbeiten!

TN überlegen, wo und wie sie nicht arbeiten möchten. Sie formulieren Sätze und verwenden dabei mindestens eine der Angaben im Schüttelkasten. Sie überlegen dabei, was sie negieren wollen.

Erweiterung - Aktivität zur Negation (Kopiervorlage 11): TN üben mündlich in Partnerarbeit die Verneinung von Aussagen.

C Interessiert?

In diesem Lektionsteil steht die Fertigkeit „Sprechen" im Fokus. TN trainieren, einen Pitch zu halten. Diese Art, sich selbst oder eine Idee, ein Vorhaben sehr kurz zu präsentieren, kann TN auch bei Bewerbungen nützlich sein, in denen es darum geht, das Wesentliche sehr kurz und überzeugend darzustellen.

Einstieg: Verweisen Sie die TN nochmals auf Teil A und das Start-up als besondere Unternehmensform. Deren Gründer / Gründerinnen sind meist auf Fremdkapital angewiesen. Deshalb ist es wichtig, das Unternehmen gut präsentieren zu können. Fragen Sie die TN, ob Sie wissen, was ein Pitch ist, und sammeln Sie die Beiträge, ohne diese zu kommentieren. Leiten Sie dann zum Online-Lexikon und der Definition von „Pitch" über.

1 Ideen pitchen
[Informationen überzeugend präsentieren]

a TN lesen den Eintrag zu „Pitch" aus einem Online-Lexikon und arbeiten heraus, was der Unterschied zwischen einer Präsentation und einem Pitch ist. Hier sollten Sie vielleicht vorab mit TN klären, was unter dem Adjektiv „neudeutsch" zu verstehen ist, das je nach Kontext auch leicht abwertend gebraucht wird. Es bezieht sich auf die zunehmende Integration von hauptsächlich englischen Wörtern und Ausdrücken in die deutsche Gegenwartssprache, verbunden mit der Absicht besonders modern, cool oder „in" zu wirken. Besonders beliebt sind solche „neudeutschen" Wörter in der Werbebranche.

b TN beschäftigen sich in Gruppen mit Fragen zum Thema „Pitch". Sie klären zuerst, ob jemand in der Gruppe schon mal einen Pitch präsentiert hat. Falls es niemanden gibt, der etwas dazu sagen kann, überlegen sie gemeinsam, welche Situationen sie sich vorstellen können, in denen ein Pitch sinnvoll wäre, und sammeln Ideen dazu.

c TN lesen zuerst die Checkliste, die zeigt, was einen guten Pitch ausmacht. Sie hören dann 2 Pitchs, in denen die Studierenden Fiona und Elif über ihre Berufsvorstellung sprechen. TN überlegen, wer von beiden die 6 Punkte der Checkliste besser umsetzt: Fiona oder Elif? Darüber hinaus soll diese Checkliste TN dabei helfen, wenn sie einen eigenen Pitch vorbereiten.

d TN wählen ein Thema, z.B. den eigenen Beruf / Berufswunsch, ihr Studienfach oder ihr Unternehmen, zu dem sie einen Pitch halten wollen. Sie bereiten einen Pitch von 60 Sekunden vor, in dem sie ihre Gesprächspartner / -Partnerinnen davon überzeugen sollen, dass das ein interessantes Thema ist. Dabei können die TN sich an dem Strukturvorschlag orientieren und die Redemittel verwenden, die jeweils als Beispiel genannt werden. In den Lösungen finden TN einen Mustertext für einen Pitch, der sich inhaltlich auf das spätere Motivationsschreiben im KB D2a bezieht. Auf diese Weise haben TN ein Beispiel, wie man aus den verschiedensten biographischen Angaben diejenigen heraussucht, die zu einem Pitch passen, vgl. auch den Vorschlag zu Aufgabe D2 hier in den Handreichungen.

Alternative: Falls TN in Teil A die Projektarbeit zu Aufgabe 5 gemacht und Ideen für eine Start-up-Gründung gesammelt haben, können sie auch einen Pitch zu ihrem Start-up vorbereiten.

Binnendifferenzierung: TN fertigen nicht nur Stichworte zum Inhalt ihres Pitchs an, sondern notieren – ähnlich wie in der Liste in 1d – auch Redemittel für die Umsetzung von Sprechintentionen wie Vorstellung, Aussagen zu Erfahrungen usw.

e TN arbeiten zu viert. Sie präsentieren sich gegenseitig ihre Pitchs. Dabei orientieren sie sich an den Checklisten in 1c und 1d und geben sich gegenseitig Feedback wie im Beispiel. Im ÜB C1 und C2 finden TN eine ausführliche Übungssequenz zum Feedback-Geben. Regen Sie die TN an, die Redemittel zum Feedback-Geben in ihre Redemittelsammlung aufzunehmen. In der Übung ÜB C3 finden TN den Ausspracheteil der Lektion, in dem es um die Betonungen im Satz geht, wobei u.a. auch der Satzakzent berücksichtigt wird. Da dies am Beispiel eines Pitchs geschieht, haben TN auf diese Weise noch einmal ein Beispiel dafür, wie man einen Pitch sprechen kann.

f TN nehmen die Pitchs mit dem Smartphone auf, dabei sollten sie die Verbesserungsvorschläge, die sie in 1e erhalten haben, berücksichtigen. Raten Sie den TN, eventuell mehrere Versuche machen, bis sie mit ihrer Aufnahme zufrieden sind.

g TN hören alle Pitchs im Kurs, ohne sie zu bewerten. TN tauschen sich dann darüber aus, was für sie leicht, was schwierig war und was ihnen Spaß gemacht hat.

Alternative: Je nach Teilnehmerzahl in Ihrem Kurs kann diese Phase u.U. etwas ermüdend werden. In dem Fall bietet es sich an, die TN in 2 gleich große Gruppen aufzuteilen, die dann lediglich die Hälfte der Pitchs hören. Der jeweils beste Pitch der beiden Gruppen wird dann noch einmal allen vorgespielt.

D Ich möchte mich bewerben

In diesem Lektionsteil steht die Fertigkeit „Schreiben" im Fokus und die Kompetenz, auf eine Stellenanzeige hin ein Motivationsschreiben zu verfassen.

Einstieg: Fragen Sie die TN, ob sie etwas mit der Bezeichnung „(m/w/d)" in Stellenanzeigen anfangen können und erläutern Sie ggf. den Hintergrund. Klären Sie auch die Begriffe „Werkstudent" und „Praktikant". Was machen Werkstudenten? Was machen Praktikanten? Sammeln Sie anschließend die Erfahrungen der TN, die sich bereits auf eine Stelle beworben haben, und fragen Sie auch nach den Unterlagen, die sie dabei an das Unternehmen geschickt haben. Sie können den Einstieg mit Fragen bzw. Infos zu aktuellen Trends bei Online-Bewerbungen wie Bewerbungsvideos (s. auch Projekt zu D2e) oder Bewerbungshomepages erweitern.

1 Eine interessante Chance?

a TN lesen das Stellenangebot auf der „Career Service"-Seite einer Hochschule. TN tauschen sich im Kurs darüber aus, wie sie sich diese Stelle vorstellen und um welche Tätigkeiten es gehen könnte.

b TN hören das Gespräch zwischen 2 Studierenden, Roberta und Lennart, in einer WG und entscheiden, um welche der beiden abgedruckten Alternativen es in dem Gespräch geht.

c Roberta, die sich auf die Anzeige in 1a bewerben will, macht sich Notizen zu 3 Leitpunkten auf einem strukturierten Notizzettel. TN ergänzen die Notizen und hören dafür das Gespräch in 1b noch einmal.

d TN lesen Robertas E-Mail an das Unternehmen. Darin sind 3 Informationen falsch. TN markieren diese. Hier ist es wichtig, dass Sie TN informieren, dass bei einer E-Mail-Bewerbung – wie hier – 2 Texte nötig sind: ein kurzer Text in der E-Mail und ein längeres Motivationsschreiben als Dokument im Anhang. Außerdem sollten Sie darauf hinweisen, dass das Motivationsschreiben, der Lebenslauf und die Zeugnisse in einer pdf-Datei zusammengefasst werden. Es ist wichtig, dies mit TN zu thematisieren, weil es oft passiert, dass E-Mail-Bewerbungen, an die z. B. Word-Dokumente angehängt sind, von den Unternehmen nicht akzeptiert werden.

2 Eine gute Bewerbung schreiben – das Anschreiben

[Anschreiben analysieren und schreiben]

In dieser Aufgabe ist ein Motivationsschreiben abgedruckt, eine Textsorte, die unter Umständen nicht alle TN kennen. Auf diese Weise können TN die Textsorte „Motivationsschreiben" kennenlernen sowie als Mustertext für ihr eigenes Schreiben nutzen.

a TN lesen das Motivationsschreiben auf der nächsten Seite und tauschen sich darüber aus, ob sie Roberta zum Vorstellungsgespräch einladen würden oder nicht, und begründen dies.

b TN schauen sich das Motivationsschreiben noch einmal genau an, entscheiden, welcher der abgedruckten Schwerpunkte zu welchem Absatz gehört, und notieren die passende Absatznummer. Falls TN unsicher sind, sollten Sie diese Aufgabe in Paaren durchführen lassen.

c TN lesen das Motivationsschreiben noch einmal genau und markieren die Textstellen, in denen sie Informationen zu den Punkten „Motivation und Ziele" sowie „Qualifikation" finden. Hierbei bietet es sich an, dass die TN die Textstellen zu den Punkten „Motivation und Ziele" bzw. „Qualifikation" in 2 unterschiedlichen Farben markieren. Bei schwächeren TN sollte diese Aufgabe in Paaren durchgeführt werden. Im Zusammenhang mit relevantem Wortschatz für eine Bewerbung wird im ÜB D1 eine Übung zur Wortbildung von Nomen auf „-heit" und „-keit" angeboten.

d Dieser Aufgabenteil bereitet TN darauf vor, wie sie später bei einer eigenen Bewerbung vorgehen können. TN arbeiten zu zweit. Jeder / Jede sucht auf den Jobseiten einer Universität oder im Internet eine passende Stelle. TN machen Notizen zur Stelle, zu ihren Qualifikationen und zu ihrer Motivation wie in 1c. TN notieren dann 2 Argumente, warum sie die richtige Person für diese Stelle sind. Im Anschluss stellen sie die Stelle und ihre Argumente ihrem Partner / ihrer Partnerin vor und sprechen gemeinsam darüber, ob die Argumente überzeugend sind.

e TN formulieren ein eigenes Motivationsschreiben. Der Mustertext in 2a sowie die Übungen im ÜB helfen. TN hängen dann alle Schreiben im Kursraum auf und tauschen sich darüber aus, welche Formulierungen sie gut finden und warum. Im ÜB D2 finden TN eine Aufgabensequenz, in der es um Form und Inhalt eines Motivationsschreibens geht. In dem Schreiben gibt es keinerlei Satzzeichen und es fehlt ein wichtiger Strukturpunkt, nämlich ein abschließender Satz, in dem der Bewerber Interesse an einem Vorstellungsgespräch zeigt. Durch die Aufgabensequenz werden TN Schritt für Schritt angeleitet, wie sie diese Mängel beheben können und formulieren darüber hinaus den fehlenden Abschnitt. Da diese Textsorte nicht einfach ist, wird auch im Lektionsteil „Auf dem Weg zur Kompetenz" ein Motivationsschreiben noch einmal ausführlich behandelt. Bei schwächeren TN bietet es sich an, diese Aufgaben zu machen, bevor TN mit ihrem eigenen Schreiben beginnen.

Erweiterung – Pitch: Hier könnten Sie im Zusammenhang mit dem Bewerbungsprozess mit TN besprechen, dass sie das, was sie über die Präsentationsform „Pitch" in Teil C gelernt haben, auch im Bewerbungsgespräch anwenden können, wenn sie gebeten werden, eine kurze Selbstpräsentation zu halten, und dass sie dafür auch relevante Informationen aus dem Motivationsschreiben verwenden können. Bilden Sie dafür Gruppen von 3 Personen. Schlagen Sie TN vor, die Informationen, die in einem Pitch wichtig wären, aus dem Motivationsschreiben im KB 2a herauszusuchen. Teilen Sie dann Kopien der Musterlösung für Aufgabe C1d aus. TN besprechen zuerst in ihren Gruppen eventuelle Unterschiede und tauschen sich dann im Kurs über ihre Ergebnisse aus. Im Anschluss notieren die TN anhand ihrer eigenen Motivationsschreiben in 2e die Informationen, die sie in ihrem Pitch verwenden möchten, und formulieren einen eigenen Pitch. Dabei können sich die TN an den Pitchvorgaben im Lektionsteil C sowie an der Musterlösung zu C1d orientieren. Im Anschluss tragen die TN sich in ihren Gruppen gegenseitig ihre Pitchs vor und geben sich gegenseitig Feedback, wie sie es im Lektionsteil C geübt haben.

Erweiterung – Bewerbungsvideo: TN erstellen in Gruppen als Hausaufgabe ein Bewerbungsvideo, das einem Pitch ähnelt und maximal 2 Minuten dauern sollte. Zur Vorbereitung auf das Projekt eignet sich in „Auf dem Weg zur Kompetenz" der Teil „Präsentieren kurz und knackig", in dem schwerpunktmäßig die Prosodie reflektiert und geübt wird. Notieren Sie danach an der Tafel / am Whiteboard die 3 Teile – Einleitung, Hauptteil und Schluss – eines Bewerbungsvideos. Schreiben Sie unter jede Überschrift in Stichpunkten, welche Informationen darin enthalten sind. Einleitung: Persönliche Daten wie Name, Alter, beruflicher Werdegang usw.; Hauptteil: Motivation für den Job sowie den Arbeitgeber und die wichtigsten persönlichen Stärken in Bezug auf die Stelle; Schluss: Aussicht auf ein Vorstellungsgespräch und Kontaktdaten. Im Internet findet man zahlreiche Tipps dazu, was man bei einem Bewerbungsvideo beachten sollte, z. B. unter „Karrierebibel". Empfehlen Sie den TN vor Beginn der Aufnahme, eine Liste mit wichtigen Aufgaben zu erstellen und festzulegen, wer welche Aufgaben übernimmt. Die Gruppen einigen sich auf eine Stellenanzeige, zu der sie

ein Bewerbungsvideo erstellen möchten, und präsentieren ihr Video an einem der nächsten Unterrichtstage im Kurs. Die anderen TN geben anhand eines Fragenkatalogs Rückmeldungen. Aspekte der Bewertung können sein:
- Sprache: kurze deutlich gesprochene Sätze, langsames Sprechtempo, freies Sprechen, kein Ablesen; passende Körpersprache
- Inhalt: wichtige Informationen in kurzer Zeit, Hauptbotschaft früh platziert, Aussagen wie „Ich bin …; Ich möchte …; Ich kann …"; Überzeugungskraft
- Schluss: spürbare Freude auf ein Vorstellungsgespräch, Übermittlung der Kontaktdaten.

Je nachdem wie viele Fragen der Bewertungskatalog umfasst, können Sie diese aufteilen, sodass sich jeder TN lediglich auf zwei bis drei Fragen konzentrieren muss.

Erweiterung – Spaßbewerbung: Zur Vertiefung von Motivationsschreiben und zur Auflockerung ist die folgende Aktivität geeignet: Sammeln Sie gemeinsam mit den TN ausgefallene, kuriose Jobs wie z.B. Kaffee-Lieferant für den Hörsaal, Zulieferer für Argumente in Streitgesprächen oder Diskussionen usw. und notieren Sie die Vorschläge an der Tafel / am Whiteboard. TN arbeiten paarweise, wählen einen Beruf aus und formulieren ein passendes Motivationsschreiben dafür, das anschließend an alle verschickt wird. Abschließend wird das witzigste Schreiben gewählt.

Lerntagebuch (Kopiervorlage 3): TN füllen die Kopiervorlage aus, die Fragen zur Reflexion der Kompetenzen und Lerninhalte sowie zur Einschätzung des Lernfortschritts umfasst.

Auf dem Weg zur Kompetenz 4

Teil 1: Das passende Motivationsschreiben (Arbeit mit Texten – Texte schreiben)

In diesem Teil geht es darum, die komplexe Textsorte „Motivationsschreiben" am Beispiel eines Mustertextes dahingehend zu analysieren, welche Art von Informationen für ein solches Schreiben wichtig sind und welche nicht.

1 Motivationsschreiben
[wichtige Informationen erkennen]

a TN sammeln im Kurs und notieren, welche Informationen in ein Motivationsschreiben gehören und welche Details unwichtig sind.

b TN lesen die Anzeige und das Motivationsschreiben. Sie sprechen in Gruppen darüber, welche Informationen im Motivationsschreiben überflüssig sind, und begründen ihre Vorschläge. TN vergleichen diese dann im Kurs. Durch diese Aufgabe sollen TN sich noch einmal bewusst machen, dass man sich bei einer Bewerbung auf eine Anzeige zunächst genau überlegen muss, was eigentlich in der Anzeige gefordert wird, um dann im Schreiben auf alle geforderten Punkte einzugehen und Überflüssiges zu vermeiden. Hier können Sie die TN auch auffordern, die Punkte, die sie in 1a gesammelt haben, und ihre Erkenntnisse aus dieser Aufgabe zu vergleichen.

c TN lesen die auf einem Notizzettel abgedruckten Informationen über den Verfasser des Motivationsschreibens in 1b und tauschen sich in ihrer Gruppe darüber aus, welche dieser Informationen er unbedingt in das Motivationsschreiben hätte integrieren sollen.

d TN suchen im Motivationsschreiben eine passende Stelle für die fehlenden Informationen im Motivationsschreiben und formulieren in ihrer Gruppe den entsprechenden Absatz mit diesen Informationen neu. Dabei können die Formulierungen in dem jeweiligen Absatz in 1b helfen. TN vergleichen dann ihre Lösungen im Kurs.

Teil 2: Präsentieren kurz und knackig (Arbeit mit Texten – Texte angemessen sprechen)

In diesem Teil trainieren TN, wie man je nach Situation bei einer Präsentation die Sprechweise variieren kann.

1 Wie spreche ich eine Präsentation?
[angemessen sprechen]

a TN betrachten zuerst die Gesichter von 3 sprechenden Personen auf den Illustrationen A, B und C. TN hören dann 3 Versionen einer Präsentation und ordnen zu, welche Version zu welchem Gesicht passt.

b TN lesen Adjektive in einem Schüttelkasten und überlegen, welche zusammenpassen. Sie hören dann die 3 Versionen der Präsentation in 1a noch einmal und entscheiden, welche Adjektive zu welcher Version der Präsentation passen. Dafür notieren sie in Gruppen die Adjektive in einer entsprechenden Tabelle.

c TN hören die Präsentation in 1a noch einmal und beschreiben die Unterschiede im Klang. TN ordnen dafür die 3 Versionen jeweils in die abgedruckte Skala ein. Dann vergleichen sie ihre Ergebnisse in ihrer Gruppe und hören die Präsentationen zur Kontrolle noch einmal.

d Die verschiedenen Sprechweisen in den Versionen 1 bis 3 sind in unterschiedlichen Situationen angemessen. TN tauschen sich im Kurs darüber aus, in welchen Situationen sie welche Sprechweise bevorzugen.

Erweiterung – plurikultureller Austausch: Bilden Sie Gruppen mit TN aus unterschiedlichen Herkunftsländern, da bei der Frage, welche Sprechweise in welcher Situation angemessen ist, auch kulturelle Unterschiede sichtbar werden können. Sammeln Sie anschließend die Ergebnisse und regen Sie einen Austausch im Kurs an.

e TN arbeiten zu dritt. Sie präsentieren den abgedruckten Text. Jeder / Jede wählt eine der 3 Sprechweisen aus 1a. TN üben den Text in der Sprechweise, die sie jeweils gewählt haben, und präsentieren ihn dann in ihrer Gruppe.

f TN geben sich gegenseitig Feedback und tauschen ggf. die Sprechweisen.

Alternative: TN wählen eine andere Sprechweise, wie in 1f vorgeschlagen. Sie übertreiben dabei die Betonung ein wenig und begleiten sie mit Gesten. Die anderen raten, um welche Situation es sich handeln könnte und wie sich der Vortragende dabei fühlen könnte.

Teil 3: Sätze bilden – lang und länger (Lernstrategien – Grammatik lernen)

In diesem Teil üben TN spielerisch, Sätze im Mittelfeld durch Angaben zu erweitern.

1 Onkel Otto sitzt singend in der Badewanne – ein Schreibspiel [Sätze erweitern]

a TN arbeiten in Gruppen. Jeder / Jede bereitet ein Blatt Papier folgendermaßen vor: TN falten das Papier in 8 gleich breite Spalten. Die zweite und die letzten Spalte erhalten keine Überschrift. Die erste Spalte erhält die Überschrift „Wer", die Spalten 3 bis 7 erhalten nacheinander folgende Überschriften: „Wann?", „Warum?", „Wie?", „Wo?", „Was?"

b TN wählen ein Verb aus dem Schüttelkasten aus und schreiben es in der 3. Person Singular und Plural im Perfekt in die beiden Verbspalten (in Spalte 2: „hat / haben" oder „ist / sind", in Spalte 8 das Partizip II vom ausgewählten Verb, z. B. „gekocht").

c TN knicken das Papier nun so, dass man das Partizip II nicht mehr lesen kann. Sie geben ihr Papier an den rechten Nachbarn / die rechte Nachbarin weiter. Der / Die ergänzt ein Subjekt, knickt das Papier so, dass man das Subjekt nicht mehr sieht, und gibt das Papier weiter nach rechts. Der / Die Nächste ergänzt eine Angabe zu der Frage „Wann"? und knickt das Papier wieder so, dass man diese Angabe nicht mehr sehen kann. Auf diese Weise füllen TN in ihrer Gruppe nach und nach die Spalten zu den Fragen „Wer?, Wann?, Warum? Wie? Wo? Was?"

d Wenn alle Spalten gefüllt und alle Satzteile ergänzt sind, öffnen alle TN einer Gruppe jeweils das Papier, bei dem sie die letzte Spalte ergänzt haben, und lesen ihren Satz für alle vor. Dieses Spiel macht Spaß, denn in der Regel kommen sehr komische Sätze heraus, wie man am abgedruckten Beispiel sieht.

Alternative: Dieses Schreibspiel kann man auch einsetzen, um den Satzbau bei Sätzen mit trennbaren Verben im Präsens bzw. Präteritum oder bei Sätzen mit Modalverben zu trainieren. Zudem lässt sich mit diesem Spiel der Satzbau in Nebensätzen üben. Dafür schreiben TN in die 1. Spalte einen kurzen Hauptsatz, in der 2. Spalte ergänzen die TN einen Nebensatzkonnektor usw., in die letzten Spalte kommt ein Verb. Auf diese Weise kann man immer wieder - z. B. zum Abschluss einer Kurseinheit - mit Witz die nicht einfache Wortstellung im Deutschen trainieren, nach dem Motto „Mit Spaß lernt man besser!"

2 Ich gehe morgen ... – ein Sprechspiel [Sätze erweitern]

a TN lesen das Beispiel, das aus 6 sukzessive erweiterten Sätzen besteht, und markieren jeweils die neu eingefügten Elemente.

b TN hören die Sätze aus 2a und einen weiteren Satz und finden heraus, welches Element im letzten Satz ergänzt wird.

c TN bilden eine Minute lang in Gruppen Sätze, indem je ein TN den Satz des Vorredners / der Vorrednerin um ein Element erweitert. TN und kontrollieren sich dabei gegenseitig. Die Sprechblasen zeigen exemplarisch das Vorgehen.

d Wenn KL „Stopp!" sagt, notieren TN den längsten Satz. Sie besprechen dann ihre Sätze im Kurs. Alle korrekten Elemente gelten. Sie finden dabei heraus, welche Gruppe die meisten Elemente hat.

Alternative: Man kann das Spiel auch als Wettspiel spielen. Die Gruppe, die den Satz mit den meisten korrekt im Satz positionierten Elementen hat, gewinnt.

Teil 4: Oberbegriffe finden, Wörter erklären (Lernstrategien – Wortschatz lernen)

In diesem Teil trainieren TN die wichtigen Kompetenzen „Oberbegriffe finden" und „Wörter erklären". Oberbegriffe helfen nicht nur dabei, Wortschatz zum Lernen zu strukturieren oder Wörter zu erklären, sondern auch dabei, Inhalte eines Textes bzw. von Textabschnitten mit einer Überschrift zu versehen, die den Hauptinhalt des Textes bzw. eines Textabschnitts spiegelt. „Wörter erklären" ist eine produktive Strategie im Lernprozess, z. B. bei der Methode „Lernen durch Lehren", weil durch das Erklärungen neue Verknüpfungen mit schon gelernten Wortschatz entstehen, was wiederum den Erinnerungsprozess verstärkt.

1 Oberbegriffe – ein Hilfsmittel für Worterklärungen [Oberbegriffe finden]

a TN lesen 4 Wortgruppen und ordnen die Oberbegriffe aus dem Schüttelkasten den passenden Wortgruppen zu.

b In diesem Aufgabenteil sollen TN selbst Oberbegriffe für 4 Wortgruppen mit Wörtern aus der Lektion finden. TN tauschen sich dabei in Gruppen mit 3 bis 4 Personen aus. Manchmal kann es mehrere Möglichkeiten geben. Bei Bedarf können TN ein Wörterbuch zu Hilfe nehmen.

c TN lesen 4 Sprechblasen mit Worterklärungen, die gleichzeitig als Muster für Formulierungen dienen, wenn man Wörter erklären will. TN tauschen sich im Kurs darüber aus, welche Wörter aus der Wortschatzliste zu Lektion 4 dazu passen. In diesem Zusammenhang würde es sich auch anbieten, Übungen zu Synonymen bzw. Antonymen zu wiederholen, vgl. „Auf dem Weg zur Kompetenz 1".

d Hier folgt eine Reflexionsaufgabe über das „Wie?": TN beschäftigen sich mit der Frage, welche Sätze und Ausdrücke helfen, ein Wort zu erklären. Dafür lesen TN die Worterklärungen in 1c noch einmal und markieren die gefundenen Ausdrücke. Diese können sie ebenfalls in ihre Redemittelsammlung übernehmen.

Erweiterung – Synonyme und Antonyme (Kopiervorlage 12): TN wiederholen in 3er-Gruppen Wörter der Lektion und erweitern so ihre sprachliche Kompetenz.

2 Welches Wort wird gesucht? – Spiel
[Wörter erklären]

TN spielen in Gruppen. Aus jeder Gruppe bekommt eine Person ein Wort von Ihnen. Die jeweilige Person geht zu ihrer Gruppe und erklärt das Wort mithilfe der Redemittel in 1d. Der / Die Erklärende hat 2 Minuten Zeit. Die anderen dürfen nicht nachfragen. Dann darf die Gruppe das Wort nennen, von dem sie glaubt, dass es erklärt wurde. Wenn es das richtige Wort ist, bekommt die Gruppe einen Punkt.

Film 4: Gründen in deiner Region

Da die Lektion im Südwesten Deutschlands angesiedelt ist, spielt auch der Film in dieser Region. Dieser Film ist einer von 24 Filmen in der Videoreihe „Gründen in deiner Region" vom RKW Kompetenzzentrum, in der 24 Gründungsorte beispielhaft vorgestellt werden; hier handelt es sich um Beispiele für Gründungen und deren Förderung in der „Gründerstadt Offenbach". Ein Vertreter der Stadt Offenbach, eine Vertreterin des „KIZ Sinnova" in Offenbach, einer Organisation, die Gründer und Gründerinnen unterstützt, sowie ein Professor erzählen von der lebendigen Gründerszene und dem Gründungsnetzwerk von Offenbach. 2 Gründerinnen und ein Gründer berichten über ihre Gründungen und darüber, welche Erfahrungen sie gemacht und welche Unterstützung sie erhalten haben. TN lesen in einem Informationstext zum KIZ (Kommunikations- und Innovationszentrum), wie genau diese Unterstützung aussehen kann und was die Leitideen des KIZ sind. Außerdem erfahren TN, was Offenbach zu einer idealen Gründerstadt macht. Auf diese Weise bietet der Film den TN einen Einblick in die vielfältigen Unterstützungsmöglichkeiten für Gründer und Gründerinnen in Deutschland. Der Film endet damit, dass sich mehrere Personen des Films dazu äußern, worauf sie stolz bei ihrer Tätigkeit sind bzw. was es heißt, unternehmerisch erfolgreich zu sein. Dies gibt Gelegenheit für eine Abschlussaufgabe, in der TN sich in Gruppen darüber austauschen, was sie persönlich stolz macht und was es für sie heißt, unternehmerisch erfolgreich zu sein.

Erweiterung – Projekt: TN bilden 3 Gruppen. Jede Gruppe recherchiert zu einem der Unternehmen in Offenbach, die im Film vorgestellt werden: 1. Stefanie Zahn: „bummelkinder"; 2. Reimo Peters: „Reimos Braukunst"; 3. Alessa Fetzer: „Projektnetz". Sie können sich dabei an folgenden Fragen orientieren: „Was bietet das Unternehmen an?", „Wie spricht das Unternehmen die Kunden an?" Diese Aufgabe kann zu Hause vorbereitet werden. Zum Abschluss präsentieren die Gruppen „ihr" Unternehmen im Kurs (Dauer: ca. 5 Minuten). Dabei können die Gruppen in ihre Präsentation auch Bilder von der jeweiligen Webseite integrieren, die sie dann mit dem Laptop, am Whiteboard oder auf Padlet zeigen.

Lektion 5

Überblick

Thema

In dieser Lektion geht es um das Thema „Kunst“ mit den Aspekten Elektro-Festivals, Film, zeitgenössischer Tanz und Streetart. Im Teil „Auf dem Weg zur Kompetenz“ produzieren die Lernenden ein Kurzfeature zu ihrem Sprachkurs. Landeskundlich ist die Lektion in Nordostdeutschland angesiedelt.

Fertigkeiten und Kompetenzen

Im Teil „Hören“ geht es um die grundlegende Kompetenz, Meinungen und Fakten zu unterscheiden. Im Fertigkeitsbereich „Lesen“ analysieren TN den Aufbau eines Interviews. Auf diese Weise trainieren TN auch in dieser Lektion, den Aufbau von Texten zu erkennen. Im produktiven Bereich üben TN, wie in den vergangenen Lektionen, die Sprech- und Schreibfertigkeit anhand von Mustertexten. Beim „Sprechen“ wird in der Folge von Lektion 4 trainiert, eine Präsentation zu halten, hier in der Form einer Teampräsentation – eine Kompetenz, die auch im Studium häufig gefragt ist. Beim „Schreiben“ wird die Kompetenz, gut strukturierte Texte zu schreiben, weiter ausgebaut, indem TN zunächst Blogeiträge analysieren und dann einen eigenen Blogbeitrag schreiben.

Grammatik

Im Lektionsteil A werden die Doppelkonnektoren „sowohl – als auch“, „weder – noch“, „nicht nur – sondern auch“ und „entweder – oder“ wiederholt. Auch hierbei wird neben der Bedeutung wieder die Wortstellung trainiert. Im zweiten Grammatikthema im Lektionsteil C werden die Adjektivendungen wiederholt, und zwar anhand von 2 Tabellen, die TN den Überblick über die Endungen und das Verständnis des Prinzips „Signalendung“ erleichtern sollen.

Aufgabensequenzen

A Elektro-Festivals in …

In diesem Teil liegt der Fokus auf der Fertigkeit „Hören“ und der Kompetenz „Meinung und Fakten unterscheiden“. Auch das strukturierte Notizenmachen wird weiter trainiert.

1 Festivalzeit – Zeit für Musik

Wie bereits erwähnt, spielen die Lektionen in Kompass DaF B1+ jeweils in einer anderen Region Deutschlands. Hier geht es um Musikfestivals, die im Nordosten von Deutschland stattfinden.

Einstieg: Notieren Sie „Musik“ in der Mitte der Tafel / des Whiteboards und bitten Sie die TN, eine Minute lang Assoziationen zu diesem Begriff zu notieren. Regen Sie anschließend einen Austausch mit einem Partner / einer Partnerin an und leiten Sie danach zu den Fotos sowie den Fragen in 1a über.

a TN schauen sich die Fotos mit Szenen aus verschiedenen Festivals an und sprechen mit einem Partner / einer Partnerin darüber, ob sie schon einmal auf einem Musikfestival waren und ob es in ihrem Herkunftsland solche Festivals gibt. Für das Gespräch werden Redemittel angeboten.

b Um in das Thema „Musikrichtungen“ einzusteigen, können Sie eine Collage von Musikfragmenten ganz unterschiedlicher Stilrichtungen wie z. B. klassische Musik, Rap, Schlager, Techno usw. zusammenstellen und im Kurs abspielen. TN benennen dann die Musikrichtungen, die sie in der Collage hören. Je nach Kenntnisstand Ihrer Gruppe empfiehlt es sich, TN die Übungssequenz im ÜB A1 machen zu lassen, bevor sie sich dieser Aufgabe zuwenden. Im Anschluss sprechen die TN mit einem Partner / einer Partnerin darüber, ob sie elektronische Musik mögen und welche anderen Musikrichtungen sie kennen und mögen. Redemittel sowie 2 Sprechblasen, in denen Musikrichtungen genannt sind, helfen. Zu weiterem hilfreichen Wortschatz gibt es die eingangs erwähnten Übungen in ÜB A1a und A1b. In ÜB A1c werden Redemittel für eine Grafikbeschreibung geübt, in der es darum geht zu beschreiben, welche Musikrichtungen von wie viel Prozent der Befragten gehört werden. Auf diese Weise wird auch der Wortschatz noch einmal wiederholt. Regen Sie die TN an, die Redemittel in ihre Redemittelsammlung zu übertragen.

Erweiterung – Unsere Lieblingsmusik (Kopiervorlage 13): Da sich die Grafik auf die Umfrage „Welche Musik hören Sie am liebsten?“ bezieht, bietet es sich an, dass die TN eine Kursumfrage zu ihren musikalischen Präferenzen durchführen. Die TN stellen in Gruppenarbeit die Ergebnisse in einer Kursstatistik dar. Anschließend können die TN eine eigene Grafikbeschreibung anfertigen.

c TN hören die Aussagen von 4 Festivalbesuchern / -besucherinnen, hören heraus, wo welches Festival stattfindet, und tragen die Festivalnummer an der passenden Stelle auf der oben abgebildeten Karte ein. Stoppen Sie die Aufnahme nach jedem Track, sodass sich die TN mit ihrem Sitznachbarn / ihrer Sitznachbarin austauschen können.

d TN hören die Aussagen in 1c noch einmal und kreuzen an, was die 4 Festivalbesucher / -innen an „ihrem“ Festival besonders mögen. TN notieren außerdem jeweils einen weiteren Grund. Verfahren Sie wie in 1c und regen Sie einen Austausch nach jedem Sprecher / jeder Sprecherin an.

2 Festivals – ein Radiofeature
[Meinungen und Fakten unterscheiden]

In diesem Lektionsteil steht die Fertigkeit „Hören" im Fokus und die Kompetenz, Meinungen und Fakten zu unterscheiden.

a TN hören den Anfang eines Radiofeatures und überlegen, um welches Thema es geht. Sie notieren außerdem, in welchen der im Schüttelkasten abgedruckten Rollen die Personen im Radiofeature vorkommen.

Einstieg: Notieren Sie zur Vorentlastung des Radiofeatures folgende Wörter an der Tafel / am Whiteboard und fragen Sie die TN, ob sie die Begriffe kennen und erklären können. TN können dafür auch kurz im DWDS oder Duden recherchieren.

- **eine Auszeit nehmen:** sich eine Pause vom Alltag nehmen
- **Loveparade:** Straßenumzug mit Technomusik von 1989 bis 2010; entstanden und bis 2006 durchgeführt in Berlin; bis zu 1,5 Mio Teilnehmer; ab 2007 Loveparade im Ruhrgebiet; 2010 Unglück mit 21 Toten und vielen Verletzten in Duisburg
- **Musikszene:** kultureller Bereich, in dem sich das Musikleben abspielt (s. Duden)
- **Performance:** spontan gestaltete, effektvolle Vorstellung eines Künstlers (DWDS) / meist von einem einzelnen Künstler, einer einzelnen Künstlerin dargebotene künstlerische Aktion (Duden)
- **Subkultur:** innerhalb eines Kulturbereichs, einer Gesellschaft bestehende von einer bestimmten gesellschaftlichen, ethnischen o.ä. Gruppe getragene Kultur mit eigenen Normen und Werten (s. DWDS / Duden)
- **Installation:** von einem Künstler / einer Künstlerin im Raum eines Museums o.ä. hergestelltes Arrangement mit verschiedenartigen Objekten wie Schriften, Malereien, Plastiken, Fundstücken usw., die so angeordnet werden, dass eine ganz spezielle Gestaltung des Raums entsteht (s. DWDS / Duden)

b TN lesen die Aussagen und hören anschließend das Radiofeature. Sie entscheiden, ob die Aussagen richtig oder falsch sind bzw. ob sie nicht vorkommen. Im ÜB A2 gibt es eine Übung zu Begriffen aus dem Radiofeature. Außerdem findet man dort einen Tipp, in dem kurz die Textsorte „Feature" erklärt wird. Zur Textsorte „Feature" gibt es außerdem im Teil „Auf dem Weg zur Kompetenz" Aufgaben, in denen TN in Gruppen zunächst ein Feature analysieren und bewerten und dann ein eigenes Kurz-Feature erstellen.

c TN hören das Radiofeature in 2b noch einmal. Teilen Sie dafür den Kurs in 5er-Gruppen auf. Die Hälfte der Gruppen konzentriert sich auf Fakten, die andere Hälfte der Gruppen auf Meinungen. TN teilen sich in jeder Gruppe nach den 5 Personen im Feature auf und machen zu „ihrer" Person Notizen auf dem nach „Fakten" und „Meinungen" strukturierten Notizzettel. Im ÜB A3 lesen TN 2 Tipps mit Definitionen zu „Fakten" bzw. „Meinungen". Sie lesen dann 10 Sätze und kreuzen an, ob jeweils ein Fakt oder eine Meinung ausgedrückt wird, und markieren dabei die Redemittel für Meinungen.

Binnendifferenzierung: Achten Sie bei der Verteilung der Personen darauf, dass unsichere TN Fakten und Meinungen von Till, Emmi bzw. Maike Rickert notieren, die weniger Aussagen als Stefan Denk oder Nicolai Lerz machen. Sie können außerdem Notizzettel verteilen, die bereits Informationen enthalten und die von den TN lediglich ergänzt werden müssen. Für Maike Rickert könnte der Notizzettel so aussehen:

A. Fakten	B. Meinungen
- in D. mehr als ______	- Festivalorganisation ______
- in Nordostdt. ______	- Till u. Emmi ______
- Berliner Clubs ______	- interessante Entwickl. ______
- neben Kunst u. Kultur ______	- mit Festivals ______

d TN bilden neue Gruppen zu jeder Person und sammeln alle auf ihren Notizzetteln in 2c notierten Fakten und Meinungen, die diese Person im Radiofeature nennt.

e Jede Gruppe stellt mithilfe ihrer Notizzettel die Fakten und Meinungen, die ihre Person äußert, im Kurs vor. Dabei sollten Sie darauf achten, dass mehrere Gruppenmitglieder zu Wort kommen und auch schüchterne oder unsichere TN im Kurs sprechen. Bitten Sie die TN, sich Fakten und Meinungen zu notieren, die sie interessant finden, und verweisen Sie auf den Austausch in 2f.

f TN tauschen sich im Kurs darüber aus, was sie an den Fakten und Meinungen interessant fanden und was sie über Festivals erfahren haben.

3 Grammatik: Doppelkonnektoren (zweiteilige Konnektoren)

Der Ausdruck „zweiteilige Konnektoren" wurde hier in Klammern gestellt, weil durch ihn verdeutlicht werden kann, dass die 2 Teile der Konnektoren je zur Hälfte vor 2 Satzteilen oder in 2 Sätzen vorkommen können, die sie auf diese Weise verbinden.

a In diesem und dem folgenden Aufgabenteil geht es zunächst um die Bedeutung der Doppelkonnektoren. TN lesen 4 „Ausgangssätze" mit jeweils 2 „Erklärungssätzen" (a und b) und kreuzen an, welche der beiden Alternativen inhaltlich dem Ausgangssatz entspricht.

b TN ordnen die Doppelkonnektoren aus 3a den passenden Bedeutungen zu.

c TN markieren in 4 Sätzen jeweils die Doppelkonnektoren. Sie sehen sich die Stellung der Doppelkonnektoren in 3a an und schreiben die Sätze in die Tabelle. Im ÜB A4a markieren TN in 4 Sätzen die Doppelkonnektoren und kreuzen jeweils die passende Regel zu Besonderheiten und zur Stellung der Doppelkonnektoren an. Im ÜB A4b lesen TN einen Tipp zum Bedeutungsunterschied von „sowohl - als auch" und „nicht nur - sondern auch" und verbinden 4 Sätze mit diesen Konnektoren. In den Übungsteilen ÜB A4c bis A4f finden TN weitere Übungen zur Stellung und Bedeutung der Doppelkonnektoren im Satz sowie zur Kommasetzung bei Doppelkonnektoren.

d TN überlegen sich einen Satz mit Doppelkonnektor, der sich inhaltlich auf die Themen „Festival", „Musik" oder speziell auf „elektronische Musik" bezieht. TN schreiben den ersten Teil des Satzes mit Doppelkonnektor auf einen Zettel. Damit gehen sie im Kurs herum und lassen den Satz von anderen TN ergänzen.

Alternative: TN schreiben den ersten Teil des Satzes mit Doppelkonnektor auf einen Zettel. Damit gehen sie im Kurs herum, lassen den Satz von einem/r anderen TN ergänzen und vervollständigen ihrerseits den Satz des Gesprächspartners / der Gesprächspartnerin. Dann tauschen sie die Zettel und suchen sich beide neue Gesprächspartner / -partnerinnen. Die Sätze werden wieder ergänzt, die Zettel getauscht usw.

4 Das ...-Festival: Da würde ich gern hinfahren

In der Abschlussaufgabe sprechen TN im Kurs darüber, ob und warum sie gern eines der Elektro-Festivals aus Aufgabe 1 besuchen würden.

Erweiterung – Projekt: Notieren Sie die Namen der Festivals aus 1c an der Tafel / am Whiteboard. TN wählen je nach Interesse eine Veranstaltung und recherchieren in Gruppen das nächste Festivaldatum, die Ticketpreise, das Programm sowie die Anreisemöglichkeiten. Die Ergebnisse werden auf PowerPoint-Folien, die an alle verschickt werden, oder auf einer interaktiven Pinnwand festgehalten. Im Anschluss tauschen sich die TN, wie in Aufgabe 4 vorgeschlagen, aus.

B Filme, Filme, Lieblingsfilme

In diesem Teil steht die Fertigkeit „Sprechen" im Fokus. Dabei wird die Kompetenz, eine Teampräsentation zu halten, trainiert, da diese Kompetenz im Studium eine zunehmend größere Rolle spielt.

Einstieg: Sammeln Sie mit den TN bei geschlossenem Buch internationale Filmtitel, fragen Sie anschließend, um welches Thema es gehen wird, und leiten Sie dann zu Aufgabe 1a über.

1 Internationale Filme in Berlin-Brandenburg und Sachsen

a Zum Einstieg ins Thema sprechen TN im Kurs darüber, ob sie Filme mögen und ob sie Filme lieber im Kino sehen oder lieber zu Hause auf der Couch streamen.

Alternative – Partnerinterview (Kopiervorlage 14): TN führen in Partnerarbeit ein Interview durch und wählen anschließend 2 Antworten, die sie besonders interessant oder überraschend finden. Die Antworten werden dann im Kurs vorgestellt.

b TN erhalten die Information, dass in Berlin-Brandenburg und Sachsen jährlich über 300 nationale und internationale Filme produziert werden. Sie notieren mit einem Partner / einer Partnerin Drehorte aus dem Schüttelkasten unter den Fotos bzw. Filmtiteln. Auf der Internetseite www.filmtourismus.de (Drehorte A-Z) können TN hilfreiche Informationen finden. Empfehlen Sie TN, sich einmal auf dieser Seite umzuschauen, es gibt dort viele landeskundlich interessante Fotos. Im ÜB B1 finden TN ein Filmquiz, in dem es um relevanten Wortschatz geht. Das Lösungswort ist „Tatort."

2 Ein echter Blockbuster [Teampräsentation halten]

a TN lesen die Tipps für eine Teampräsentation. Sie hören dann das Beispiel einer Teampräsentation zum Film „The Bourne Supremacy" und achten darauf, ob die Tipps berücksichtigt wurden.

b TN bilden Gruppen von 3 bis 5 Personen und entscheiden sich für einen Film aus 1b. Sie recherchieren gemeinsam auf deutschsprachigen Internetseiten und bereiten anhand von 6 Leitfragen eine Teampräsentation vor. Die Fragen spiegeln die mögliche Struktur einer Teampräsentation zu diesem Thema wider. TN gestalten ihre Teampräsentation nach dem Hörbeispiel aus 2a und berücksichtigen auch die Tipps dort. Bevor die TN ihre Präsentation halten, sollten sie die Übung im ÜB B2 machen, da sie dort Redemittel finden, die für Präsentationen nützlich sind. Regen Sie die TN außerdem dazu an, die Redemittel in ihre Sammlung aufzunehmen. Bei der Teampräsentation sollten die einzelnen TN frei sprechen. Daher sollten Sie die TN anregen, keine ganzen Beiträge zu schreiben, sondern die recherchierten Fakten sowie die ausgewählten Redemittel – vor allem für die Übergänge – auf Karten zu notieren und sich bei der Präsentation auf diese zu stützen. Außerdem hilft es, wenn die TN zunächst die einzelnen Präsentationsteile mit dem Smartphone aufnehmen und so das freie Spreche üben.

Binnendifferenzierung: Achten Sie darauf, dass stärkere TN bei der Verteilung der Aufgaben zu Frage 4 recherchieren, da für die Zusammenfassung der Handlung mehr Text gelesen werden muss und viele Informationen sehr knapp präsentiert werden müssen. Über die Frage 6 sollten die TN der jeweiligen Gruppen gemeinsam nach dem Informationsaustausch der Rechercheergebnisse diskutieren. Dabei kann es durchaus zu unterschiedlichen Urteilen der Teammitglieder kommen, die dann auch bei der Präsentation genannt werden sollten.

c TN geben den anderen Teams Feedback zu ihrer Präsentation. Sie besprechen im Kurs, ob die Tipps berücksichtigt und passende Redemittel verwendet wurden. Dabei kann die Übung zum Feedbackgeben im ÜB B3 helfen. Damit nicht alle TN auf alle Tipps in 2a sowie auf die Redemittel achten müssen, bietet es sich an, dass sich die TN, die einer Präsentation zuhören, auf verschiedene Punkte konzentrieren, z.B. 2 TN auf die Tipps 1 und 2, 2 TN auf die Tipps 3 und 4, 2 TN auf die Tipps 5 und 6 und 2 TN auf die Redemittel. An diese Aufgabe angedockt ist in ÜB B4 und B5 der Ausspracheteil der Lektion, in dem es um die Aussprache von „ch" (Ich- und Achlaut) und von „sch" geht.

C Zeitgenössischer Tanz

In diesem Teil steht die Fertigkeit „Lesen" im Fokus. Hier wird die Kompetenz „Aufbau von Texten erkennen" weiter trainiert – hier am Beispiel der Analyse eines Interviews. Außerdem wird erneut das Notizenmachen, um Informationen an andere weiterzugeben, geübt.

1 Zeitgenössischer Tanz im Interview
[Interview analysieren]

a In diesem Aufgabenteil aktivieren TN ihr Vorwissen zum Thema „zeitgenössischer Tanz", indem sie im Kurs darüber sprechen, ob sie sich für Tanz interessieren und was sie über zeitgenössischen Tanz wissen.

Alternative: Notieren Sie an der Tafel / am Whiteboard „Tanz" und darunter die Begriffe „klassisches Ballett" und „zeitgenössischer Tanz". Sammeln Sie dann mit den TN, was für die beiden Tanzrichtungen typisch ist und notieren Sie, z. B. klassisches Ballett: Tanz mit strenger Technik und exakt festgelegten Schritten / Bewegungen; zeitgenössischer Tanz: bricht mit vorhandenen Formen, ist frei / offen, der Körper wird als Ausdrucksmittel genutzt. Leiten Sie dann zu Aufgabe 1a über.

b In dieser Aufgabe reflektieren die TN den Aufbau eines Interviews. Häufig hat ein Interview folgenden Aufbau: Einstiegsfrage(n), Block zum Hauptthema, Schlussfrage(n). TN lesen 6 Fragen aus einem Interview mit der Tänzerin Jessica Comis und markieren die wichtigsten Ausdrücke. Sie überlegen dann mit einem Partner / einer Partnerin, welche Fragen zu welchem Interviewteil passen, und besprechen ihre Lösungen anschließend im Kurs. Im ÜB C1 finden TN eine Übung zur Textsorte „Interview", die den TN hilft, diese Textsorte genauer einzugrenzen, und sie dazu anregt, sich mit der Textsorte genauer zu beschäftigen.

Einstieg: Geben Sie den TN zur Vorentlastung des Leseverstehens folgende 2 Begriffe mit Erklärungen an die Hand:
- Vogueing = Tanzstil, der in den 1970er-Jahren entstand und in dem die Bewegungen und Haltungen von Models stilisiert und imitiert werden
- Butoh (dt. „Tanz der Finsternis") = Tanztheater ohne feste Form, das in Japan nach dem 2. Weltkrieg entstand. Dabei ist der Tänzer / die Tänzerin weiß geschminkt.

c TN lesen das Interview mit der Tänzerin Abschnitt für Abschnitt. Sie markieren in den Textabschnitten die wichtigsten Ausdrücke und notieren zu jedem Abschnitt die passende Frage, indem sie die Markierungen in den Textabschnitten mit den Markierungen in den Fragen in 1b vergleichen. Im ÜB C2a finden die TN eine Übung zu den Fragewörtern „inwieweit?" und „inwiefern?", da diese typisch für Interviews sind. In ÜB C2b und C2c werden Nomen-Verb-Verbindungen aus dem Interview und mögliche Umschreibungen für diese Nomen-Verb-Verbindungen geübt. Eine weitere Aufgabe zur Wortbildung finden TN im ÜB C3. Dabei geht es um die Bildung der Adjektive auf „-ig", „-isch" und „-lich" – die Aussprache dieser Endungen wurden bereits im ÜB B2c geübt.

Erweiterung – Adjektive auf „-ig", „-isch", „-lich" (Kopiervorlage 15): TN vertiefen und erweitern ihre Wortbildungskenntnisse.

d TN lesen das Interview noch einmal und notieren die wichtigsten Informationen in Stichpunkten, dabei helfen ihre Markierungen in 1c. TN vergleichen ihre Notizen anschließend mit einem Partner / einer Partnerin.

e Die Partner / Partnerinnen lesen sich abwechselnd die Interview-Fragen vor und beantworten diese mithilfe ihrer Notizen in 1d. TN können dabei in die Rolle des / der Interviewenden bzw. in die Rolle von Jessica Comis schlüpfen, sodass die TN den Befragten / die Befragte wie bei einem Interview direkt ansprechen und in der „Ich-Form" antworten. Oder sie können die Fragen und Antworten in der 3. Person Singular wiedergeben, z.B. „Wie sieht der berufliche Alltag von Jessica Comis aus?" – „Meistens arbeitet sie mit unterschiedlichen Leuten."; diese Alternative eignet sich besser für stärkere TN.

f TN sprechen im Kurs darüber, ob sie selbst Tanzveranstaltungen besuchen, welche Tanzrichtung ihnen gefällt und welche Rolle Tanz in ihrem Heimatland spielt.

Erweiterung – plurikultureller Austausch: Bilden Sie Gruppen mit TN aus dem gleichen Herkunftsland, die sich über die Frage nach der Bedeutung des Tanzes in ihrem Herkunftsland austauschen und ggf. darüber recherchieren, bevor sie im Kurs berichten. Falls Interesse besteht, dieses Thema eingehender zu besprechen, könnten die jeweiligen Gruppen Videos zu traditionellen Tanzstilen in ihrem Herkunftsland recherchieren und sie im Kurs zeigen.

2 Grammatik: Adjektivendungen

In dieser Aufgabe geht es darum, dass TN sich noch einmal in kleinen Schritten bewusst machen, nach welcher Logik die Bildung der Adjektivendungen funktioniert, nämlich dass es in einer Kombination aus Artikel und Adjektiv – bis auf wenige Ausnahmen – immer nur eine Kasusendung gibt. Diese wird aus didaktischen Gründen als „Signalendung" bezeichnet und wird entweder an den Artikel oder an das Adjektiv angehängt. Dies ist in 2 Tabellen dargestellt.

a TN betrachten die Markierungen in 2 abgedruckten Sätzen und überlegen, welchen Kasus und Numerus das Nomen hat, vor dem das Adjektiv steht, und wo die Kasusendung steht: am Artikel oder am Adjektiv. Hier hat das Adjektiv die Signalendung. TN kreuzen die richtige Lösung an und unterstreichen die jeweiligen Adjektivendungen. Die Bezeichnungen „Signalendungen" sowie „Kasus" und „Numerus" sind im Tipp erläutert.

b TN schauen sich Tabelle 1 an und kontrollieren, ob ihre Kasus-Numerus-Bestimmungen in 2a korrekt waren.

c TN betrachten die Markierungen in 2 abgedruckten Sätzen und überlegen, welchen Kasus und Numerus das Nomen hat, vor dem das Adjektiv steht, und wo die Kasusendung steht: am Artikel oder am Adjektiv. Hier hat der Artikel die Signalendung. TN kreuzen die richtige Lösung an und unterstreichen die jeweiligen Artikelendungen. TN kontrollieren dann in Tabelle 2, ob ihre Kasus-Numerus-Bestimmungen korrekt waren. Im ÜB C4 werden die Adjektivendungen geübt.

d TN führen mit einem Partner / einer Partnerin ein Mini-Interview zum Thema „Kultur". Sie entscheiden sich für ein Thema, z. B. Musik, Film, Tanz, Literatur, Mode, Essen, und überlegen sich dazu mindestens 5 Fragen. Dafür werden den TN Redemittel zur Verfügung gestellt, die sie unter der Rubrik „ein Interview führen" in ihre Redemittelsammlung eintragen können.

Alternative – Kugellager: TN notieren eine für sie interessante Frage auf einer Karte und bilden einen Innen- sowie einen Außenkreis mit möglichst gleicher Personenanzahl. Die TN, die sich gegenüberstehen, tauschen sich über ihre Fragen aus. Achten Sie dabei auf ein Zeitlimit, z. B. 1 Minute. Anschließend drehen sich der Innen- und Außenkreis in entgegengesetzter Richtung, sodass alle neue Gesprächspartner / -partnerinnen haben usw.

D Streetart

In diesem Teil steht die Fertigkeit „Schreiben" im Fokus. Dabei wird auch hier die Kompetenz, den Aufbau von Texten zu erkennen, weiter trainiert, indem TN einen Blogbeitrag analysieren, der als Muster für ihren eigenen Blogbeitrag dienen kann.

1 Die Kunst der Straße [Blogbeitrag analysieren]

Einstieg: Führen Sie in das Thema „Streetart" mit einem kleinen Rätsel ein, indem Sie nacheinander 4 Aspekte von Streetart nennen. Machen Sie nach jedem Aspekt eine Pause und warten Sie ab, ob TN den Begriff erraten können:
- nicht kommerzielle moderne Kunstrichtung
- Schwerpunkt: visuelle Gestaltung mit unterschiedlichen Materialien und Techniken
- im öffentlichen Raum frei zugänglich
- Vergänglichkeit

Leiten Sie dann zu den Fragen in Aufgabe 1a über.

a TN sprechen im Kurs darüber, was sie über Streetart wissen, ob es in ihrem Land Streetart gibt und ob sie diese Form der Kunst mögen.

b TN lesen die Einleitung eines Blogs und sprechen im Kurs darüber, worum es in dem Blog geht.

c TN arbeiten zu dritt. Jeder / Jede schaut sich zunächst eines der Bilder neben den einzelnen Blogabschnitten in 1d an, konzentriert sich darauf, was er / sie genau sieht, und überlegt, was das Bild bedeuten könnte.

d TN lesen dann den Blogabschnitt zu ihrem Bild und überlegen, was neu für sie ist bzw. was sie anders verstehen. Sie tauschen sich anschließend in ihrer Gruppe über alle 3 Bilder aus. Für diese Aufgabe könnten Sie Redemittel zur Verfügung stellen, die TN verwenden können, wenn sie über eventuelle Unterschiede zwischen ihren Vermutungen in Aufgabenteil D1c und ihrer Einschätzung in D1d sprechen, nachdem sie den Blogabschnitt zu ihrem Bild gelesen haben, z. B. „Beim ersten Betrachten des Bilds / Vor dem Lesen des Blogs habe ich gedacht, ..."; „Ohne die Informationen aus dem Blog habe ich das Bild so verstanden: ..."; „Nach dem Lesen des Blogs ..."; „Mit den Infos vom Blog ..." usw.
Im ÜB D1a bilden die TN aus Silben Wörter aus dem Bereich „Streetart" und ordnen sie Bildern von Streetart-Kunstwerken zu. Im ÜB D1b und D1c üben die TN Ausdrücke für die Beschreibung von solchen Kunstwerken. Im ÜB D2 üben die TN Verben bzw. Nomen-Verb-Verbindungen, mit denen man Kunstwerke beschreiben kann.

Erweiterung – interaktiver Besuch der East Side Gallery: Im Text zu Streetart an der Berliner Mauer wird auf die Möglichkeit hingewiesen, einen interaktiven Besuch der East Side Gallery zu machen. Weisen Sie TN auf die Webseite der East Side Gallery hin: www.eastsidegallery-berlin.com oder interaktiv.eastsidegalleryberlin.de. Dort bekommen TN viele interessante Informationen und können einen interaktiven virtuellen Rundgang machen.

e In diesem Aufgabenteil geht es in Weiterführung vom Lektionsteil A um die wichtige Kompetenz, Fakten (hier Beschreibung) und Meinungen zu unterscheiden und typische Ausdrücke, an denen sie erkennen können, worum es sich jeweils handelt, zu identifizieren. TN markieren in den Blogabschnitten die Sätze, die Beschreibungen enthalten, in Blau und die Sätze, die Meinungen enthalten, in Rot. Sie unterstreichen auch die Ausdrücke, an denen sie das erkannt haben.

Binnendifferenzierung: TN können wählen, ob sie die Aufgaben 1e und 1f mit einem Partner / einer Partnerin einer anderen Gruppe, der / die den gleichen Text gelesen hat, durchführen möchten.

f TN notieren die Ausdrücke in einer zweispaltigen Tabelle nach „Beschreibung" und „Meinung".

2 Mein Streetart-Kunstwerk [Blogbeitrag schreiben]

Nach der ausführlichen Vorbereitung in Aufgabe 1 und im ÜB D1 bis D2 schreiben TN hier selbst einen Blogbeitrag.

a TN wählen eins der drei Bilder auf der Seite oder bringen ein eigenes Streetart-Bild mit. Dazu schreiben sie einen Blogbeitrag. TN orientieren sich dabei an 4 Leitfragen, die die Struktur des Blogbeitrags abbilden, und verwenden Ausdrücke aus 1f. Im ÜB D3 üben TN Formulierungen für die Beschreibung ihres Kunstwerks in dem Blogbeitrag.

Binnendifferenzierung: Damit unsichere oder schwächere TN nicht unter Zeitdruck geraten, bietet es sich an, diese Schreibaufgabe zu Hause durchführen zu lassen. Die Beiträge können dann an einen vorab bestimmten Partner / eine vorab bestimmte Partnerin verschickt werden (Aufgabe 2b), der / die den Text genau durchliest und schriftlich Feedback gibt.

b TN tauschen ihre Texte mit einem Partner / einer Partnerin aus und geben sich gegenseitig Feedback dazu, ob auf alle Fragen in 2a eingegangen wurde und ob die Sätze sinnvoll verbunden sind. Im ÜB D4 finden TN, nachdem sie das Feedbackgeben schon im Lektionsteil B geübt haben, eine weitere Übung zum Feedbackgeben, in der es um Zustimmung, Widerspruch und Ergänzungen geht. Regen Sie die TN an, die dort verwendeten Redemittel in ihre Sammlung zu übertragen.

c TN hängen die Blogbeiträge im Kursraum auf. Sie sehen sich zunächst die Bilder der anderen an und notieren ihre Ideen dazu. Erst nach diesem Schritt lesen die TN die Blogbeiträge, die zu den Bildern gehören. TN schreiben zu 3 der Beiträge einen kleinen Kommentar zu der Frage, ob sie die Bilder genauso verstehen oder nicht. Falls sie die Bilder anders interpretieren, begründen sie dies. Anstatt die Bilder und Blogbeiträge im Kursraum aufzuhängen, können die TN ihre Bilder und Beiträge auch auf eine digitale Pinnwand wie z. B. Padlet stellen. Auf diese Weise können die TN sich zu Hause alle Bilder ansehen sowie die Blogbeiträge lesen und stehen nicht so unter Zeitdruck, wenn sie die ausgewählten 3 Bilder kommentieren.

Alternative: Die TN, die die gleichen Bilder ausgewählt haben, bilden Gruppen und besprechen gemeinsam, wie sie „ihr" Bild präsentieren möchten. Die TN, die individuell ein Bild kommentiert haben, überlegen sich alleine, wie sie „ihr" Bild präsentieren möchten. Dafür notieren die Gruppen bzw. die einzelnen TN Stichpunkte sowie Redemittel für ihre Präsentation auf einer Karteikarte, was ihnen hilft, frei zu sprechen. Dann werden ca. 5 Bilder im Kursraum aufgehängt, die Gruppe bzw. die Person, die das jeweilige Bild ausgesucht und kommentiert hat, stellt es nun im Kurs vor. Die anderen TN hören der Präsentation zu und können anschließend Fragen stellen. Dann werden weitere 5 Bilder präsentiert usw., bis alle Kunstwerke vorgestellt sind.

Lerntagebuch (Kopiervorlage 3): TN füllen die Kopiervorlage aus, die Fragen zur Reflexion der Kompetenzen und Lerninhalte sowie zur Einschätzung des Lernfortschritts umfasst.

Auf dem Weg zur Kompetenz 5

Teil 1: Ein Blick zurück (Arbeit mit Texten – Texte analysieren)

In diesem Teil beschäftigen sich die TN weiterhin mit der Struktur von Texten, indem sie ein Kurz-Feature analysieren. Sie reflektieren zudem, dass die Teile eines Features, z. B. Moderatorenbeitrag, szenisches Spiel oder Interview, unterschiedlich gesprochen werden. Dadurch erhalten die TN eine Grundlage, um im 2. Teil von „Auf dem Weg zur Kompetenz" ein eigenes Kurz-Feature zu erstellen.

1 Ein Kurz-Feature zu einem Workshop [Feature analysieren und bewerten]

a TN hören den Anfang des Audioberichts zu einem Workshop. Sie notieren in Stichworten Informationen zu den Fragen, um welche Art von Audiobericht es geht und was das Thema des Workshops ist. Die TN vergleichen dann die Notizen mit denen eines Partners / einer Partnerin.

b TN hören den ganzen Audiobericht. Sie notieren, welche Informationen über den Workshop gegeben werden, und tauschen sich dann mit ihrem Partner / ihrer Partnerin darüber aus.

c TN hören den Audiobericht noch einmal und kreuzen bei 8 Stichworten an, welche Elemente eines Features dieser Bericht enthält. Sie vergleichen ihre Lösungen mit ihrem Partner / ihrer Partnerin. Auf diese Weise reflektieren sie, was für die Textsorte „Feature" typisch ist, und vertiefen so die Kenntnisse über diese Textsorte, mit der sie sich bereits im Lektionteil A von Lektion 5 beschäftigt haben.

d TN lesen und hören die Ausschnitte A bis D aus dem Kurz-Feature in 1b noch einmal und tauschen sich mit einem anderen Paar darüber aus, wie die Texte gesprochen werden. Beschreibende Adjektive in einem Schüttelkasten helfen, wobei manche Beschreibungen mehrfach passen.

e TN tauschen sich mit einem anderen Paar darüber aus, was ihnen an dem Kurz-Feature gut gefällt bzw. was sie anders gemacht hätten. 2 Schüttelkästen mit hilfreichen Redemitteln für positives bzw. negatives Feedback unterstützen den Austausch. TN sollten auch diese Redemittel in ihre Sammlung übertragen.

f TN sammeln und vergleichen ihre Ergebnisse im Kurs.

Teil 2: Das war unser Kurs! (Arbeit mit Texten – Texte produzieren)

In diesem Teil üben TN auf der Basis der Analyse aus Teil 1, ein Kurz-Feature zu erstellen.

1 Ein Kurz-Feature über den Sprachkurs
[Feature erstellen]

Die Abfolge der einzelnen Aufgabenteile repräsentiert die Schritte, die für die Erstellung eines Features notwendig sind. Auf diese Weise erhalten TN eine strukturierte Grundlage für den Erstellungsprozess. Implizit trainieren TN in dieser Aufgabensequenz die wichtige Mediationsaktivität, Bedeutung gemeinsam zu konstruieren.

a TN arbeiten in Gruppen, um - am Ende ihres Kurses - ein Kurz-Feature über den Kurs vorzubereiten. Dafür erstellen die TN auf einem Plakat ein Assoziogramm zu Fragen, die im abgedruckten Assoziogramm stehen. TN können auch noch weitere Fragen ergänzen.

b TN einigen sich in ihrer Gruppe auf 5 Informationen aus dem Assoziogramm in 1a, die sie im Feature präsentieren möchten.

c TN überlegen gemeinsam, welche Feature-Elemente und Rollen es geben soll. Zur Anregung sind 2 Sprechblasen mit möglichen Vorschlägen abgedruckt.

d TN besprechen auch, welche Teile des Kurz-Features sie besser frei sprechen sollten und für welche Teile sie einen vorbereiteten Text benötigen.

e TN überlegen sich, wer für welches Element zuständig ist bzw. wer welche Rolle übernehmen möchte. Bei Gruppen mit unsicheren TN könnten Sie Vorschläge zur Rollenverteilung in der Art machen, dass die unsicheren TN keine Rollen bekommen, die sehr viel Text haben, wie z. B. der Moderator / die Moderatorin. Die Zuständigen schreiben nun den Text für ihr Element bzw. ihre Rolle. Bei den Elementen, die frei gesprochen werden sollen (vgl. 1d), bietet es sich an, dass die TN zumindest einige Stichpunkte und Redemittel auf Karten notieren.

f TN präsentieren nun ihre Texte so frei wie möglich in ihrer Gruppe und geben sich gegenseitig Feedback.

g TN überlegen sich, in welcher Reihenfolge die Texte aus 1e aufeinander folgen sollen, und nehmen dann das gesamte Kurz-Feature mit einem Smartphone auf.

h TN hören sich ihr Feature an. Sie überlegen, ob sie zufrieden damit sind oder nicht. Wenn nicht, nehmen sie das Feature ein zweites Mal auf und beachten dabei auch den Tipp. Dieser Tipp ist insofern wichtig, als er TN ermutigen soll, nicht nach sprachlicher Perfektion zu streben, sondern kleine sprachliche Fehler zuzulassen und ihr Hauptaugenmerk darauf zu legen, dass ihr Kurz-Feature für die Zuhörer und Zuhörerinnen interessant ist.

2 Unsere Kurz-Features
[Features hören und kommentieren]

a TN legen die Smartphones mit den aufgenommenen Features auf verschiedene Tische. Sie legen ein Blatt Papier und einen Stift dazu - sozusagen als „Gästebuch“. Alternativ kann man auch pro Tisch ein zweites Smartphone hinlegen, auf das die TN in Aufgabe 2b ihre Kommentare sprechen.

b TN gehen allein, in Paaren oder Gruppen von Tisch zu Tisch, hören sich die Kurz-Features an und schreiben jeweils einen Kommentar in das „Gästebuch“ oder sprechen pro Tisch alle Kommentare auf ein Smartphone. Falls TN in Gruppen von Tisch zu Tisch gehen, machen Sie sie vorher darauf aufmerksam, die Aufnahme nicht zu laut zu stellen und beim Aufnehmen der Kommentare leise zu sprechen.

Alternative: TN schreiben ihre Kommentare auf eine interaktive Pinnwand wie Padlet. Die Programme bieten auch die Möglichkeit, Audio- und Videodateien einzubinden, sodass auch die erstellten Features hochgeladen werden könnten.

Teil 3: Strukturen automatisieren (Lernstrategien – Grammatik lernen)

In diesem Teil werden Möglichkeiten präsentiert und trainiert, wie man bestimmte Grammatikphänomene automatisieren kann; hier passend zu den Grammatikthemen der Lektion: 1. die Wortstellung von Doppelkonnektoren in Sätzen, 2. persönlich wichtige Sätze, die man häufig im Alltag braucht und in denen deklinierte Adjektive vorkommen.

1 Nicht nur „weder“, sondern auch „noch“
[Doppelkonnektoren automatisieren]

a TN ordnen Sätze mit dem ersten Teil eines Doppelkonnektors Satzteilen / Sätzen mit dem 2. Teil des passenden Doppelkonnektors zu. Um die Aufmerksamkeit der TN auf die Konnektoren zu fokussieren, sind diese markiert.

b TN hören die Sätze aus 1a, achten darauf, welche Wörter betont sind, und markieren diese.

c TN bilden pro Doppelkonnektor eine Gruppe. Sie überlegen sich in ihrer Gruppe für jedes Gruppenmitglied einen Satz mit „ihrem“ Doppelkonnektor und schreiben die Sätze jeweils auf eine Karte: auf die Vorderseite den Doppelkonnektor und 2 Einzelsätze, auf die Rückseite die Lösung. Zur Verdeutlichung ist eine entsprechende Karte neben der Arbeitsanweisung abgedruckt.

d TN gehen im Kursraum umher und suchen einen Partner / eine Partnerin aus einer anderen Gruppe. Sie zeigen ihm / ihr die Vorderseite ihrer Karte. Er / Sie muss den korrekten Satz sagen. Wer die Karte zeigt, kontrolliert und hilft bei Problemen. Dann tauschen TN die Rollen und suchen sich einen neuen Partner / eine neue Partnerin.

2 Doppelkonnektoren – ein Sprechspiel
[Doppelkonnektoren automatisieren]

a Dieser Aufgabenteil dient dazu, TN ein Beispiel für das Spiel in 2b zu geben. TN hören zuerst das Sprechspiel und tauschen sich im Kurs aus, was man beim letzten Satzanfang ergänzen könnte.

b TN spielen im Kurs oder in einer größeren Gruppe ein Sprechspiel wie in 2a. Jeder / Jede TN schreibt mit jedem der Doppelkonnektoren den ersten Teil eines Satzes. Eine Person liest einen ihrer Satzanfänge vor. Der rechte Nachbar / Die rechte Nachbarin wiederholt den Satzanfang und vervollständigt den Satz. Dann liest er / sie einen seiner / ihrer Satzanfänge vor und der / die rechte Nachbar/in vervollständigt den Satz usw. Wenn jemand keine Idee hat, kann er / sie eine andere Person um Hilfe bitten.

3 Adjektivdeklination in für mich wichtigen Sätzen
[wichtige Sätze automatisieren]

Der Hintergrund für diese Aufgabe ist, dass TN häufig in Situationen kommen, in denen sie Auskunft über sich selbst geben sollen. Dies impliziert eine Reihe von immer gleichen Sätzen, bei denen es gut wäre, wenn TN diese auf eine möglichst korrekte Art äußern könnten. Der Tipp zeigt einen Weg, wie die TN solche Sätze automatisieren können.

a Zu Anfang wird das Problem in einer (mehr oder minder) rhetorischen Frage genannt: „Adjektivendungen fallen Ihnen schwer?" Jeder / Jede TN schreibt jeweils 3 Sätze mit Adjektiven, die er / sie häufig sagen muss. Anschließend überprüfen die TN mit einem Partner / einer Partnerin, ob die Adjektivendungen richtig sind. Die 3 abgedruckten Beispielsätze helfen. Im Tipp erhalten TN Hinweise, wie sie solche Sätze automatisieren können.

b TN lernen, wie im Tipp vorgeschlagen, ihre 3 persönlichen Sätze aus 3a und tragen sie im Kurs auswendig vor. Sie sprechen dabei die Adjektivendungen deutlich. Die anderen hören genau zu und überlegen, ob sie ähnliche Problemendungen haben oder ob es Unterschiede gibt. TN tauschen sich darüber im Kurs aus. Eine Sprechblase dient als Beispiel für ein Problem, das es häufig bei Adjektiven gibt.

Erweiterung – Lernmethoden: Fragen Sie die TN nach weiteren „Tricks", die sie anwenden, um komplexe Strukturen in korrekter Form zu behalten und produzieren zu können. Vielleicht haben sie besondere Eselsbrücken oder arbeiten mit absurden / witzigen Geschichten.

Teil 4: Wortfelder (Lernstrategien – Wortschatz lernen)

1 Benachbarte Wörter [Wörter in Wortfeldern lernen]

Als weitere Möglichkeit, Wörter im inhaltlichen Zusammenhang zu lernen, werden hier Übungen zum Gruppieren des Lektionswortschatzes in Wortfeldern angeboten.

a In der Lektion 5 gibt es 4 verschiedene Wortfelder aus dem Bereich „Kultur". Wörter aus diesen Wortfeldern, die in der Lektion 5 vorkommen, sind in einer vierspaltigen Tabelle abgebildet. TN ordnen den Wortfeldern Bezeichnungen zu. Es handelt sich um die Wortfelder Streetart, Film, Musik, Tanz.

b TN lesen in einem Schüttelkasten Wörter aus der Lektion 5 und ergänzen mit diesen die Wortfelder in 1a, teilweise sind mehrere Lösungen möglich. TN vergleichen ihre Lösungen mit einem Partner / einer Partnerin. Durch diesen Austausch üben die TN den Wortschatz noch einmal implizit. Hier können Sie TN an die Aufgaben zum Wortschatzlernen in „Auf dem Weg zur Kompetenz 4" erinnern, in denen sie das Erklären von Wörtern geübt haben.

c TN ergänzen in jedem Wortfeld weitere Wörter, die ihnen wichtig sind, und vergleichen auch diese mit einem Partner / einer Partnerin. TN erklären, warum diese Wörter für sie wichtig sind. Dadurch entstehen individuell interessante Verknüpfungen, die dazu beitragen können, dass beide Seiten sich die Wörter besser merken werden.

2 Wörter lernen – mal so, mal so
[Lernmethoden sammeln und vergleichen]

Diese Aufgabe dient grundsätzlich dazu, dass TN über unterschiedliche Methoden zum Lernen von Wortschatz nachdenken und durch praktisches Ausprobieren sowie durch Austausch erfahren, welche Methode sich am besten für sie persönlich eignet.

a TN lernen 3 Wortfelder aus 1a mit 3 verschiedenen Methoden, die im Folgenden vorgestellt sind: Bei Methode 1 handelt es sich um die weit verbreitete, nicht sehr effektive Methode, Wörter stumm zu lesen und dabei an die Bedeutung der Wörter zu denken. Bei Methode 2 lesen TN die Wörter laut oder murmelnd, denken an die Bedeutung der Wörter und machen beim Lernen passende Gesten oder einen besonderen Gesichtsausdruck. Bei diesen beiden Methoden kann es durch die Partnerarbeit in der Kontrollphase natürlich zu einem gewissen Vorteil für diejenigen kommen, die als Zweite sprechen. Sie haben zumindest einige Wörter ja schon einmal von Partner/in 1 gehört. Daher könnten Sie anregen, dass die beiden TN bei solchen Aktivitäten jeweils abwechselnd beginnen. Bei Methode 3 verbinden TN die Wörter aus dem Wortfeld 4 (Tanz) zu einer Geschichte und lesen diese dreimal laut. Ein Beispiel zum Wortfeld „Streetart" ist abgedruckt. Bei dieser Methode ist es wichtig, dass die Geschichte etwas mit dem persönlichen Empfinden des / der jeweiligen Lernenden zu tun hat, weil sie so besser im Gedächtnis bleibt. Daher endet das Beispiel auch mit einer persönlichen Bewertung des Murals.

b TN überlegen, welche Methode für sie am besten geeignet ist, und sammeln in Gruppen, welche anderen Methoden sie kennen und verwenden. TN präsentieren dann ihre Ergebnisse im Kurs. Dabei bietet es sich an, dass sich die TN noch einmal mit den Teilen 4 in „Auf dem Weg zur Kompetenz" 1 bis 4 beschäftigen und auf diese Weise einige Ideen zum Wortschatzlernen auffrischen.

c In diesem Aufgabenteil geht es um Wörter, die man keinem Wortfeld eindeutig zuordnen kann. Dies sind besonders Adverbien oder Verben, die man in ganz unterschiedlichen Kontexten gebrauchen kann. Einige davon sind im Schüttelkasten abgedruckt. TN können auch noch weitere solcher Wörter ergänzen. Sie überlegen in ihrer Gruppe, wie man derartige Wörter lernen kann, und sammeln Lernmethoden.

d TN tauschen sich in ihrer Gruppe aus, welche Wörter sie besonders schwer lernen.

e TN erstellen in ihrer Gruppe ein Plakat mit hilfreichen Ideen zum Wörterlernen. TN hängen die Plakate im Kursraum auf und vergleichen sie.

Film 5: Gemeinschaft beim Filmdreh

Dieser Film ist einer der Kurzfilme, die beim integrativen Filmbildungsprojekt „Mix it!" von 2016 bis Ende 2020 entstanden sind. In diesem Projekt wurden geflüchtete und einheimische Jugendliche zusammengebracht, die mithilfe eines professionellen Teams mehrere Kurzfilme über Erfahrungen und Eindrücke aus der alten und neuen Heimat drehten. Ausführliche Informationen sowie weitere Filme finden Sie auf der Projektseite von „Mix it!" (www.deutsche-filmakademie.de/filmbildung/mix-it/), auf YouTube und auf der Webseite der Bundeszentrale für politische Bildung (bpd). Der Film ergänzt darüber hinaus das Themenspektrum der Lektion 2, in der es um Migration geht. Da die Lektion in Nordostdeutschland angesiedelt ist, wird hier das Filmprojekt vorgestellt, dass in Berlin realisiert wurde.
Bevor die TN sich mit dem Film und dem Filmprojekt beschäftigen, bearbeiten sie zunächst einige Aufgaben, um sich auf das komplexe Thema vorzubereiten. Sie tauschen sich als Erstes darüber aus, was sie schon über das Thema „Geflüchtete in Deutschland" wissen. In diesem Zusammenhang können Sie TN anregen, im Internet zu suchen bzw. bei Statista nachzuschauen, wo man aktuelle Grafiken zu den Herkunftsländern der Geflüchteten findet. Die Musterlösung im Lösungsteil zu dieser Frage bezieht sich auf Informationen für das Jahr 2021. Außerdem sprechen TN darüber, welche besonderen Schwierigkeiten jugendliche Geflüchtete in Deutschland haben könnten, und diskutieren über die Vor- und Nachteile von sogenannten Vorbereitungsklassen für diese Zielgruppe an deutschen Schulen, die in Berlin „Willkommensklassen" heißen. Anhand eines kurzen Infotextes zum Projekt „Mix-it!" erfahren TN schließlich etwas über die Ziele des Projekts und die Erfahrungen der Jugendlichen, die daran mitgewirkt haben. Danach erfahren die TN etwas darüber, wie die Jugendlichen an die Filmarbeit herangeführt worden sind, mit welchen Themen sie sich dabei beschäftigt haben und welche Schwierigkeiten es für die Jugendlichen bei der Kommunikation auf Deutsch gab und wie sie dieses Problem gemeistert haben. In der Abschlussaufgabe tauschen sich TN darüber aus, was Schulen tun könnten, um geflüchtete Schülerinnen und Schüler zu integrieren.

Erweiterung – Projekt „Mix-it": Gruppen wählen einen der Kurzfilme, die im Rahmen des Projekts „Mix-it" entstanden sind. In Gruppen beantworten TN Fragen wie: Welches Thema haben die Jugendlichen gewählt? Wie wird es eingeführt (über Bilder, Musik, Text)? Aus welchen Ländern kommen die Geflüchteten, die diesen Film gedreht haben? Welche Unterschiede und Gemeinsamkeiten zwischen den Jugendlichen werden dargestellt? Welche Emotionen hatten sie beim Betrachten des Films? Die Filme werden anschließend mit Hilfe der Leitfragen im Kurs vorgestellt. Geben Sie einen Zeitrahmen von 2 Minuten pro Präsentation vor.

Gruppenaustausch: Euregio Maas-Rhein

Sozialform: Einzelarbeit / Gruppenarbeit / Kurs
Material: 1 Arbeitsblatt pro TN
Durchführungszeit: 10 Minuten

Anleitung: Verteilen Sie den Informationstexttext an die TN und klären Sie am Ende des ersten Lesevorgangs ggf. unbekannte Wörter. Bilden Sie dann – falls möglich – Gruppen mit TN aus unterschiedlichen Ländern, die sich über regionale Zusammenschlüsse in ihren Herkunftsländern austauschen, bevor Sie die Ergebnisse im Kurs sammeln.

Die Euregio (ein Begriff, der sich aus den Wörtern „europäisch“ und „Region“ zusammensetzt) Maas-Rhein ist der gemeinsame Grenzraum der Länder Deutschland, Belgien und der Niederlande. Sie umfasst in Belgien die Provinzen Limburg und Lüttich (= Liège) und die Deutschsprachige Gemeinschaft, in den Niederlanden die Region Süd-Limburg und in Deutschland die Region Aachen, hat 4 Millionen Einwohner und eine Fläche von ca. 11.000 km². Die drei Länder kooperieren seit 1976 und verfolgen das Ziel, diese fünf Grenzregionen wirtschaftlich, kulturell und gesellschaftlich zu vernetzen und zu stärken. Gemeinsame Projekte sind z. B. die Zusammenarbeit der Universitäten in Aachen, Lüttich und Maastricht. Auch die IHK (Industrie- und Handelskammer) sowie die Tourismus- und Verkehrsbranche arbeiten eng zusammen.

1. Gibt es in Ihrem Herkunftsland auch Kooperationen mit Regionen anderer Länder? Wenn ja, welche?

2. In welchen Bereichen (wirtschaftlich, kulturell, gesellschaftlich) finden die Kooperationen statt?

Bildquelle:
© EVTZ Euregio Maas-Rhein
Kompass DaF B1+ Unterrichtshandreichung
ISBN 978-3-12-670013-9

Textpuzzle: aduso-Konnektoren

Sozialform: Gruppenarbeit
Material: 3 Kartensets pro Gruppe / 1 Lösungsblatt pro Gruppe
Durchführungszeit: 5 Minuten

Anleitung: Verteilen Sie an jede Gruppe 2 Kartensets mit Hauptsätzen, ein Kartenset mit aduso-Konnektoren und ein Lösungsblatt. TN rekonstruieren in Gruppenarbeit einen Text, indem sie zuerst die Sätze mit den passenden Konnektoren verbinden und diese dann in eine sinnvolle Reihenfolge bringen. Zum Schluss kontrollieren die Gruppen ihre Lösungen mithilfe des Lösungsblatts.

Zurzeit lebe ich noch bei meinen Eltern.
Das Haus ist ziemlich groß.
Sie haben einen ganz anderen Lebensrhythmus als ich.
Ich komme erst abends spät von der Uni nach Hause.
Deshalb treffe ich mich meist nur am Wochenende mit meinen Freunden in der Stadt.
Das Wohnen bei meinen Eltern hat sicher viele Vorteile.

Ich kann mir keine eigene Wohnung leisten.
Ich muss immer auf meine Eltern Rücksicht nehmen.
Sie gehen im Gegensatz zu mir sehr früh ins Bett.
Ich würde dann gerne Musik hören, Freunde einladen usw. Das geht leider nicht.
Meine Freunde laden mich zu sich ein.
Ich möchte so bald wie möglich meine eigene Wohnung.

denn	denn	aber
und	aber	oder

Lösungen zu Kopiervorlage 2, Lektion 1C

- Zurzeit lebe ich noch bei meinen Eltern, denn ich kann mir keine eigene Wohnung leisten.
- Das Haus ist ziemlich groß, aber ich muss immer auf meine Eltern Rücksicht nehmen.
- Sie haben einen ganz anderen Lebensrhythmus als ich, denn sie gehen im Gegensatz zu mir sehr früh ins Bett.
- Ich komme erst abends spät von der Uni nach Hause und würde dann gerne Musik hören, Freunde einladen usw. Das geht leider nicht.
- Deshalb treffe ich mich meist nur am Wochenende mit meinen Freunden in der Stadt oder meine Freunde laden mich zu sich ein.
- Das Wohnen bei meinen Eltern hat sicher viele Vorteile, aber ich möchte so bald wie möglich meine eigene Wohnung.

ISBN 978-3-12-670013-9

Lerntagebuch

Lektion: ______________	
Welche Kompetenzen wurden in der Lektion vermittelt? Teil A: Teil B: Teil C: Teil D:	
Welche Schritte zur Kompetenz-erreichung fielen mir leicht? Welche Schritte zur Kompetenz-erreichung fielen mir schwer?	
Diese Texte habe ich geschrieben: Diese Präsentationen / Kurzvorträge habe ich gehalten: An diesen Diskussionen habe ich teilgenommen:	
Auf dem Weg zur Kompetenz: Welche Techniken und Strategien zum Erlernen von Grammatik und Wortschatz wurden vorge-stellt und geübt?	
Welche Techniken / Strategien möchte ich weiter üben und anwenden?	
Welche Ziele möchte ich erreichen? Bis wann? Wie möchte ich das erreichen?	

Kompass DaF B1+ Unterrichtshandreichung
ISBN 978-3-12-670013-9

Textpuzzle: Erfahrungsbericht 1 – Michael (Track 7)

Sozialform: Einzelarbeit / Gruppenarbeit
Material: 1 Text in Streifen pro TN / 1 Lösungsblatt pro Gruppe
Durchführungszeit: 10 Minuten

Anleitung: Bilden Sie zu jedem Erfahrungsbericht eine Gruppe. Verteilen Sie dann die passenden Textstreifen an alle TN der 3 Gruppen und geben Sie jeder Gruppe ein Lösungsblatt. Bitten Sie die TN, die Textteile während des Hörens in die richtige Reihenfolge zu bringen. Anschließend kürzen die TN die Texte auf den Streifen so, dass nur Stichpunkte mit den wichtigsten Informationen zu den Fragen auf dem Notizzettel übrigbleiben, und ergänzen auf dem Notizzettel die entsprechenden Stichworte. Danach vergleichen die TN ihre Lösungen in ihren Gruppen. Zum Schluss kontrollieren die Gruppen ihre Lösungen mithilfe des Lösungsblatts.

Hallo liebe Zuhörerinnen und Zuhörer, ich begrüße euch zu unserer heutigen Sendung mit dem Thema „Auswandern aus Deutschland - Wie ist es gelaufen?" Drei Personen - Michael, Julia und Kai - werden euch gleich ihre persönliche Auswanderungsgeschichte erzählen. Ihr dürft also gespannt sein. Michael, fangen wir mit dir an. Erzähl uns doch mal, was dich ins Ausland geführt hat.

Ja klar. Also, als ich Deutschland vor acht Jahren verlassen hab', hatte ich gar nicht den Wunsch, für immer auszuwandern. Ich wollte einfach nur den Master nutzen, um etwas Auslandserfahrung zu sammeln. Mein Plan war, nur für zwei Jahre nach Litauen zu gehen, um meinen Master in Informatik zu machen. Nach meinem Master wollte ich eigentlich wieder zurück nach Deutschland gehen. Dann kam es aber ganz anders. Nachdem ich mit dem Masterstudium fertig war, habe ich nämlich das Angebot bekommen, noch länger in Litauen zu bleiben und dort auch meine Doktorarbeit zu schreiben. Das war natürlich eine tolle Chance und deshalb habe ich gar nicht lange überlegt, sondern ziemlich schnell zugesagt. Jetzt bin ich schon seit acht Jahren in der litauischen Hauptstadt Vilnius. Seit ich hier bin, bin ich hier an der Universität. Ja, ähm, so ist das alles gekommen.

Interessant! Und wie soll es jetzt weitergehen?

Ich will auf jeden Fall in Litauen bleiben. Das Leben hier ist ziemlich frei und offen. Keiner kümmert sich darum, was der andere macht, wenn man die Freiheit der anderen respektiert. Ich bin auch eher individualistisch und fühle mich daher mit diesem Lebensstil sehr wohl. Aber ich möchte nicht immer Angestellter bleiben. Ich habe das Ziel, nächstes Jahr meine eigene Firma zu gründen. Ich habe eine App entwickelt, mit der man ganz einfach Dienstleistungen im Haushalt anbieten und buchen kann. Ich glaube, dafür gibt es hier einen Markt und ich sehe echt gute Chancen, dass das ein Erfolg wird. Beruflich bin ich mit meinem Leben also recht zufrieden. Privat könnte es jedoch etwas besser laufen. Ich bin schon länger Single, und das finde ich nicht so toll. Das Problem ist einfach, dass ich so viel arbeite. Ich habe gar keine Gelegenheit, jemanden kennenzulernen. Aber ich hoffe, dass das bald mal klappt. Ich bin offen für eine Beziehung.

Das ist ja eine tolle Geschichte, Michael! Danke, dass du sie mit uns geteilt hast. Ich wünsche dir viel Erfolg bei deinen Plänen.

Ja klar, gern, ich danke dir.

Wann? ____________________

Wohin? ____________________

Warum? ____________________

Welches berufliche Ziel? ____________________

____

Welches private Ziel? ____________________

Lösungen zu Kopiervorlage 4A, Lektion 2A – Erfahrungsbericht 1

Wann? vor 8 Jahren
Wohin? Litauen
Warum? Auslandserfahrungen sammeln
Welches berufliche Ziel? eigene Firma gründen
Welches private Ziel? Partnerin finden

Textpuzzle: Erfahrungsbericht 2 – Julia (Track 8)

Anleitung: Bilden Sie zu jedem Erfahrungsbericht eine Gruppe. Verteilen Sie dann die passenden Textstreifen an alle TN der 3 Gruppen und geben Sie jeder Gruppe ein Lösungsblatt. Bitten Sie die TN, die Textteile während des Hörens in die richtige Reihenfolge zu bringen. Anschließend kürzen die TN die Texte auf den Streifen so, dass nur Stichpunkte mit den wichtigsten Informationen zu den Fragen auf dem Notizzettel übrigbleiben, und ergänzen auf dem Notizzettel die entsprechenden Stichworte. Danach vergleichen die TN ihre Lösungen in ihren Gruppen. Zum Schluss kontrollieren die Gruppen ihre Lösungen mithilfe des Lösungsblatts.

Dann hören wir uns als Nächstes an, wie es Julia bei ihrer Auswanderung ergangen ist. Julia, erzähl doch mal.

Tja, bei mir ist es leider nicht so super gelaufen wie bei Michael. Ich bin vor einem Jahr nach Island ausgewandert, auf die schöne Insel im Norden von Europa. Der Grund für meine Auswanderung war, dass ich mit meinem Leben in Deutschland total unzufrieden war. Mein Wunsch war, endlich ein abwechslungsreicheres Leben zu haben. In Deutschland hatte ich seit Jahren das Gefühl, dass ich immer nur das Gleiche mache und nie das tun kann, was ich eigentlich will. Letztes Jahr hat's mir dann endgültig gereicht. Ich hab' meinen Job als Rezeptionistin in einem Hotel gekündigt und mir ein Flugticket nach Island gekauft. Ich kannte dort die Leiterin von einem ökologischen Projekt, das sich um den Schutz von Walen kümmert. Die sind immer auf der Suche nach Freiwilligen, und ich hatte vor, da auch mitzuarbeiten. Tja, und so war ich am Anfang erst einmal ein halbes Jahr bei dem Projekt. Die Arbeit war ziemlich cool, aber natürlich hab' ich kein Geld bekommen. Nach einem halben Jahr musste ich deshalb aufhören. Tja, nicht so einfach.

Das kann ich mir vorstellen. Und was hast du dann gemacht?

Na ja, ich wollte mir dann eine richtige Arbeit suchen. Aber ich habe immer nur kurzfristige Jobs in Hotels gefunden, das ist okay, um etwas Geld zu verdienen. Aber auf Dauer ist das nichts. Ich werde aber auf jeden Fall weitersuchen. Ein anderes Problem ist noch, dass ich gedacht habe, ich lerne hier leichter Leute kennen. Das hat aber auch noch nicht so gut geklappt. Die Isländer wollen nämlich – glaube ich – lieber unter sich bleiben, und ich spreche auch leider noch nicht gut Isländisch. Tja, nachdem ich ein Jahr in Island gelebt habe, sehe ich jetzt manches ein bisschen anders als vorher. Aber trotzdem möchte ich hierbleiben, denn auch wenn es schwieriger ist als gedacht, liebe ich dieses Land und seine Einwohner. Deswegen will ich weiter alles probieren, um bald eine feste Stelle in der Touristikbranche zu finden. Außerdem mache ich jetzt auch einen Isländischkurs und hoffe sehr, dass ich, wenn ich besser Isländisch kann, auch endlich Freunde finde.

Das klingt wirklich nicht so einfach, Julia. Ich finde es aber toll, dass du nicht so schnell aufgibst, und hoffe, dass du am Ende für deine Ausdauer belohnt wirst. Vielen Dank, dass du uns deine Geschichte erzählt hast.

Wann? ____________________

Wohin? ____________________

Warum? ____________________

Welches berufliche Ziel? ____________________

Welches private Ziel? ____________________

Lösungen zu Kopiervorlage 4B, Lektion 2A – Erfahrungsbericht 2

Wann? vor einem Jahr
Wohin? Island
Warum? unzufrieden mit Leben in Deutschland, wollte abwechslungsreicheres Leben
Welches berufliche Ziel? feste Stelle in Touristikbranche
Welches private Ziel? Isländisch lernen und Freunde finden

Kompass DaF B1+ Unterrichtshandreichung
ISBN 978-3-12-670013-9

Textpuzzle: Erfahrungsbericht 3 – Kai (Track 9)

Anleitung: Bilden Sie zu jedem Erfahrungsbericht eine Gruppe. Verteilen Sie dann die passenden Textstreifen an alle TN der 3 Gruppen und geben Sie jeder Gruppe ein Lösungsblatt. Bitten Sie die TN, die Textteile während des Hörens in die richtige Reihenfolge zu bringen. Anschließend kürzen die TN die Texte auf den Streifen so, dass nur Stichpunkte mit den wichtigsten Informationen zu den Fragen auf dem Notizzettel übrigbleiben, und ergänzen auf dem Notizzettel die entsprechenden Stichworte. Danach vergleichen die TN ihre Lösungen in ihren Gruppen. Zum Schluss kontrollieren die Gruppen ihre Lösungen mithilfe des Lösungsblatts.

Ja, liebe Zuhörerinnen und Zuhörer, dann haben wir noch einen letzten Gast, der seine Auswanderungserfahrung mit uns teilen möchte. Kai, wie war das denn bei dir?

Weißt du, bei mir ist die Auswanderung schon ziemlich lange her. Ich hab' vor 15 Jahren meine Heimat, das Ruhrgebiet, verlassen und bin nach Südkorea gegangen. Damals war ich noch ziemlich jung, erst 22. Ich wollte auswandern, weil ich auf der Suche nach Abenteuer und Freiheit war. Ich wollt' gern nach Asien gehen, denn da hat sich die Wirtschaft schnell entwickelt. Das fand ich spannend.

Und wie kamst du dann nach Südkorea?

Nun, ich hab' recherchiert, welches Land für mich am besten passt. Am Ende habe ich Südkorea ausgewählt, weil es nicht so teuer war wie z. B. Japan. Damals, mit 22 Jahren, hatte ich keine abgeschlossene Ausbildung und auch nicht viel Geld. Meine Idee war am Anfang, in Südkorea Sachen zu finden, die ich nach Deutschland verkaufen kann. So wollte ich Geld verdienen. Das hat sich dann aber ganz anders entwickelt und ich hab' ziemlich schnell angefangen, in privaten Sprachschulen als Deutsch- und Englischlehrer zu arbeiten. Und das mache ich jetzt auch noch.

Dann hat deine Auswanderung ja prima geklappt! Und macht dir die Arbeit als Sprachlehrer Spaß? Du hattest das ja gar nicht so geplant.

Ja, die Arbeit ist super. Mein Ziel ist daher, bald eine eigene Sprachschule zu eröffnen. Für Koreaner ist Bildung sehr wichtig und sie geben dafür viel Geld aus. Deshalb glaube ich, dass mein Geschäft gut laufen wird. In meinem Privatleben ist auch viel passiert. Ich hab' schon ein paar Jahre eine koreanische Freundin, und na ja, meine Freundin und ich haben die Absicht, im nächsten Jahr zu heiraten. Dafür musste ich ihr aber versprechen, für immer in Südkorea zu bleiben. Ich bin mir daher sicher, hier wird meine Zukunft sein!

Wow, das hört sich ja richtig toll an! Dann wünsche ich dir alles Gute und dass alles so klappt, wie du es vorhast. Tja, liebe Zuhörerinnen und Zuhörer, ich hoffe, für euch waren die Erzählungen von Kai, Julia und Michael genauso spannend wie für mich. Vielleicht fühlt sich ja der eine oder die andere auch inspiriert, mal für eine Weile ins Ausland zu gehen. Für heute sage ich Tschüss! Habt noch einen schönen Tag und wir hören uns morgen wieder.

Wann? ____________________

Wohin? ____________________

Warum? ____________________

Welches berufliche Ziel? ____________________

Welches private Ziel? ____________________

Lösungen zu Kopiervorlage 4C, Lektion 2A – Erfahrungsbericht 3

Wann? vor 15 Jahren
Wohin? Südkorea
Warum? Abenteuer und Freiheit finden
Welches berufliche Ziel? eigene Sprachschule eröffnen
Welches private Ziel? seine Freundin heiraten

Zuordnungsaufgabe: Abkürzungen und Symbole

Sozialform: Partnerarbeit
Material: 2 Kartensets pro Paar
Durchführungszeit: 5 Minuten

Anleitung: Verteilen Sie pro Paar je ein Kartenset „Symbole" und ein Kartenset „Abkürzungen". TN ordnen in Paaren die Erklärungen den Symbolen bzw. Abkürzungen zu. Anschließen sammeln TN in Gruppen weitere Symbole und Abkürzungen, die für sie sinnvoll sind, und stellen sie im Kurs vor.

+	>	=
und / plus zunehmen	kommt von / Grund	gleich / identisch / entspricht
-	∅	≈
weniger / minus abnehmen	im Durchschnitt	ungefähr
→	ǂ	!
daraus folgt	Gegenteil	(sehr) wichtig / Achtung

u.	jed.	Mio.
und	jeder / jede	Million(en)
od.	i.	kultur.
oder	in / im	kulturell
z. B.	T.	polit.
zum Beispiel	Tausend	politisch

Klett

Kompass DaF B1+ Unterrichtshandreichung
ISBN 978-3-12-670013-9

Kartenspiel: Präteritum

Sozialform: Kleingruppen à 3 bis 4 TN
Material: 1 Kartenset pro Kleingruppe
Durchführungszeit: 5 Minuten

Anleitung: Verteilen Sie an jede Gruppe ein Kartenset und bitten Sie die TN, die Karten als Stapel verdeckt auf den Tisch zu legen. Spieler/in 1 zieht die oberste Karte und liest den Infinitiv vom Verb und die Personalangabe vor. Der / Die nächste Spieler/in im Uhrzeigersinn muss die passende Präteritumform nennen. Spieler/in 1 kontrolliert die Antwort anhand der Lösungsvorgabe in Klammern. Wird die Aufgabe richtig gelöst, erhält Spieler/in 2 die Karte. Ist die Antwort falsch, wird die Karte ganz unten in den Stapel zurückgelegt. Dann zieht Spieler/in 2 eine Karte und liest diese vor. Spieler/in 3 antwortet usw. Wer die meisten Karten erhalten hat, ist Sieger / Siegerin.

wachsen: sie (Sg.) (sie wuchs)	sehen: er (er sah)	sprechen: wir (wir sprachen)
anwerben: sie (Pl.) (sie warben an)	gehen: ich (ich ging)	bleiben: du (du bliebst)
sein: du (du warst)	nennen: er (er nannte)	ansteigen: sie (Pl.) (sie stiegen an)
beginnen: wir (wir begannen)	umziehen: ihr (ihr zogt um)	erhalten: ich (ich erhielt)
helfen: ich (ich half)	entkommen: du (du entkamst)	laufen: er (er lief)
wiedergeben: wir (wir gaben wieder)	finden: ihr (ihr fandet)	erscheinen: sie (Pl.) (sie erschienen)
vertreten: ich (ich vertrat)	vorankommen: du (du kamst voran)	abschließen: es (es schloss ab)
halten: du (du hieltest)	kennen: sie (Sg.) (sie kannte)	nehmen: er (er nahm)

Kompass DaF B1+ Unterrichtshandreichung
ISBN 978-3-12-670013-9

Bingo: Adjektive auf „-ig“

Sozialform: Einzelarbeit / Kurs
Material: 1 Arbeitsblatt pro TN
Durchführungszeit: 10 Minuten

Anleitung: Verteilen Sie die Arbeitsblätter an die TN und erklären Sie die Spielregeln von Bingo: TN wählen aus 20 Nomen 16 aus und tragen die davon abgeleiteten Adjektive (z. B. Auswahl: „der Berg“ → Eintrag auf der Vorlage: „bergig“) auf dem Arbeitsblatt ein. Ein/e Spielleiter/in liest in vermischter Reihenfolge laut und deutlich Adjektive vor, TN streichen die entsprechenden Wörter auf ihrer Vorlage aus. Wenn ein/e TN ein Adjektiv zweimal notiert hat, darf er / sie es aber nur einmal durchstreichen. Wer als Erste/r auf seinem / ihrem Blatt 4 Kästchen in einer waagrechten, senkrechten oder diagonalen Spalte angekreuzt hat, ruft „Bingo!“ und hat gewonnen.

Nomen:

der Berg	die Ruhe
der Durst	das Salz
das Eis	der Sand
der Fels	die Sonne
die Freude	der Staub
der Hunger	der Stein
die Kraft	die Vernunft
die Langeweile	die Vorsicht
der Mut	der Wind
der Nebel	die Wolke

Adjektive für Spielleiter / Spielleiterin:
bergig • durstig • eisig • felsig • freudig • hungrig • kräftig • langweilig • mutig • neb(e)lig • ruhig • salzig • sandig • sonnig • staubig • steinig • vernünftig • vorsichtig • windig • wolkig

Kompass DaF B1+ Unterrichtshandreichung
ISBN 978-3-12-670013-9

Kartenspiel: Wiederholung von Wortschatz, Grammatik, kommunikativen Aufgaben

Sozialform: Kleingruppen à 3 TN
Material: 3 Kartensets pro Kleingruppe
Durchführungszeit: 10 Minuten

Anleitung: Verteilen Sie an jede Gruppe 3 Kartensets und bitten Sie die TN, die Karten – getrennt nach den Bereichen Wortschatz, Grammatik, kommunikative Aufgaben – verdeckt auf den Tisch zu legen. Spieler/in 1 wählt zunächst einen Bereich (z. B. Grammatik), Spieler/in 2 – der / die nächste TN im Uhrzeigersinn – zieht von dem entsprechenden Stapel die oberste Karte und liest die Aufgabe vor. Spieler/in 1 gibt die Antwort. Spieler/in 2 kontrolliert die Antwort mithilfe der Lösung in Klammern. Ist die Aufgabe richtig und vollständig gelöst, kann Spieler/in 1 die Karte behalten. Ist die Antwort falsch, wird die Karte ganz unten in den entsprechenden Stapel zurückgelegt. Dann wählt Spieler/in 2 die nächste Kategorie, Spieler/in 3 liest die Aufgabe und Spieler/in 2 antwortet usw. Bei den kommunikativen Aufgaben gibt es keine Lösungen in Klammern. Hier entscheiden die anderen TN, ob die Antwort ausreichend ist und der Spieler / die Spielerin die Karte behalten darf. Gewonnen hat, wer die meisten Karten sammeln konnte.

Wortschatz

Was ist das Nomen zum Adjektiv „reich"? (der Reichtum)	**Nennen Sie drei Erze.** (z. B. Gold, Silber, Kupfer, Zink, Blei)
Welches Wort hat die Bedeutung „starke Veränderung"? (der Wandel)	**Ein anderes Wort für „die Branche"?** (der Wirtschaftszweig)
Wie heißt das Verb dafür, wenn man Materialien aus alten Produkten wiederverwendet? (recyceln)	**Was ist das Adjektiv zu „das System"?** (systematisch)

Grammatik

Verbinden Sie beide Sätze mit „Das führte dazu, dass ...". Das Bergwerk „Rammelsberg" wurde 1992 geschlossen. / Der Erzabbau lohnte sich nicht mehr. (Der Erzabbau lohnte sich nicht mehr. Das führte dazu, dass das Bergwerk „Rammelsberg" 1992 geschlossen wurde.)	**Verbinden Sie beide Sätze mit „aus diesem Grund".** Die Recyclingindustrie wird weiter ausgebaut werden. / Die Recyclingindustrie dient dem Umweltschutz. (Die Recyclingindustrie dient dem Umweltschutz. Aus diesem Grund wird sie / die Recyclingindustrie weiter ausgebaut werden.)
Formulieren Sie den Satz im Passiv. Behalten Sie dabei den Akteur bei. Schon vor über 3.000 Jahren verwendeten Menschen Erze aus dem Harz. (Schon vor über 3.000 Jahren wurden von Menschen Erze aus dem Harz verwendet.)	**Formulieren Sie den Satz im Passiv. Behalten Sie dabei den Akteur bei.** Der Sturm hat die Wanderhütte stark beschädigt. (Die Wanderhütte ist durch den Sturm stark beschädigt worden.)
Formulieren Sie den Satz im Passiv. In Zukunft muss man mehr Mischwälder pflanzen. (In Zukunft müssen mehr Mischwälder gepflanzt werden.)	**Formulieren Sie den Satz im Passiv.** Durch das Recycling von alten Computern kann man Sekundärrohstoffe gewinnen. (Durch das Recycling von alten Computern können Sekundärrohstoffe gewonnen werden.)

ISBN 978-3-12-670013-9

Kartenspiel: Wiederholung von Wortschatz, Grammatik, kommunikativen Aufgaben

Kommunikative Aufgaben

Stellen Sie in wenigen Sätzen Ihre Lieblings-region in Ihrem Herkunftsland vor.	**Welche Region, die hier im Buch vorgestellt wird, finden Sie besonders interessant? Warum?**
Welche Outdoor-Aktivitäten finden Sie gut? Weshalb?	**Wo verbringen Sie lieber Ihren Urlaub: in den Bergen oder am Meer? Warum?**
Was gefällt Ihnen besser: Urlaub im Sommer oder im Winter? Begründen Sie.	**Welche Region in Deutschland möchten Sie kennenlernen? Weshalb?**

Kompass DaF B1+ Unterrichtshandreichung
ISBN 978-3-12-670013-9

Kartenspiel: Futur I

Sozialform: Kleingruppen à 3 bis 4 TN
Material: 1 Kartenset pro Kleingruppe
Durchführungszeit: 10 Minuten

Anleitung: Verteilen Sie an jede Gruppe ein Kartenset und bitten Sie die TN, die Karten als Stapel verdeckt auf den Tisch zu legen. Spieler/in 1 zieht die oberste Karte und liest die Stichworte vor. Der / Die nächste Spieler/in im Uhrzeigersinn muss aus den Stichworten Vorhersagen bzw. Pläne formulieren. Außerdem muss er / sie sagen, ob es sich bei der Aussage um eine Vorhersage oder um einen Plan handelt. Spieler/in 1 kontrolliert die Antwort anhand der Lösungsvorgabe in Klammern. Wird die Aufgabe richtig gelöst, erhält Spieler/in 2 die Karte. Ist die Antwort falsch, wird die Karte ganz unten in den Stapel zurückgelegt. Dann zieht Spieler/in 2 eine Karte und liest diese vor. Spieler/in 3 antwortet usw. Wer die meisten Karten erhalten hat, ist Sieger / Siegerin.

der Wald – immer – ein Lebensraum für Pflanzen und Tiere – bleiben (Der Wald wird immer ein Lebensraum für Pflanzen und Tiere bleiben. → Vorhersage)	der Wald – weiterhin – als Wirtschaftsfaktor– eine Rolle spielen (Der Wald wird weiterhin als Wirtschaftsfaktor eine Rolle spielen. → Vorhersage)
die Menschen – noch in 100 Jahren – Holz – als Rohstoff – brauchen (Die Menschen werden noch in 100 Jahren Holz als Rohstoff brauchen. → Vorhersage)	die Waldbesitzer – in Zukunft – weniger Nadelbäume – pflanzen (Die Waldbesitzer werden in Zukunft weniger Nadelbäume pflanzen. → Vorhersage)
die Recyclingindustrie – immer mehr – an Bedeutung gewinnen (Die Recyclingindustrie wird immer mehr an Bedeutung gewinnen. → Vorhersage)	in der Industrie – man – zunehmend auf Sekundärrohstoffe – zurückgreifen (In der Industrie wird man zunehmend auf Sekundärrohstoffe zurückgreifen. → Vorhersage)
auch in 100 Jahren – es – noch Bergbau – geben (Auch in 100 Jahren wird es noch Bergbau geben. → Vorhersage)	Wissenschaftler – überall – nach metallischen Rohstoffen – suchen (Wissenschaftler werden überall nach metallischen Rohstoffen suchen. → Vorhersage)
unser Gemeindeförster – keine Monokulturen mehr – anlegen (Unser Gemeindeförster wird keine Monokulturen mehr anlegen. → Plan)	wir – im Wald – verschiedene Baumarten – pflanzen (Wir werden im Wald verschiedene Baumarten pflanzen. → Plan)
ich – mich – um einen Studienplatz im Fach Forstwissenschaft – bewerben (Ich werde mich um einen Studienplatz im Fach Forstwissenschaft bewerben. → Plan)	die Waldarbeiter – im Herbst – alle abgestorbenen Bäume – fällen (Die Waldarbeiter werden im Herbst alle abgestorbenen Bäume fällen. → Plan)
unsere Nachbarn – im Sommer – in den Harz – fahren (Unsere Nachbarn werden im Sommer in den Harz fahren. → Plan)	die Gemeinde – einen Aussichtsturm – bauen (Die Gemeinde wird einen Aussichtsturm bauen. → Plan)
die Stadt – den Park um den See – vergrößern (Die Stadt wird den Park um den See vergrößern. → Plan)	nächstes Jahr – man – das Wanderwegenetz in der Region – erweitern (Nächstes Jahr wird man das Wanderwegenetz in der Region erweitern. → Plan)

Kompass DaF B1+ Unterrichtshandreichung
ISBN 978-3-12-670013-9

Satzpuzzle: tekamolo

Sozialform: Partnerarbeit
Material: 1 Kartenset pro Paar / 1 Lösungsblatt pro Paar
Durchführungszeit: 10 Minuten

Anleitung: Verteilen Sie an jede Gruppe ein Kartenset und das Lösungsblatt. TN bilden in Paaren Sätze nach der „tekamolo"-Regel. Die Kärtchen mit demselben Muster gehören zusammen. TN formulieren zunächst Sätze, die mit dem Subjekt beginnen. Anschließend formulieren die TN die Sätze so um, dass jeweils die Angabe in fetter Schrift auf Position 1 steht. Die TN können ihre Lösungen mithilfe des Lösungsblatts kontrollieren. Zuletzt bilden die TN aus Kärtchen mit unterschiedlichen Mustern witzige Sätze.

mein Bruder	hat	**vor drei Jahren**	zusammen mit Freunden	in einer WG	gewohnt
unser Team	hat sich	gestern	**wegen des Termindrucks**	laut	gestritten
unser Unternehmen	ist	**letzte Woche**	für viel Geld	ins Ausland	verkauft worden
viele Studierende	gründen	noch während des Studiums	**aus Begeisterung**	mit Kommilitonen	ein Start-up
das Arbeitsklima	hat sich	seit Projektbeginn	**wegen des Arbeitsdrucks**	extrem	verschlechtert
die Hierarchien	sind	in den letzten Jahren	aufgrund eines neuen Arbeitsstils	**in vielen Unternehmen**	flacher geworden
das Homeoffice	wird	in Zukunft	**auf Wunsch der Arbeitnehmer**	massiv	an Bedeutung gewinnen
das Thema „Homeoffice"	wird	**schon lange**	sehr intensiv	in unserem Unternehmen	diskutiert
wir	haben	vor einem Jahr	**zum Glück**	in Heidelberg	preiswerte Büroräume gefunden
die Mitarbeiter	haben sich	**in der Versammlung**	wegen der neuen Arbeitszeitregeln	intensiv	beschwert

Kompass DaF B1+ Unterrichtshandreichung
ISBN 978-3-12-670013-9

Lösungen zu Kopiervorlage 10, Lektion 4A

- Mein Bruder hat vor drei Jahren zusammen mit Freunden in einer WG gewohnt.
- Vor drei Jahren hat mein Bruder zusammen mit Freunden in einer WG gewohnt.

- Unser Team hat sich gestern wegen des Termindrucks laut gestritten.
- Wegen des Termindrucks hat sich unser Team gestern laut gestritten.

- Unser Unternehmen ist letzte Woche für viel Geld ins Ausland verkauft worden.
- Letzte Woche ist unser Unternehmen für viel Geld ins Ausland verkauft worden.

- Viele Studierende gründen noch während des Studiums aus Begeisterung mit Kommilitonen ein Start-up.
- Aus Begeisterung gründen viele Studierende noch während des Studiums mit Kommilitonen ein Start-up.

- Das Arbeitsklima hat sich seit Projektbeginn wegen des Arbeitsdrucks extrem verschlechtert.
- Wegen des Arbeitsdrucks hat sich das Arbeitsklima seit Projektbeginn extrem verschlechtert.

- Die Hierarchien sind in den letzten Jahren aufgrund eines neuen Arbeitsstils in vielen Unternehmen flacher geworden.
- In vielen Unternehmen sind die Hierarchien in den letzten Jahren aufgrund eines neuen Arbeitsstils flacher geworden.

- Das Homeoffice wird in Zukunft auf Wunsch der Arbeitnehmer massiv an Bedeutung gewinnen.
- Auf Wunsch der Arbeitnehmer wird das Homeoffice in Zukunft massiv an Bedeutung gewinnen.

- Das Thema „Homeoffice" wird schon lange sehr intensiv in unserem Unternehmen diskutiert.
- Schon lange wird das Thema „Homeoffice" sehr intensiv in unserem Unternehmen diskutiert.

- Wir haben vor einem Jahr zum Glück in Heidelberg preiswerte Büroräume gefunden.
- Zum Glück haben wir vor einem Jahr in Heidelberg preiswerte Büroräume gefunden.

- Die Mitarbeiter haben sich in der Versammlung wegen der neuen Arbeitszeitregeln intensiv beschwert.
- In der Versammlung haben sich die Mitarbeiter wegen der neuen Arbeitszeitregeln intensiv beschwert.

ISBN 978-3-12-670013-9

Partnerarbeit: Sätze verneinen

Sozialform: Partnerarbeit
Material: 1 Arbeitsblatt pro Partner/in A / 1 Arbeitsblatt pro Partner/in B
Durchführungszeit: 10 Minuten

Anleitung: Verteilen Sie die Arbeitsblätter an Partner/in A und Partner/in B. TN lesen sich die Sätze im Wechsel langsam vor. Der Partner / Die Partnerin muss die jeweilige Aussage verneinen. Die TN kontrollieren die Antworten anhand der Lösungsvorgaben in Klammern. Danach formulieren beide TN schriftlich 3 positive Aussagesätze und ihre Verneinung. Anschließend lesen die TN die positiven Aussagesätze ihrem Partner / ihrer Partnerin vor. Der Partner / Die Partnerin verneint die Sätze.

Partner/in A

- Nach dem Studium möchte ich im Ausland arbeiten.
  (Nach dem Studium möchte ich **nicht** im Ausland arbeiten.)
- Ich bekomme Unterstützung.
  (Ich bekomme **keine** Unterstützung.)
- Meine Sprachkenntnisse sind für ein Studium in einem deutschsprachigen Land ausreichend.
  (Meine Sprachkenntnisse sind für ein Studium in einem deutschsprachigen Land **nicht** ausreichend. / Meine Sprachkenntnisse sind **nicht** für ein Studium in einem deutschsprachigen Land ausreichend.)
- Meine Schwester hat schon mal im Ausland gelebt.
  (Meine Schwester hat **noch nicht** im Ausland gelebt.)
- Ich werde mich bei der Firma bewerben.
  (Ich werde mich bei der Firma **nicht** bewerben. / Ich werde mich **nicht** bei der Firma bewerben.)
- In meiner Abteilung ist ein gutes Arbeitsklima.
  (In meiner Abteilung ist **kein** gutes Arbeitsklima.)
- Klara und Arif brauchen noch etwas Zeit.
  (Klara und Arif brauchen **keine** Zeit **mehr**.)

Partner/in B

- Kai unterrichtet gerne Deutsch in einer Firma.
  (Kai unterrichtet **nicht** gerne Deutsch in einer Firma.)
- Meine Freundin hat ihren Master schon abgeschlossen.
  (Meine Freundin hat ihren Master **noch nicht** abgeschlossen.)
- In meiner neuen Stelle bekomme ich ein hohes Gehalt.
  (In meiner neuen Stelle bekomme ich **kein** hohes Gehalt.)
- Ich habe schon Pläne für meine Zukunft.
  (Ich habe **noch keine** Pläne für meine Zukunft.)
- Letzte Woche hat unser Team im Homeoffice gearbeitet.
  (Letzte Woche hat unser Team **nicht** im Homeoffice gearbeitet.)
- Ich habe Freude an der neuen Stelle.
  (Ich habe **keine** Freude an der neuen Stelle.)
- Wir werden unser Start-up dieses Jahr verkaufen.
  (Wir werden unser Start-up dieses Jahr **nicht** verkaufen. / Wir werden unser Start-up **nicht** dieses Jahr verkaufen.)

Kompass DaF B1+ Unterrichtshandreichung
ISBN 978-3-12-670013-9

Kartenspiel: Synonyme und Antonyme

Sozialform: Kleingruppen à 3 TN
Material: 1 Kartensets pro Kleingruppe
Durchführungszeit: 5 Minuten

Anleitung: Verteilen Sie an jede Gruppe ein Kartenset und bitten Sie die TN, die Karten als Stapel verdeckt auf den Tisch zu legen. Spieler/in 1 zieht die oberste Karte und liest die Frage. Der / Die nächste Spieler/in im Uhrzeigersinn muss antworten. Spieler/in 1 kontrolliert die Antwort anhand der Lösungsvorgabe in Klammern. Wird die Aufgabe richtig gelöst, erhält Spieler/in 2 die Karte. Ist die Antwort falsch, wird die Karte ganz unten in den Stapel zurückgelegt. Dann zieht Spieler/in 2 eine Karte und liest diese vor. Spieler/in 3 antwortet usw. Wer die meisten Karten erhalten hat, ist Sieger / Siegerin.

Wie kann man noch sagen? die Firma (das Unternehmen)	**Wie kann man noch sagen?** bewerten (beurteilen)
Wie kann man noch sagen? neuartig (innovativ)	**Wie kann man noch sagen?** das Event (die Veranstaltung)
Wie kann man noch sagen? die regelmäßige Bezahlung in einem Unternehmen (das Gehalt)	**Wie kann man noch sagen?** sich auf einen Arbeitsbereich festlegen (sich spezialisieren)
Wie kann man noch sagen? divers (vielfältig)	**Wie kann man noch sagen?** eine Kurzpräsentation, um sich vorzustellen (der / das Pitch)
Wie kann man noch sagen? mehr arbeiten, als im Arbeitsvertrag steht (Überstunden machen)	**Wie kann man noch sagen?** alle Mitarbeiter / Mitarbeiterinnen in einem Unternehmen (die Belegschaft)
Wie heißt das Gegenteil von „flach“? (steil)	**Wie heißt das Gegenteil von „die Vorstellung“ im Sinn von „etw. denken / vermuten“?** (die Realität)
Wie heißt das Gegenteil von „außergewöhnlich“? (normal)	**Wie heißt das Gegenteil von „angestellt sein“?** (selbstständig sein)
Wie heißt das Gegenteil von „engagiert“? (faul)	**Wie heißt das Gegenteil von „ermöglichen“?** (verhindern)
Wie heißt das Gegenteil von „loslassen“? (festhalten)	**Wie heißt das Gegenteil von „vorwärtskommen“?** (stehen bleiben)
Wie heißt das Gegenteil von „im Büro arbeiten“? (im Homeoffice arbeiten / mobil arbeiten)	**Wie heißt das Gegenteil von „zusammenbringen“?** (auseinanderbringen / trennen)

Kompass DaF B1+ Unterrichtshandreichung
ISBN 978-3-12-670013-9

Kursumfrage

Sozialform: Partnerarbeit / Kurs / Gruppenarbeit
Material: 1 Fragebogen pro TN / 1 Auswertungsbogen pro Gruppe
Durchführungszeit: 25 Minuten (5 Minuten Partnerinterview + 5 Minuten Ergebnissammlung im Kurs + 15 Minuten Gruppenarbeit)

Anleitung: Verteilen Sie die Fragebögen an alle TN. TN stellen sich in Partnerarbeit die Fragen und notieren die Antworten. Anschließend werden die Ergebnisse im Kurs gesammelt und auf dem Auswertungsbogen notiert. In Gruppenarbeit überlegen die TN, wie sie die Ergebnisse anschaulich in einer Kursstatistik darstellen können und präsentieren ihre Kursstatistik als Poster oder digital im Kurs.

Fragebogen

1. Welche Musik hörst du am liebsten? (maximal 3 Antworten möglich)	
☐ Pop / Charts	☐ Rock
☐ Hip-Hop / Rap	☐ Heavy Metal
☐ R 'n' B	☐ Oldies
☐ Elektronische Musik (Elektro)	☐ Schlager
☐ Reggae	☐ Volksmusik
☐ Klassische Musik (Klassik)	☐ ______
☐ Jazz	☐ ______

2. In welchen Situationen hörst du Musik? (mehrere Antworten möglich)	
☐ zu Hause	☐ beim Kochen
☐ unterwegs	☐ beim Essen
☐ beim Sport	☐ beim Putzen
☐ beim Lernen	☐ ______
☐ auf Partys	☐ ______

3. Welche deutschsprachigen Musiker / Musikerinnen / Bands kennst du?
______
______
______

4. Machst du selber Musik?	
☐ Ja, ______	☐ Nein

Kompass DaF B1+ Unterrichtshandreichung
ISBN 978-3-12-670013-9

Kursumfrage

Auswertungsbogen

1. Diese Musik mögen wir:

Musikrichtung	Häufigkeit
Pop / Charts	
Hip-Hop / Rap	
R 'n' B	
Elektronische Musik (Elektro)	
Reggae	
Klassische Musik (Klassik)	
Jazz	
Rock	
Heavy Metal	
Oldies	
Schlager	
Volksmusik	

2. In diesen Situationen hören wir Musik:

Situation	Häufigkeit
zu Hause	
unterwegs	
beim Sport	
beim Lernen	
auf Partys	
beim Kochen	
beim Essen	
beim Putzen	

3. Diese deutschsprachigen Musiker / Musikerinnen / Bands kennen wir:

4. Wir machen selbst Musik:

Partnerinterview

Sozialform: Partnerarbeit
Material: 1 Arbeitsblatt pro Partner/in A / 1 Arbeitsblatt pro Partner/in B
Durchführungszeit: 10 Minuten (5 Minuten Interview + 5 Minuten Vorstellung der Antworten im Kurs)

Anleitung: Verteilen Sie die Arbeitsblätter an Partner/in A und Partner/in B. TN stellen ihrem Partner / ihrer Partnerin folgende Fragen und notieren seine / ihre Antworten stichpunktartig. Anschließend wählen TN 2 Antworten aus, die sie interessant finden oder die sie überrascht haben, und stellen diese im Kurs vor.

Partner/in A

1. Magst du Filme?

___

2. Gehst du gern ins Kino oder streamst du Filme lieber auf der Couch? Warum?

___

3. Wenn du lieber ins Kino gehst: Welche Vorteile hat das Kino gegenüber dem Streamen? / Wenn du lieber streamst: Welche Vorteile hat das Streamen gegenüber dem Kino?

___

4. Was ist dein Lieblingsgenre?

___

5. Welchen Film hast du zuletzt im Kino oder bei einem Streamingdienst gesehen? Kannst du ihn empfehlen. Warum? / Warum nicht?

___

Partner/in B

1. Magst du Filme?

___

2. Wann warst du zum letzten Mal im Kino? / Falls du nie ins Kino gehst – warum nicht?

___

3. Hast du einen Lieblingsfilm? Welchen?

___

4. Wer ist dein Lieblingsdarsteller und deine Lieblingsdarstellerin?

___

5. Gibt es Filme, die du dir nie anschauen würdest? Welche?

___

Kompass DaF B1+ Unterrichtshandreichung
ISBN 978-3-12-670013-9

Adjektive auf „-ig“, „-isch“ und „-lich“

Sozialform: Einzelarbeit / Partnerarbeit
Material: 1 Arbeitsblatt pro TN / 1 Lösungsblatt pro TN
Durchführungszeit: 10 Minuten

Anleitung: TN notieren in Einzelarbeit die passenden Adjektive und kontrollieren anschließend ihre Ergebnisse mit dem Lösungsblatt. Danach bilden sie Paare. Jeder / Jede TN schreibt alle Nomen der Liste auf Kärtchen und auf die Rückseite jeweils das dazugehörige Adjektiv. Die Partner / Partnerinnen fragen sich gegenseitig ab.

Nomen	Adjektiv		
	-ig	-isch	-lich
der Beruf			
die Elektronik			
die Freude			
der Friede			
die Gegenseite			
das Geschäft			
die Gesellschaft			
die Hysterie			
die Klassik			
die Kunst			
die Romantik			
die Satire			
der Typ			
die Vielfalt			
der Zeitgenosse			

✂ -

Lösungen zu Kopiervorlage 15, Lektion 5C

Nomen	Adjektiv		
	-ig	-isch	-lich
der Beruf			beruflich
die Elektronik		elektronisch	
die Freude	freudig		
der Friede			friedlich
die Gegenseite	gegenseitig		
das Geschäft			geschäftlich
die Gesellschaft			gesellschaftlich
die Hysterie		hysterisch	
die Klassik		klassisch	
die Kunst			künstlich
die Romantik		romantisch	
die Satire		satirisch	
der Typ		typisch	
die Vielfalt	vielfältig		
der Zeitgenosse		zeitgenössisch	

ISBN 978-3-12-670013-9

Kompetenzaufbau in Kompass DaF B1+

Notizen anfertigen*

Lektion 1:
in Forumsbeiträgen genannte Vor- und Nachteile von verschiedenen Wohnformen notieren

Lektion 2:
Notizen zu Berichten von Auswanderern machen; chronologische Notizen zu Artikeln über Migrationsgeschichte machen

Lektion 3:
in Artikel genannte Ursachen und Folgen für Wandel im Harz notieren; strukturierte Notizen zu Interview über Funktionen des Waldes machen

Daten erklären*

Lektion 2 (ÜB):
Informationen aus Grafik und Informationstext herausarbeiten

Lektion 4:
Informationen zu Start-ups mit Grafik abgleichen

Lektion 5 (ÜB):
Informationen in Grafik herausarbeiten

Spezifische Informationen mündlich / schriftlich weitergeben*

Lektion 1:
in Umfrage genannte Gründe für Umzug vergleichen; sich austauschen, welche Gründe interessant sind

Lektion 2:
mithilfe von Notizen Informationen aus Berichten von Auswanderern weitergeben

Lektion 4:
Information aus Interview über Start-up-Gründung mündl. weitergeben; in E-Mail auf Fragen von Freund mit Informationen aus Interview antworten

Mündlich / schriftlich Stellung beziehen, Thema diskutieren / erörtern

Lektion 1:
auf Forumsbeitrag schriftlich reagieren und Tipps geben; über Studium im In- bzw. Ausland diskutieren

Lektion 2:
mündl. Stellung zu Aussagen von Zuwanderern nehmen; auf Forumsbeitrag schriftl. reagieren

Lektion 3:
Lieblingslandschaft vorstellen und Vorliebe begründen

Texte mündlich / schriftlich verarbeiten*

Lektion 2:
mithilfe von Notizen Inhalte von Artikel über Migrationsgeschichte weitergeben

Lektion 3:
mithilfe von Notizen Informationen zur Geschichte des Harzes weitergeben

Lektion 5:
sich gegenseitig Interview-Fragen stellen und mithilfe von Notizen beantworten

Bedeutung gemeinsam konstruieren*

Lektion 1:
sich in Vorbereitung auf Diskussion auf Argumente und mögliche Gegenargumente einigen

Lektion 2:
Ergebnisse von Austausch über Migrationssituation zusammenfassen und wiedergeben

Lektion 3:
sich auf Stichpunkte zu Ursachen bzw. Folgen einigen; gemeinsam touristischen Flyer über selbst gewählte Region erstellen

Plurikulturellen Raum / interkulturellen Austausch fördern*

Lektion 1:
sich über Gründe für Wahl des Studien- bzw. Arbeitsortes austauschen; sich darüber austauschen, wie Studierende / junge Berufstätige in Herkunftsland wohnen

Lektion 2:
sich darüber austauschen, welche Erfahrungen man im Ausland gemacht hat und ob man im Ausland leben möchte; Migrationssituation in Herkunftsland vergleichen

Lektion 3:
touristische Flyer über Region in Herkunftsland vergleichen

*Mediationsaktivitäten nach: Gemeinsamer europäischer Referenzrahmen für Sprachen. Begleitband mit neuen Deskriptoren (Ernst Klett Sprachen, 978-3-12-676999-0)

Lektion 4:
Unterschiede zwischen Vorstellung und Realität notieren;
Fragen von Student und Antworten von Expertin notieren;
aus Gespräch Informationen heraushören und notieren

Lektion 5:
in Radiofeature genannte Fakten und Meinungen zu Musikfestivals notieren;
Notizen zu Interview mit Tänzerin machen

Lektion 5:
mithilfe von Notizen Fakten und Meinungen, die Personen in Radiofeature zu Musikfestivals äußern, weitergeben

Lektion 4:
Feedback zu Pitch und zu Motivationsschreiben geben

Lektion 5:
Film vorstellen und Stellung zu Film nehmen;
Blogbeiträge zu Streetart schriftl. kommentieren

Lektion 4:
gemeinsam Interviewfragen zu Start-ups formulieren;
gemeinsam Motivationsschreiben formulieren

Lektion 5:
in Gruppen Teampräsentation erarbeiten und halten

Lektion 4:
sich darüber austauschen, ob man in einem Start-up arbeiten bzw. eins gründen möchte

Lektion 5:
sich über Musikfestivals, Filme, Tanz und Streetart in Herkunftsland austauschen

Lektion 1

1A Alles neu für mich

1a *Mögliche Lösung:* Foto 1: Aussage: B • Foto 2: Aussage: A • D • Foto 3: Aussage: D • Foto 4: Aussage: A • Foto 5: Aussage: C • Foto 6: Aussage: B

2a *Mögliche Lösung:* „Newcomer Friday", Gruppenspaziergang für Neubürger / -bürgerinnen durch Aachen • Befragung, warum nach Aachen gezogen

2b **Paar A: Gerd Neu:** neuer Job an RWTH Aachen • **Ming Li:** RWTH = renommierte Uni • **Paar B: Emilia Erbay:** möchte in Großstadt leben • **Felix Ott:** Doppelabschluss an RWTH Aachen u. Frankreich

2c *Mögliche Lösung:* 2. Menschen aus vielen Nationen • 3. weniger Stress als in einer Millionenstadt • 4. Familientradition • 5. Universität sehr viel für neue Studierende tut • 6. Aachen sehr viel bietet • 7. kulturell sehr interessiert • 8. Aachen unterstützt Neubürger • 9. Rheinisch-Westfälische Technische Hochschule (RWTH) • sehr gute Universität • 10. an der RWTH Gründer unterstützt

2d **Gerd Neu:** 1 • 2 • 3 • **Ming Li:** 3 • 4 • 5 • 9 • **Emilia Erbay:** 2 • 6 • 7 • 8 • **Felix Ott:** 1 • 9 • 10

3a

Hauptsatz	Nebensatz		Satzende
	Konnektor		
2. Ming möchte an der RWTH studieren,	da	die Universität sehr renommiert	ist.
3. Sie hat schon in China erfahren,	dass	die Uni den Studierenden viel Unterstützung	anbietet.
4. Emilia kann kaum glauben,	dass	sie bald Bekanntschaften in Aachen	schließen wird.
5. Felix hat die RWTH gewählt,	weil	die Universität mit der Universität in Lille	kooperiert.

3b **Regel:** am Satzende

3c

Nebensatz	Hauptsatz	
2. Da die Universität sehr renommiert ist,	möchte	Ming an der RWTH studieren.
3. Dass die Uni den Studierenden viel Unterstützung anbietet,	hat	sie schon in China erfahren.
4. Dass sie bald Bekanntschaften in Aachen schließen wird,	kann	Emilia kaum glauben.
5. Weil die Universität mit der Universität in Lille kooperiert,	hat	Felix die RWTH gewählt.

3d **Regel:** a

1B Anschluss finden, aber wie?

1b Der Autor findet keine Freunde oder Bekannte in der neuen Stadt.

1c *Mögliche Lösung:* Aber ich finde, ... • Warum ...? • Oder du könntest ... • Du solltest unbedingt ... • Der Tipp ... ist gut. • Ich würde dir raten, ... • Mein Tipp wäre, dass ...

2 *Mögliche Lösung:*
Hallo Marcello,
aus eigener Erfahrung kann ich sagen, dass es ganz normal ist, in einer neuen Stadt erst einmal alleine zu sein. Aber man kann so viele neue Orte kennenlernen und neue Menschen treffen. Ich würde dir raten, viele Veranstaltungen zu besuchen. Hier in Oslo finden zum Beispiel einige Musikfestivals statt. Dort kann man neue Leute treffen und über Gemeinsamkeiten ins Gespräch kommen. Ein anderer Tipp wäre, dass du dir ein Hobby suchst und dich einer Gruppe anschließt. Dabei kann man viele Freundschaften schließen, die häufig ein ganzes Leben lang halten können. In Oslo gibt es viele Sportgruppen, die gemeinsam wandern oder Ski fahren. Du solltest unbedingt neue Dinge ausprobieren. Mir hat geholfen, dass ich offen und freundlich auf alle Menschen zugegangen bin, und nach und nach haben sich tolle Freundschaften entwickelt.
Ich wünsche dir viel Erfolg in meiner Heimatstadt Oslo!
Kaja

1C Hier lebe ich nun

1a *Mögliche Lösung:* Neubürger / -bürgerinnen über verschiedene Wohnformen informieren

1b Foto 1: A • Foto 2: B • Foto 3: D • Foto 4: C

1c *Mögliche Lösung:* **A. Wohngemeinschaft: Vorteile:** Wenn man in einer WG lebt, kann man viel Geld sparen, weil man sich die Kosten für Miete und Nebenkosten teilt. • Am besten ist, dass ich über meine Mitbewohner schnell Anschluss an andere Aachner finde. • **Nachteile:** Nicht so gut ist, dass man sich mit mehreren Personen ein Bad teilen muss. • Man muss bereit sein, sich an Regeln zu halten und auf seine Mitbewohner Rücksicht zu nehmen. • Laute Musik hören – das geht natürlich nicht. • **B. Studierendenheim: Vorteile:** Dort sind die Mieten sehr günstig und ich brauchte nur wenige Möbel zu kaufen, denn die Zimmer sind schon zum Teil möbliert. • **Nachteile:** Die Zimmer sind nur 12 m^2 groß und die Küche sowie die Duschen und Toiletten sind auf dem Flur und werden gemeinsam benutzt. • Vor allem am Wochenende ist hier häufig sehr viel los. • Ich finde es schlimm, dass einige Studenten ständig Leute zu Besuch haben oder laute Partys feiern. Dann kann ich mich beim Lernen nicht konzentrieren. • **C. eigene Wohnung: Vorteile:** Ich kann jetzt aber tun und lassen, was ich will, und muss auf keine Mitbewohner Rücksicht nehmen. • Niemand beschwert sich, dass das Bad nicht geputzt oder die Küche unordentlich ist. • Freunde können jederzeit bei mir übernachten. • **Nachteile:** ... muss ich auf vieles verzichten. • Nur manchmal finde ich es ein bisschen still. • **D. Projekt „Wohn-Duo": Vorteile:** Das Projekt „Wohn-Duo" ist ideal für Studierende, die kostengünstig wohnen wollen. • Durch diesen engen Kontakt habe ich schon viel über das Alltagsleben in Deutschland gelernt. • **Nachteile:** In meinem Zimmer kann ich keine Partys feiern.

1d *Mögliche Lösung:*

Wohnform	Vorteile	Nachteile
A. Wohngemeinschaft	– Kosten für Miete + Nebenkosten teilen – schnell Anschluss an andere Personen	– Bad teilen – sich an Regeln halten, Rücksicht nehmen
B. Studierendenheim	– Miete günstig – zum Teil möbliert	– Zimmer nur 12 m^2 groß – Küche, Dusche, Toilette auf Flur, gemeinsam benutzt – am Wochenende sehr viel los
C. eigene Wohnung	– keine Rücksicht auf Mitbewohner nehmen müssen – Freunde können übernachten	– niemand da
D. Projekt „Wohn-Duo"	– kostengünstig – lernt viel über Alltagsleben in Dt.	– keine Partys feiern können

3a 2. gibt • 3. ziehe • 4. muss

3b Tabelle:

Position 1	Position 2		Satzende
2. Im Erdgeschoss	gibt	es Gemeinschafts-räume.	
3. Nächste Woche	ziehe	ich	um.
4. Deshalb	muss	ich leider auf vieles	verzichten.

Regeln: 1. Verb • 2. Zeit

3c 1. Seit zwei Semestern wohne ich im Wohnheim. • 2. Jeden Monat bezahle ich 250 Euro Miete. • 3. Im Stadtzentrum sind die Mieten höher. • 4. Manchmal kaufe ich für meine Vermieterin ein.

3d

Regel: Position 0

	P. 0	P. 1	P. 2	
Lilly: Dort sind die Mieten sehr günstig(,)	und	ich	brauchte	nur wenige Möbel zu kaufen.
Anabela: Ich wollte keine Wohnung mieten,	sondern	ich	habe	mit zwei anderen Assistenzärzten eine Wohngemeinschaft gegründet.
Samir: Ich helfe meiner Vermieterin im Haushalt(,)	oder	ich	arbeite	im Garten.
Samir: In meinem Zimmer kann ich keine Partys feiern,	aber	das	stört	mich nicht besonders.

4 *Mögliche Lösung für Markierungen:* Für mich ist es sehr wichtig, … (Text A) • Aber das ist nicht das Hauptargument. Am besten ist, dass … (Text A) • Das ist ein großer Vorteil. (Text A) • Nicht so gut ist, dass … (Text A) • Aber das macht mir nichts aus. (Text B) • Aber das ist das Problem … (Text B) • Ich finde es schlimm, dass … (Text B) • Das ist für mich sehr wichtig. (Text C) • Ein großer Vorteil ist auch: … (Text C) • …, aber das stört mich nicht besonders. (Text D)

Mögliche Lösung für Text: Ich wohne noch bei meinen Eltern, weil ich mir eine eigene Wohnung nicht leisten kann. Ein großer Vorteil dabei ist, dass ich keine Miete bezahlen muss. Nicht so gut ist, dass ich mich an die Regeln meiner Eltern halten muss. Sie wollen nicht, dass ich am Wochenende viele Freunde einlade oder Partys feiere. Ein Problem ist auch: Ich muss im Haushalt und im Garten helfen und das Badezimmer oder die Küche putzen. Es ist aber auch schön, dass ich am Abend nicht alleine bin und meine Eltern immer für mich da sind. Das ist für mich sehr wichtig. Auch meinen Hund, Bello, würde ich wirklich vermissen. Deshalb möchte ich in nächster Zeit erst einmal nicht ausziehen.

1D Zum Studium wegziehen?

1a „Über den Tellerrand schauen" = offen für Neues sein

1b **Amir:** 1 • 3 • **Johanna:** 2 • 4 • 5

1c 2a • 3b • 4b • 5a • 6a • 7b

1d **seine Meinung sagen:** Außerdem bin ich der Meinung/Ansicht, … • Ich finde es wichtig, … • Für mich ist es wichtig, … • **Argumente finden:** Für ein Studium in der Heimatstadt spricht besonders, … • Der Hauptgrund ist, … • Außerdem ist es schwierig, / nicht besonders schwer, … • **auf Aussagen reagieren:** Da bin ich anderer Meinung. • Das sehe ich anders. • Das stimmt natürlich. • Da hast du recht.

2a *Mögliche Lösung:* **unsere Argumente:** Erfahrungen sammeln • interkultureller Austausch • neue Orte / Leute kennenlernen • lernen, alleine zu leben • neues Wissen aneignen • verbesserte Jobchancen • **mögliche Gegenargumente:** weit weg von Familie und Freunden • kostet viel Geld • andere Zulassungsbedingungen • Leistungen im Ausland ggf. in Heimat nicht anerkannt • vielleicht kann man nicht das studieren, was man studieren möchte

Auf dem Weg zur Kompetenz 1

Arbeit mit Texten – Texte schreiben: In einer neuen Stadt – mein Neuanfang

1a *Mögliche Lösung:* schwierige Wohnungssuche in neuer Stadt

1b Damals bin ich • In der ersten Woche habe ich • Von morgens bis abends war ich • Eine Wohnung zu finden, …, dachte ich. • In ganz Aachen gab es • Langsam bekam ich • Deshalb habe ich • **Hauptunterschied:** Die Satzanfänge wurden verändert. Statt dass jeder Satz mit dem Subjekt beginnt, stehen nun Zeit- bzw. Ortsangaben oder ein (Verbindungs-)Adverb auf Position 1.

1c **Zeitangabe / temporale Angabe:** Damals; In der ersten Woche; Von morgens bis abends • **Ortsangabe / lokale Angabe:** In ganz Aachen • **Angaben der Art und Weise / modale Angabe:** Langsam • **Nebensatz / Infinitivkonstruktion:** Eine Wohnung zu finden • **Verbindungsadverb:** Deshalb

1d *Mögliche Lösung:* Abschnittsvariante in 1b ist besser, da abwechslungsreicher.

1e *Mögliche Lösung:* Schon nach drei Tagen habe ich mehrere Vorschläge von ihm bekommen. Weil eine Wohnung genau passte, habe ich nur eine Besichtigung mit ihm vereinbart. Die Miete ist nicht so hoch und die Wohnung liegt nicht weit von meinem Arbeitsplatz entfernt in einer lebhaften Straße mit vielen Geschäften. Dort kann ich gut einkaufen und vor der Tür gibt es eine Bushaltstelle. Alles super! Wenn ihr wenig Zeit habt, empfehle ich euch, einen Makler zu nehmen. Leider muss ich bald wieder umziehen, weil ich ab nächstem Monat in einer Tochterfirma in Belgien arbeite. Nun hoffe ich, dass es dort mit der Wohnungssuche auch so gut klappt. Vielleicht kann mir jemand einen Tipp geben!?

Arbeit mit Texten – Textsorten analysieren und trainieren: Wohnen gegen Hilfe

1 These (Aussage): 2 • Argument: 3 • Beispiel: 1

2 **R:** Das Modell „Wohnduo" ist das beste Modell für Studierende mit wenig Geld. (These) • Denn man kann seine Miete durch eigene Arbeit reduzieren. (Argument) • Ich arbeite zum Beispiel 10 Stunden pro Monat und zahle dafür statt der üblichen 300 Euro für ein 20 m² großes Zimmer nur 150 Euro. (Beispiel)

M: Du nennst als Grund, dass du nur die Hälfte der üblichen Miete bezahlst. • Das überzeugt mich nicht ganz. Ist es sicher, dass du wirklich nur 10 Stunden pro Monat arbeiten musst? (Einwand + Argument) • Ich habe zum Beispiel eine Freundin, die immer mehr arbeitet, als besprochen wurde, und deshalb gibt es immer wieder Streit. (Beispiel)

R: Du hast das negative Beispiel deiner Freundin genannt. Aber beim „Wohnduo" schließt man einen Vertrag und den muss der Vermieter respektieren, weil er sonst keine Mieter mehr von „Wohn-Duo" bekommt. (Einwand + Argument)

M: Dein Argument, dass ein Vermieter den Vertrag respektieren muss, leuchtet mir natürlich ein. Wenn es wirklich so ist, dass er sonst keine Mieter mehr bekommt, dann ist das „Wohnduo" ein sehr gutes Modell für Leute mit wenig Geld. (Zustimmung + Argument) • Aber ich bin nicht der Meinung, dass es das beste Modell für Studierende ist, denn dagegen spricht … (Einwand)

3a *Mögliche Lösung:* **für Wohnpartnerschaft mit Senioren:** andere Leute als nur Studierende kennenlernen • ggf. in Haus mit Garten wohnen können • anderen Menschen helfen können • **gegen Wohnpartnerschaft mit Senioren:** an ältere Bewohner anpassen müssen • keine Partys feiern können • arbeiten / mithelfen müssen

Lernstrategien – Grammatik lernen: Oh diese Wortstellung!

1a *Mögliche Lösung:* Wir arbeiten zu zweit. Partner A sagt einen Hauptsatz. Partner B wiederholt den Hauptsatz und ergänzt einen Nebensatz. Partner B sagt dann einen anderen Hauptsatz. Partner A wiederholt den Hauptsatz und ergänzt einen Nebensatz usw. Zum Beispiel:
A: Ich möchte in Deutschland studieren, ...
B: Ich möchte in Deutschland studieren, weil ich mein Deutsch verbessern möchte. / Ich hoffe, ...
A: Ich hoffe, dass ich bald neue Freunde finden. / ...

Lernstrategien – Wortschatz lernen: Wörter in thematischer Umgebung

2a Thema: wohnen
Mögliche Lösung für andere Beispiele: die Wohnform, -en • die Wohngemeinschaft, -en • der Mitbewohner, - / die Mitbewohnerin, -nen • das Haus, ¨-er • das Zimmer, -

2b *Mögliche Lösung:*
Thema: studieren

– studieren	– Ich studiere Betriebswirtschaft.
– das Studium, die Studien	– Im Studium muss ich sehr viel lernen.
– der Student, -en / die Studentin, -nen	– Hier gibt es mehr Studenten als Studentinnen.
– der / die Studierende, -n	– Viele Studierende kommen aus dem Ausland.
– der Studienplatz, ¨-e	– Ich habe einen Studienplatz an der RWTH.
– der Bachelor (nur Sg.)	– Nach dem Bachelor möchte ich noch den Master machen.
– der Master (nur Sg.)	– Ich habe viele nette Kommilitonen.
– der Kommilitone, -n / die Kommilitonin, -nen	

3a Synonym: 3. kostengünstig / billig • 6. ein Argument dafür ist ... • **Antonym:** 1. unabhängig von • 2. eine befristete Stelle • 3. teuer • 4. die Kaltmiete • 5. einen schlechten Ruf haben • 6. dagegen spricht ...
Mögliche Lösung für eigene Beispiele: die Wohnung / das Apartment (=) / das Haus (≠) • hinziehen / zuziehen (=) / wegziehen (≠) • selbstständig sein / auf eigenen Füßen stehen (=) / unselbstständig sein (≠) • stressig / anstrengend (=) / ruhig (≠) • kooperieren / zusammenarbeiten (=) / gegeneinander arbeiten (≠)

Film 1: Eine Stadt mit vielen Gesichtern

1a A. Dom • B. Printen • C. CHIO • D. Thermalquellen • E. Karneval • F. Karl der Große • G. Sauerbraten • H. RWTH

1b 1. Karneval • 2. Thermalquellen • 3. Karl der Große • 4. Dom • 5. Printen • 6. Sauerbraten • 7. CHIO • 8. RWTH

2b *Mögliche Lösung:* **1. Essen:** D • G • **2. Geschichte:** D • I • **3. geografische Lage:** C • E • **4. Kultur / Sport:** D • E • I • J • **5. Menschen:** A • F • **6. Universität:** B • H

2c 2H • 3B • 4A • 5I • 6C • 7E • 8G • 9J • 10F

3a 2. Grenze • 3. Bürgern • 4. Politik • 5. Symbol • 6. Ideen • 7. Gemeinschaft

3b Karlspeis erhielten u. a.: Klaus Johannis • António Guterres • Emmanuel Macron • Papst Franziskus • Herman Van Rompuy • Dalia Grybauskaitė • Donald Tusk • Angela Merkel • Jean-Claude Juncker • Carlo Azeglio Ciampi

Lektion 2

2A In der Fremde zu Hause

1a *Mögliche Lösung:* Foto 1: Ich glaube, die Menschen auf Foto 1 wollten der Armut im Heimatland entkommen. • Foto 2: Die Familie auf Foto 2 ist vielleicht ausgewandert, um eine bessere Work-Life-Balance zu haben. • Foto 3: Die Personen auf Foto 3 sind vielleicht ausgewandert, weil sie im Ausland eine bessere Berufsausbildung bekommen. • Foto 4: Ich denke, die Frauen auf Foto 4 wollen eine andere Kultur kennenlernen. • Foto 5: Ich vermute, dass die Männer auf Foto 5 in der Heimat keine Arbeit gefunden haben und sich deshalb ein neues Leben in einem anderen Land aufbauen wollten.

2a Michael: 1. vor 8 Jahren nach Litauen ausgewandert • 2. während Master Auslandserfahrung sammeln • 3. eigene Firma gründen • 4. Partnerin finden • **Julia:** vor einem Jahr nach Island ausgewandert • 2. unzufrieden mit Leben in Deutschland, wollte ein abwechslungsreicheres Leben • 3. feste Stelle in der Touristikbranche finden • 4. Isländisch lernen • Freunde finden • **Kai:** vor 15 Jahren nach Südkorea ausgewandert • 2. Abenteuer und Freiheit finden • 3. eigene Sprachschule eröffnen • 4. will im nächsten Jahr seine Freundin heiraten

2c 1. Ich habe / hatte (gar nicht) den Wunsch, ... zu ... (Michael) • Ich habe / hatte das Ziel, ... zu ... (Michael) • Ich hatte / habe vor, ... zu ... (Julia) • Ich habe / hatte die Absicht, ... zu ... (Kai) • 2. Mein Plan war / ist, ... zu ... (Michael) • Mein Wunsch war / ist ..., zu ... (Julia) • Mein Ziel war / ist, ... zu ... (Kai) • 3. Meine Idee war / ist, ..., zu ... (Kai)

2d 2. Michaels Plan war, seinen Master zu machen. • 3. Julias Ziel ist, sich eine feste Stelle zu suchen. • 4. Kai hat die Absicht, eine Sprachschule zu eröffnen.

4a Markierungen: 1. ist • arbeite • 2. gründe
Regeln: 1a

4b 1. G • 2. Z • 3. G • 4. Z • 5. Z

4c *Mögliche Lösung:* 1. Ich treffe morgen eine Freundin. • 2. Am nächsten Wochenende gehe ich mit Freunden wandern. • 3. Nächsten Monat ziehe ich um. • 4. Wir wollen im Sommer nach Kanada reisen. • 5. Im nächsten Jahr kaufe ich mir einen Hund.

5a Verben in Perfekt: hat verlassen • hat erhalten • hat sich gefreut • hat zugesagt • hat bekommen • ist gelaufen • hat gefunden • **Verben im Präteritum:** hatte • dachte • kam • war • wollte • konnte

5b 1b • 2a

2B Zuwanderung heute

1a *Mögliche Lösung:* **positiv:** lernt viele neue Menschen kennen • lernt neue Traditionen und Feste kennen • sieht neue Orte • wird selbstständiger • lernt, Heimatland mehr zu schätzen • **negativ / kann schwierig sein:** muss sich auf andere Kultur einstellen • muss die Sprache lernen • versteht Verhaltensweisen nicht • fühlt sich einsam • hat Heimweh

1b *Mögliche Lösung:* 2. am Anfang nicht einfach • neues Leben aufzubauen • 3. Durch meine Kollegen • schnell Leute kennengelernt • 4. Durch meine Hobby • Freunde gefunden • 5. Im Ausland • andere Kultur und Lebensweise kennenlernen • 6. entwickelt sich im Ausland weiter • 7. im Ausland lebt, sieht man Heimatland mit anderen Augen • 8. in Deutschland gelernt, unabhängig zu sein • 9. schwierig, ganz allein im Ausland zu leben

1c 2. Elena • 3. Nicolás • 4. Elena • 5. Nicolás • 6. Elena • 7. beide • 8. Elena • 9. beide

1d 1 • 2 • 4 • 5 • 6 • 8 • 9

2C Zuwanderung früher

1a a

1b *Mögliche Lösung:* 1. Arbeitskräfte • Arbeitslosigkeit • 2. 1871 • 3. verdienten weniger Geld → Konkurrenz • 4. 1900 • 5. 400.000 polnischsprachige Zuwanderer im Ruhrgebiet • 6. zogen nach Polen zurück, in andere Bergbauregionen oder blieben im Ruhrgebiet

3a b

3b *Mögliche Lösung:* 1. Wirtschaft wuchs schnell • brauchte viele Arbeitskräfte • 2. 20.12.1955 • 3. „Gastarbeiter" • nach Rückkehr bessere Zukunft aufbauen • 4. 1960er • Verträge mit Spanien, Griechenland, Marokko, Portugal, Tunesien, Jugoslawien • 5. kamen 14 Mio. Arbeitsmigranten • 6. 11 Mio. gingen in Heimat, die anderen blieben

5a Verben: waren → sein • wuchs → wachsen • brauchte → brauchen • war → sein • entstand → entstehen • unterschrieben → unterschreiben • stand → stehen • sollten → sollen • kamen → kommen • erhielten → erhalten • sollten → sollen • waren → sein • nannte → nennen • arbeiteten → arbeiten • wohnten → wohnen • gaben ... aus → ausgeben • war → sein
Regel: b

5b ... Man brauchte daher viele Arbeitskräfte. Im Gegensatz dazu gab es in vielen anderen Ländern in Europa Arbeitslosigkeit. Deshalb kam man auf die Idee, Arbeitskräfte aus dem Ausland anzuwerben. 1956 kamen die ersten ausländischen Arbeitskräfte an. Man bezeichnete sie als „Gastarbeiter", denn sie sollten nach einem Jahr wieder nach Hause gehen. Viele ausländische Arbeiter blieben aber. 1973 beendete man das Gastarbeiterprogramm offiziell.

6a Markierungen: 1. gefunden hatte • brauchte • 2. gekommen waren • beendete •
Regeln: 1a • 2a

6b 2. die ausländischen Arbeiter in der Bundesrepublik ankommen → Nachdem die ausländischen Arbeiter in der Bundesrepublik angekommen waren, arbeiteten sie in verschiedenen Branchen. • 3. die „Gastarbeiter" eine Zeit lang in der BRD arbeiten → Nachdem die „Gastarbeiter" eine Zeit lang in der BRD gearbeitet hatten, sollten sie in ihre Heimatländer zurückgehen. • 4. sie viele Jahre in der Bundesrepublik leben → Nachdem sie viele Jahre in der Bundesrepublik gelebt hatten, wollten manche nicht mehr zurückkehren. • 5. die Bundesregierung in den 1960er-Jahren mit sieben weiteren Ländern Verträge abschließen → Nachdem die Bundesregierung in den 1960er-Jahren mit sieben weiteren Ländern Verträge abgeschlossen hatte, beendete sie 1973 das Gastarbeiterprogramm.

2D Auswandern – ja oder nein?

1a Daniel ist unzufrieden mit seiner Auswanderung und denkt sie war ein Fehler.

1b *Mögliche Lösung:* Meine Kollegen beginnen nie direkt mit der Arbeit, sondern planen zuerst jeden Schritt wochenlang. ... so kann man doch nicht vorankommen. Wir sollten lieber einfach anfangen, dann werden wir schon sehen, welche Schwierigkeiten auftauchen. • Leider finde ich meine Kollegen auch ziemlich unfreundlich und unsozial. Nach der Arbeit gehen sie nämlich immer gleich nach Hause. So ein Verhalten kenne ich aus meinem Land überhaupt nicht. • Noch schlimmer als meine Kollegen ist mein Chef. Ich wollte, dass er mich gut kennenlernt. ... Doch das hat ihn überhaupt nicht interessiert.

1c *Mögliche Lösung:* ... Es ist wichtig, sich darüber zu informieren, um das Verhalten in anderen Ländern besser verstehen zu können. Du kritisierst auch, dass die Deutschen wochenlang planen, bevor sie mit der Arbeit anfangen. Ich sehe das anders: In Deutschland ist detailliertes Planen normal, denn durch eine gute Vorbereitung kann man spätere Probleme vermeiden. Du schreibst außerdem, dass deine Kollegen unfreundlich und unsozial sind. Aber das stimmt nicht. Deine deutschen Kollegen wollen den Feierabend gern mit ihrer Familie oder ihren Freunden verbringen. Nach der Arbeit gemeinsam mit seinen Kollegen auszugehen, ist nicht üblich. Als Letztes schreibst du, dass dein Chef sich überhaupt nicht für dich und deine Familie interessiert. Das ist richtig, denn in Deutschland sind Berufs- und Privatleben getrennt. Man spricht mit dem Chef nicht über die Familie oder Freizeit. Als Fazit kann ich sagen, dass die deutsche Arbeitskultur anders ist als in deinem Heimatland. Ich schlage dir vor, dass du die Trennung von Berufs- und Privatleben akzeptierst und versuchst, mit einzelnen Kollegen Kontakt zu knüpfen.

Auf dem Weg zur Kompetenz 2

Arbeit mit Texten – Texte schreiben: Ein Auslandsjahr – ja oder nein?

1b Einleitung: B • C (Begründung: Einstieg in die Situation) • **Schlusstexte:** A • D (Begründung: Meinungsäußerung)

1c Einleitung: B (Begründung: in Text B wird von Studierenden gesprochen, wie im Haupttext auch) • Schluss: A (Begründung: Text A wägt ab, das passt zum Hauptteil, in dem Vor- und Nachteil genannt werden)

2b *Mögliche Lösung:* **Einleitung:** Soziale Kontakte sind für alle Menschen sehr wichtig. Wenn man im Ausland lebt, stellt sich daher die Frage: Soll man Kontakte zu den Einheimischen suchen oder soll man lieber mit Menschen aus dem Heimatland zusammen sein? Die Frage lässt sich nicht ganz einfach beantworten.
Schluss: Beide Arten von Kontakten im Ausland haben Vor- und Nachteile. Meiner Meinung nach sollte man bei einem Auslandaufenthalt offen für alle Kontakte sein und sich in der konkreten Situation eine angenehme soziale Umgebung schaffen.

Arbeit mit Texten – Verständnis durch Nachfragen erleichtern: Ein Telefongespräch

1a/c Arbeitszeiten: Montag u. Freitag freie Arbeitszeiten von 7:30 bis 20:00 Uhr; Dienstag bis Donnerstag feste Arbeitszeiten von 9:00–18:00 Uhr, 12:30–13:30 Mittagspause • **Kollegin:** Frau Tietjen • **Telefonnr. d. Kollegin:** 349256 (Firmennummer), Durchwahl: 4392

1b *Mögliche Lösung:* nachfragen • um Wiederholung bitten

1d Frau Losada fragt nach, wenn sie etwas nicht verstanden hat.

1e etwas höflich einleiten: Würden Sie vielleicht...? • Verzeihung. • **um etwas bitten:** Könnten Sie das bitte buchstabieren? • Könnten Sie bitte noch einmal wiederholen, was Sie nach... gesagt haben? • **ein Problem benennen / eine Bitte begründen:** Das habe ich nicht ganz mitbekommen. • Das habe ich akustisch nicht verstanden. • Ich habe den Namen / die Nummer / ... nicht gut verstanden.

Lernstrategien – Grammatik lernen: Verbformen mit Rhythmus

1a bieten - bot - geboten • fliegen - flog - geflogen • genießen - genoss - genossen • schließen - schloss - geschlossen • verlieren - verlor - verloren • ziehen - zog - gezogen

1c e - a - e: essen - aß - gegessen • geben - gab - gegeben • lesen - las- gelesen • sehen - sah - gesehen • treten - trat - getreten • vergessen - vergaß - vergessen
e - a - o: bewerben - bewarb - beworben • empfehlen - empfahl - empfohlen • helfen - half - geholfen • nehmen - nahm - genommen • sprechen - sprach - gesprochen • treffen - traf - getroffen
ei - ie - ie: bleiben - blieb - geblieben • entscheiden - entschied - entschieden • leihen - lieh - geliehen • scheinen - schien - geschienen • steigen - stieg - gestiegen • treiben - trieb - getrieben

2a *Mögliche Lösung:* Die Journalistin ... ein Interview. (Präteritum) - führte • Ich habe mich in Aachen gleich gut ... (Perfekt) - zurechtgefunden / gefühlt • Deutschland und Italien ... ein

Anwerbeabkommen ... (Präteritum) - schlossen ... ab • Im 19. Jahrhundert sind ... viele Einwanderer ins Ruhrgebiet ... (Perfekt) - gezogen / gekommen

Lernstrategien – Wortschatz lernen: Wörter in typischen Kontexten

1a **Chance:** erhalten • nutzen • sehen • gering • **Arbeitskraft:** anwerben • brauchen • ausländisch • billig • **Problem:** lösen • machen • gesundheitlich • ungelöst

1c *Mögliche Lösung:* **Kontakt:** aufnehmen • halten • knüpfen • pflegen • suchen • eng • gut • persönlich • sozial • ständig • **Studium:** absolvieren • aufnehmen • beginnen • beenden • finanzieren • abgeschlossen • berufsbegleitend • gründlich • lang • -jährig • **Wohnung:** finden • mieten • vermieten • suchen • wohnen • bezahlbar • gemeinsam • klein • leer • neu • **Freund:** besuchen • finden • haben • suchen • treffen • alt • eng • langjährig • lieb • neu • **Stadt:** fahren • leben • liegen • verlassen • wohnen • ziehen • alt • fremd • groß • klein • **Arbeit:** erledigen • leisten • loslegen • machen • gut bezahlt • hart • leicht • schlecht • schwer • täglich

Film 2: Vielfältige Region Ruhrgebiet

1a 1. Bergarbeitersiedlung • 2. ehemaliges Kohlebergwerk • 3. Bergarbeiter • 4. ehemaliges Bergbaurevier

1b 1a • 2b • 3a • 4a

2a 1. Kohlebergwerk • 2. Essen • 3. Gemeinschaft

2b **ab 1880:** E • **Beginn 1. Weltkrieg:** D • **Zwischenkriegszeit:** A • **nach 2. Weltkrieg:** F • **ab Ende 1950er-Jahre:** C

2c *Mögliche Lösung:* gemeinsame Arbeit • nachbarschaftliche Gemeinschaft • Integrationsarbeit der REVAG (= Revierarbeitsgemeinschaft für kulturelle Bergmannsbetreuung)

2d 2r • 3r • 4f • 5r • 6f • 7r • 8r

3a **richtige Wörter:** 2. wichtiger • 3. billigere • 4. Arbeitslosenzahl • 5. Chancen • 6. Veränderung

3b *Mögliche Lösung:* 1. Angebote zur Geschichte des Ruhrgebiets • 2. Ansiedelung / Förderung von neuen Technologien • 3. Freizeitangebote • 4. Sportevents • 5. Renaturierung / Freizeitmöglichkeiten in der Natur

Lektion 3

3A Hier bin ich gern

1a Person 1: Foto B • Person 2: Foto D • Person 3: Foto C • Person 4: Foto E • Person 5: Foto A

1b *Mögliche Lösung:* **Foto A:** Der Harz liegt in den Bundesländern Niedersachsen, Sachsen-Anhalt und Thüringen. Er ist das höchste Mittelgebirge Norddeutschlands. • **Foto B:** Die Alpen sind das höchste und flächenmäßig größte Gebirge Europas. Sie liegen im Gebiet von 8 Ländern: Deutschland, Frankreich, Monaco, Italien, Liechtenstein, Österreich, Schweiz, Slowenien. • **Foto C:** Die Schwäbische Alb ist ein Mittelgebirge in Süddeutschland und liegt zu großen Teilen in Baden-Württemberg. • **Foto D:** Die Nordfriesischen Inseln liegen in der Nordsee vor der Küste Schleswig-Holsteins. • **Foto E:** Die Mecklenburgische Seenplatte liegt im Nordosten Deutschlands.

1c *Mögliche Lösung:* **Foto A:** Im Harz gibt es viel Wald, aber auch viele Flüsse und Bäche. • **Foto B:** Typisch für die Landschaft der Alpen sind hohe, schneebedeckte Gipfel. Es ist ein großes Gebirge mit vielen Bergen und steilen Felsen. Im Tal gibt es grüne Wiesen und viele Kühe. • **Foto C:** Typisch für die Schwäbische Alb sind die vielen Felsen. Von den Felsen hat man eine herrliche Aussicht ins Tal. • **Foto D:** Die Nordfriesischen Inseln liegen im Meer, in der Nordsee. Es gibt dort riesige Sandstände und dahinter viele Dünen. Die Dünen schützen die Inseln vor dem Meer. • **Foto E:** In der Mecklenburgischen Seenplatte gibt es zahlreiche Seen und viel Wald. Die Wälder gehen teilweise bis ans Ufer der Seen. Die Region ist sehr flach.

2a Foto B: segeln • Foto C: Kanu fahren • Foto D: wandern • Foto E: bergsteigen • Foto F: mountainbiken • Foto G: Stand-up-Paddeling machen • Foto H: Gleitschirm fliegen • Foto I: rodeln • Foto J: surfen

2b *Mögliche Lösung:* **Der Harz:** wandern • mountainbiken • klettern • rodeln • Ski fahren • Langlauf machen • **Die Alpen:** wandern • klettern • bergsteigen • mountainbiken • Gleitschirm fliegen • rodeln • Ski fahren • Langlauf machen • **Die Schwäbische Alb:** wandern • klettern • moutainbiken • Gleitschirm fliegen • Langlauf machen • **Die Nordfriesischen Inseln:** schwimmen • segeln • surfen • **Die Mecklenburgische Seenplatte:** schwimmen • segeln • Kanu fahren • Stand-up Paddeling machen • surfen • wandern • mountainbiken

3a *Mögliche Lösung:* **Markierungen:** 2. toll • mit unseren Mountainbikes unterwegs zu sein • 3. Am liebsten segle • mit Freunden auf der Müritz • 4. gerne wandern • ideale Gegend • 5. fasziniert dieser Sport • nichts kommt dem alten Traum vom Fliegen so nah wie das Gleitschirmfliegen • 6. genieße • Kanu zu fahren • 7. Wir mögen die Gegend • so schön wandern kann • 8. nichts Schöneres als das herrliche Alpenpanorama • 9. schwimme gerne • sehr gerne mit dem Fahrrad unterwegs • 10. Lieblingsplätze • Brocken • herrliche Aussicht •
Ankreuzen: Max: 2 • 8 • Zoé: 1 • 9 • Ben: 5 • 7 • Tom: 3 • 6 • Lea: 4 • 10

3b *Mögliche Lösung:* Für mich gibt es nichts Schöneres als das Meer. Ich fahre sehr gerne an die Ostsee. Denn dort gibt es lange Sandstrände, aber auch hohe Klippen. Die Kreidefelsen auf Rügen faszinieren mich besonders. Ich mag es, dass das Wasser an der Ostsee so oft ruhig ist. Im Sommer kann man dort meistens gut baden. An der Ostsee fühlt man sich immer wie im Urlaub.

3B Der Harz und seine Geschichte

1a A. Reichtümer in der Erde • B. Wandel der Wirtschaft • C. Pläne für die Zukunft • D. Ein Naturwald entsteht

1b/c *Mögliche Lösung:* **vor 3.000 Jh. (Bronzezeit)** (in Abschnitt A): Bergbau • Ursache: es gab Silber, Kupfer, Blei, Zink • Folge: Werbung: Harz = älteste Bergbauregion Europas • **seit frühem Mittelalter** (in Abschnitt A): systematisch Erzabbau • Bergbau wichtigster Wirtschaftsfaktor im Harz • Ursache: benötigt viele Arbeitskräfte • Folge: Rechte für Bergleute, z. B. keine Steuern zahlen, keinen Kriegsdienst leisten • Folge: viele Menschen zogen in Harz, Städte entstanden, die teilweise sehr reich wurden • **1992** (in Abschnitt B): Bergbau im Harz endet • Ursache: nicht mehr genug Rohstoffe, Preise sanken • Folge: Tourismus immer wichtiger • Folge: viel in Tourismus investiert (diese Folge ist zugleich ein Ursache für „Tourismus = bedeutendster Wirtschaftsfaktor") • Folge: Tourismus inzwischen bedeutendster Wirtschafts- + Arbeitsmarktfaktor • **heute** (Abschnitt C): Projekt an TU Clausthal: Elektro- und IT-Geräte recyceln, Sekundärrohstoffe gewinnen • Ursache: Tourismus reicht nicht aus für wirtschaftlichen Erfolg • Folge: Arbeitsplätze in anderen Wirtschaftsbereichen nötig • Folge: neuer Wirtschaftszweig in Zukunft weiter ausgebaut • **heute** (in Abschnitt D): Probleme mit Fichte • Ursache: für Bergbau vor allem Fichten gepflanzt, da gerade + schnell wachsen • Ursache: Fichte = Nadelbaum mit flachen Wurzeln • Folge: leidet besonders unter Klimawandel, viele Bäume sterben ab • Folge: pflanzt in Nationalpark Harz keine Fichten, gibt Wald Möglichkeit, sich selbst zu entwickeln • Folge: positive Wirkung auf Klima u. Wirtschaft der Region

1f **Ursachen:** Weil ... (Abschnitt A) • Die Gründe dafür waren, dass ... (Abschnitt B) • **Folgen:** also (Abschnitt A) • So (Abschnitt A) • Die Folge davon war, dass ... (Abschnitt A) • Aus diesem Grund ... (Abschnitt B, D) • Daher (Abschnitt C) • Deshalb (Abschnitt C) • Das führt dazu, dass ... (Abschnitt D)

3a 1b • 2b

3b 1. Präteritum • 2. Perfekt • 3. Plusquamperfekt • 4. Präsens • 5. Futur

3c 2. 1899 war die erste Eisenbahnlinie im Harz eröffnet worden. • 3. Ab 1900 wurden daher immer mehr Touristen in der Region gezählt. • 4. Deshalb sind schon damals viele Hotels und Pensionen gebaut worden. • 5. Bis heute wird viel in den Tourismus investiert. • 6. Und auch in Zukunft werden weitere Touristenattraktionen geplant werden.

3C Der Wald im Wandel

1a A. Folgen des Klimawandels: Foto 4 • B. Wald als Wirtschaftsfaktor: Foto 3 • C. Wald der Zukunft: Foto 1 • D. Wald als Erholungs- und Freizeitraum: Foto 2 • E. Wald in Deutschland: Zahlen und Fakten: kein Foto

1b **Nummerierung:** A. 4 • B. 3 • C. 5 • D. 2 • E. 1
Angaben in Spalte „Unterthemen": 2. Wald als Erholungs- und Freizeitraum • 3. Wald als Wirtschaftsfaktor • 4. Folgen des Klimawandels • 5. Wald der Zukunft

1c *Mögliche Lösung:* 1. Wald in Deutschland: Zahlen und Fakten: in Bayern: 23,1% • in Rheinland-Pfalz u. Hessen: 42% • Privatbesitz: 48% • 2. Wald als Erholungs- und Freizeitraum: im Wald möglich: sportlich aktiv sein • beim Waldbesuch z.B. beachten: keinen Müll wegwerfen, auf Waldwegen bleiben • 3. Wald als Wirtschaftsfaktor: Großteil der Wälder = Wirtschaftswälder • Wald produziert: Holz als Bau- und Brennstoff, für Möbel u. viele weitere Produkte (z.B. Papier) • Wald bietet: Arbeitsplätze • 4. Folgen des Klimawandels: großes Problem für Wälder: Klimawandel • Sommer: sehr heiß + trocken → Bäume: vertrocknen + sterben ab • Herbst: starke Stürme → Gefahr für Wälder • 5. Wald der Zukunft: weniger Monokulturen → mehr Mischwälder • mehr Naturwälder, typisch dafür: unterschiedl. Baumarten, alte u. junge Bäume, tote Bäume am Boden

2a Aussagen über die Zukunft: 2 • 3 • 5 • 6

2b

	Position 2		Satzende
Der Wald	wird	sich stark	verändern.
Die Sommer	werden	immer heißer	werden.
Wir	werden	andere Baumarten	pflanzen.
Wie	werden	die Wälder	aussehen?

2c 1a • 2b • 3b • 4a

2d 1. „werden" • Infinitiv 2. Position 2 • Satzende • 3. Vorhersagen • Pläne

3D Eine Region vorstellen

1a 1 • 3 • 4 • 6

1b *Mögliche Lösung:* **Lage:** ... liegen vor ... • Neben ... gibt es ... • **Das Watt:** Es ist ein einzigartiges ... • Für Touristen werden ... angeboten. • **Hauptinseln:** Jede ... ist sehr verschieden: • ist die größte und vielfältigste • Hier begegnen sich ... • Ein Drittel der Fläche... • ... liegt mitten im ... • **Sehenswürdigkeiten:** Sehenswert sind ... • kann man viel über ... erfahren. • Sehr interessant sind auch ... • **Tourismus:** Wegen ihrer Besonderheiten ... • Der Tourismus ist ... • An vielen Orten wird ...

Auf dem Weg zur Kompetenz 3

Arbeit mit Texten – Texte schreiben: Meine Lieblingsregion

1a Das Wort „Region" wird mehrfach wiederholt.

1b Dort • dorthin • die Halbinsel

1c Der Blogbeitrag besteht aus einer Aneinanderreihung von Hauptsätzen. Es gibt keine Nebensätze oder sonstige Verknüpfungen zwischen den Sätzen.

1d Denn es gibt ... • ... findet man zum Beispiel sowohl wunderschöne jahrhundertealte Häuser von reichen Schiffskapitänen als auch traditionelle kleine Häuschen von Matrosen und Fischern • Wenn Sie sich für Kunst interessieren, fahren ... • Weil auch heute dort viele Künstlerinnen und Künstler wohnen, ist ...

1e *Mögliche Lösung:* Wenn Sie von Ahrenshoop weiter in Richtung Nordosten fahren, kommen sie zum wunderbaren ca. 14 km langen Weststrand. Viele Menschen lieben ihn, denn er ist ein herrlicher Naturstrand mit weißem Sand, der direkt an den 47 km^2 großen Darßwald grenzt. Dieser Wald ist etwas ganz Besonderes, weil er zum großen Teil eine Art Naturwald mit vielen Baumarten und Wildtieren ist. Aber es gibt auch viele Wege zum Wandern und Fahrradfahren und man kann sogar reiten, weil es besondere Reitwege gibt.

Arbeit mit Texten – Textaufbau analysieren: Die Künstlerkolonie Ahrenshoop

1a B: 5. Veränderungen nach dem Ersten Weltkrieg • C: 2. Anfänge der Künstlerkolonie • D: 1. Ahrenshoop – ein Ort für alle Kunstrichtungen • E: 3. Die Künstlerkolonie entsteht wieder neu

1b *Mögliche Lösung:* 2. C • So verliebte sich der Landschaftsmaler Paul Müller-Kaempff in den Ort. • Das blaue Haus mit seinem Reetdach war für Ausstellungen gedacht. • 3. B • Die feierliche Eröffnung dieses Hauses war für Ahrenshoop und seine Malerkolonie ein wichtiges Ereignis, ... • Der Kunstkaten blieb jedoch geschlossen. • 4. E • Erst drei Jahrzehnte später, im August 1946, konnten Fischländer und Ahrenshooper Künstler zum ersten Mal wieder dort ausstellen • Es folgten zahlreiche Ausstellungen und Veranstaltungen, sodass sich der Zweck des Kunstkatens, Künstler und Kunstinteressierte zusammenzubringen, wieder erfüllte und eine zweite Künstlerkolonie entstand. • 5. D • Auch heute noch finden dort Veranstaltungen und Ausstellungen statt.

Lernstrategien – Grammatik lernen: Das Passiv aktiv üben

1a *Mögliche Lösung:* **Abschnitt A:** Seit wann wurde im Harz systematisch Erz abgebaut? – Seit dem frühen Mittelalter. • Wann wurde das Bergwerk Rammelsberg gegründet? – 968. • Warum wurden den Bergleuten bestimmte Rechte gegeben? – Weil man viele Arbeitskräfte benötigte. • **Abschnitt B:** Warum wurden die Bergwerke im Harz endgültig geschlossen? – Weil man nicht mehr genug Rohstoffe fand und die Preise sanken. • Was geschah, nachdem die Bergwerke geschlossen worden waren? – Der Tourismus wurde immer wichtiger. • Worin wurde viel investiert? – In den Tourismus.

2a 2a: 1873 von Levi Strauss • 3c: 1843 von Jacob Christoph Rad • 4b: 1941 von Konrad Zuse • 5a: 1951 von Georges de Mestral

3a *Mögliche Lösung:*
Gestern war mein Glückstag!
Im Bus wurde mir ein Sitzplatz angeboten.
Auf der Straße wurde mir ein Kompliment gemacht.
Im Büro wurde ich für meine Arbeit gelobt.
Abends im Restaurant wurde mir mein Lieblingsessen serviert.
Um 10 Uhr abends wurde ich von einer Freundin besucht.
So ein schöner Tag!

Lernstrategien – Wortschatz lernen: Wortfamilien

1a Wortstamm: wander- • **wandern:** die Wanderung • die Wanderkarte • wanderfreudig • der Mitwanderer (abgehend von: der Wanderer) • **auswandern:** der Auswanderer / die Auswanderin • **einwandern:** die Einwanderungspolitik (abgehend von: die Einwanderung) • **zuwandern:** die Zuwanderung • die Zuwandererzahl (abgehend von: der Zuwanderer / die Zuwanderin)

1b

Wortfamilie: Wortstamm „migr"

Verb	Nomen	Nomen	Kompositum	Adjektiv
migrieren	die Migration	der Migrant / die Migrantin	das Migrationsziel die Migrationspolitik	migrantisch
emigrieren	die Emigration	der Emigrant / die Emigrantin	die Emigrantenliteratur	--
immigrieren	die Immigration	der Immigrant / die Immigrantin	die Immigrationsbehörde	--

1d *Mögliche Lösung für Tabelle: Wortfamilie: Wortstamm „arbeit-"*

Verb	Nomen	Nomen	Kompositum	Adjektiv
arbeiten	die Arbeit	der Arbeiter / die Arbeiterin	der Arbeitskollege / die Arbeitskollegin die Arbeitszeit der Arbeitsschutz die Arbeitskleidung	arbeitstechnisch arbeitssparend arbeitssuchend
zusammenarbeiten	die Zusammenarbeit	--	--	--
weiterarbeiten	die Weiterarbeit	--	--	--

Film 3: Baustelle Natur

1a *Mögliche Lösung:* Wald sieht tot aus • wirkt traurig, bedrückend

1b *Mögliche Lösung:* viele abgestorbene Fichten • viele sorgen sich um Wald: stirbt der Wald, ist er tot? • Natur führt Regie, sie baut neue Wildnis • Leitlinie für Nationalpark Harz und für alle Nationalparks: „Natur Natur sein lassen. Rückkehr der Wildnis!"

2a *Mögliche Lösung:* Bergbau veränderte Wälder im Harz • natürlicher Wald verschwand → Holznot • Fichten gepflanzt → Monokultur

2b *Mögliche Lösung:* 2. verschwand • Holznot • Fichten gepflanzt • Baumart • 3. Monokulturen • 4. Nationalpark

3a *Mögliche Lösung:* Natur zerstört alten Wald und „baut" den Wald neu.

3c 2 • 4 • 7 • 8

3d Reihenfolge: B • E • C • A • D

Lektion 4

4A Wie möchte ich arbeiten?

1a *Mögliche Lösung:* **Foto 1:** Vielleicht ist die Frau selbstständig und arbeitet als Webdesignerin. • **Foto 2:** Die jungen Menschen arbeiten möglicherweise in einem Start-up Unternehmen und entwickeln eine neue App. • **Foto 3:** Der Mann ist wahrscheinlich Techniker und arbeitet in einer Werkstatt. • **Foto 4:** Die Frau ist vielleicht Journalistin und schreibt im Homeoffice an einem Text. • **Foto 5:** Die Personen arbeiten möglicherweise in einer Bank und haben gerade ein wichtiges Meeting.

1B *Mögliche Lösung:* **Foto 1:** selbstständig arbeiten • alleine arbeiten • mobil arbeiten • **Foto 2:** in einem Start-up arbeiten • in einem internationalen Team arbeiten • in kleinen Teams arbeiten • flache Hierarchien haben • lockeres Verhältnis zu Kollegen haben • **Foto 3:** in einem kleinen Betrieb arbeiten • in kleinen Teams arbeiten • **Foto 4:** im Homeoffice arbeiten • mobil arbeiten • alleine arbeiten • **Foto 5:** in einem große Unternehmen arbeiten • in einem formellen Arbeitsklima arbeiten • in strengen Hierarchien arbeiten

1d 2. Person: 2 • 3. Person: 3 • 4. Person: 3 • 5. Person: 2 • 6. Person: 3 • 7. Person: 2 • 8. Person: 1 • 9. Person: 3 • 10. Person: 1

1e *Mögliche Lösung:* Meine perfekte Stelle sieht so aus: Ich kann selbstständig arbeiten und die Zeit frei einteilen. Außerdem habe ich vielfältige Arbeitsaufgaben. Das Unternehmen hat eine flache Hierarchie und die Kollegen haben ein lockeres Verhältnis zueinander. Insgesamt ist das Arbeitsklima sehr freundlich.

2a *Mögliche Lösung:* **Volocopter:** Mobilität • eCommerce • Industrie • **Liftric:** Medizin • Software • **Coboc:** Mobilität • Industrie

2b/c 1 • 3 • 4

3a Was studieren sie: Masterstudium Informatik • **Was für ein Start-up haben sie gegründet:** CheckFeedback: Software, die die Reaktionen von Kunden in Online-Portalen analysiert und beurteilt • **Was sagen sie über ihren Arbeitsaufwand:** mehr als 40 Stunden, 70 bis 90 Stunden in der Woche für Studium und Start-up • **Was motiviert sie:** wenn Unternehmen die Software gut finden (Klara, Arif) • wenn wieder ein Schritt gelingt (Klara) • Arbeit an neuer Idee (Arif)

3b *Mögliche Lösung:* 1. Programm nach Gesprächen mit andern Unternehmern neu geschrieben • 2. beides parallel • 3. bürokratische Formalitäten, Marketing u. Sponsorensuche auch sehr wichtig • 4. Unterstützung vom Start-up-Netzwerk der Uni gebraucht u. bekommen

4a Markierungen: Temporal: 1. vor zwei Jahren • 2. vorher • 3. neben ihrem Studium • 4. am Anfang • **Kausal:** 2. aus Kostengründen • 4. aus Zeitgründen • **Modal:** 1. gemeinsam • 3. zusammen • **Lokal:** 1. in Mannheim
Fragen: 1. Wann haben Klara und Arif das Start-up gegründet? (vor zwei Jahren) • Wie haben sie das Start-up gegründet? (gemeinsam) • Wo haben sie das Start-up gegründet? (in Mannheim) • 2. Wann konnte die Firma die Kundenreaktionen nicht analysieren? (vorher) • Warum konnte die Firma die Kundenreaktionen nicht analysieren? (aus Kostengründen) • 3. Wann haben Klara und Arif das Start-up aufgebaut? (neben ihrem Studium) • Wie haben Klara und Arif das Start-up aufgebaut? (zusammen) • 4. Wann wollten sie ihr Studium aufgeben? (am Anfang) • Warum wollten sie ihr Studium aufgeben? (aus Zeitgründen)

4b temporal – kausal – modal – lokal

4c 1. Vor zwei Jahren haben Klara und Arif gemeinsam in Mannheim ein Start-up gegründet. • Gemeinsam haben Klara und Arif vor zwei Jahren in Mannheim ein Start-up gegründet. • In Mannheim haben Klara und Arif vor zwei Jahren gemeinsam ein Start-up gegründet. • 2. Vorher konnten die Firma aus Kostengründen die Kundenreaktionen nicht analysieren. • Aus Kostengründen konnte die Firma vorher die Kundereaktionen nicht analysieren. • 3. Neben ihrem Studium haben Klara und Arif zusammen das Start-up aufgebaut. • Zusammen haben Klara und Arif neben ihrem Studium das Start-up aufgebaut. • 4. Am Anfang wollten sie aus Zeitgründen ihr Studium aufgeben. • Aus Zeitgründen wollten sie am Anfang ihr Studium aufgeben.

4d 1. Klara und Arif haben während ihres Studiums im Bereich der Künstlichen Intelligenz Seminare besucht. • 2. Sie haben in ihrer Freizeit intensiv an dem Programm gearbeitet. • 3. Sie haben zum Glück beim Start-up-Netzwerk an der Uni Hilfe bekommen. • 4. Sie haben sich letztes Jahr wegen Geldproblemen bei der Bank Geld geliehen.

4e 1. Sie haben im Laufe des Studiums an der Universität viele unterstützende Angebote bekommen. • 2. Die bürokratischen Arbeiten können sie jetzt wegen der Unterstützung durch das Start-up-Netzwerk leichter bewältigen. • 3. Sie erzählen, dass es schon seit einigen Jahren an der Universität ein Start-up-Netzwerk gibt. • 4. Sie arbeiten oft bis in die Nacht mit Freunden an der Weiterentwicklung ihres Programms.

5a *Mögliche Lösung:* Wie ist das Arbeitsklima in einem Start-up? • Was ist dir wichtig in einem Start-up? • Welche Position könntest du in einem Start-up einnehmen? • Passt ein Start-up zu deinem Lebensstil?

4B Arbeiten in Deutschland?

1a *Mögliche Lösung:* Praktika bei Chemie-Unternehmen machen, um so zu erfahren, ob die Deutschkenntnisse ausreichen und ob man sich in Unternehmen in Deutschland wohl fühlt • sich bei Akademischem Auslandsamt der Universität / im Internet / bei Ausländerbehörde informieren, wie man Arbeitserlaubnis in Deutschland bekommt, wie man am besten nach Stellen suchen kann

1b/c *Mögliche Lösung:*

Fragen des Studenten	Antworten der Expertin im Interview
Chancen für guten Job in Dt.?	gute Chancen, Dt. benötigt qualifizierte Fachkräfte, gerade im MINT-Bereich
Goethe-Prüfung oder etwas anderes, um Chancen zu verbessern?	Praxiserfahrung sammeln, z. B. bei Praktikum oder als Werkstudent/in; hierbei kann man auch Sprachkenntnisse verbessern
sich in dt. Firma isoliert und fremd fühlen?	viele Unternehmen bemühen sich, Einstieg ins Unternehmen zu erleichtern (z. B. Willkommensmappe, Mentor/in, gemeinsame Events); persönlicher Kontakt und Austausch ist entscheidend und hilft Vorurteile abzubauen

1e *Mögliche Lösung:* Lieber Rahul,
mach dir keine Sorgen! In Deutschland braucht man nämlich dringend qualifizierte Fachkräfte aus dem Ausland, besonders in den Bereichen Mathematik, Informatik, Naturwissenschaft und Technik. Daher hast du als Chemiker bestimmt sehr große Chancen, eine gute Selle zu finden. Aus eigener Erfahrung weiß ich, dass die Unternehmen in der Regel darauf achten, dass man Praxiserfahrung hat. Ich würde dir daher raten, ein längeres Praktikum bei einem Chemieunternehmen zu machen. Dabei kannst du sowohl erfahren, ob dir die Arbeitskultur in Deutschland gefällt und ob du dir vorstellen kannst, in Deutschland zu arbeiten, als auch deine Deutschkenntnisse verbessern. Wenn du dich entschieden hast, in Deutschland zu arbeiten, brauchst du keine Angst zu haben, dass du dich isoliert fühlen wirst. Viele Unternehmen geben sich nämlich große Mühe, den neuen internationalen Mitarbeitenden den Einstieg zu erleichtern. Sie stellen z. B. Willkommensmappen bereit oder stellen dem neuen Mitarbeitenden einen Mentor / eine Mentorin an die Seite, der sie bei Fragen oder Problemen unterstützt. Außerdem organisieren Unternehmen öfters Events, bei denen die Kollegen sich und ihre Lebensweise besser kennenlernen können. Und am Ende kommt es auch immer auf die Person selbst an, denn entscheidend ist der persönliche Kontakt, um eventuelle Vorurteile zu überwinden. Und da du sehr kontaktstark bist und gerne mit anderen Menschen zusammen bist, sehe ich da kein Problem.
Das schaffst du schon!
Liebe Grüße
Yannik

2a 2. Ich weiß es zurzeit leider noch nicht. • 3. In meinem Fach Angewandte Chemie ist das Stellenangebot in den Jobportalen nicht schlecht. • 4. Ich habe mich noch nicht um Informationen gekümmert.

2b 2. Satz: 2 • 3. Sätze: 1 • 3 • 4. Satz: 4

2c **Markierungen:** 1. a. Ich werde mich nicht bewerben. • b. Ich werde mich nicht in Deutschland bewerben. • 2. a. Mein Deutsch hat sich leider nicht verbessert. • b. Mein Deutsch hat sich leider nicht deutlich verbessert. • 3. a. Ich werde meinen Masterabschluss nicht machen. • b. Ich werde meinen Masterabschluss nicht dieses Jahr machen.

2d b

2e *Mögliche Lösung:* 1b. Ich werde mich nicht in Deutschland bewerben, sondern in Spanien. • 2b. Mein Deutsch hat sich leider nicht deutlich verbessert, sondern nur ein bisschen. • 3b. Ich werde meinen Masterabschluss nicht dieses Jahr machen, sondern erst im nächsten Jahr.

3 *Mögliche Lösung:* Ich möchte später nicht in einem kleinen Unternehmen arbeiten, sondern lieber in einem internationalen. • Wegen meiner Familie möchte ich in Zukunft nicht in einem Job mit langen Arbeitszeiten arbeiten. • Nach dem Studium möchte ich nicht sofort im Ausland arbeiten.

4C Interessiert?

1a *Mögliche Lösung:* Ein Pitch ist ein sehr kurzes verkaufsförderndes Gespräch mit einem Kunden oder einem potenziellen Investor. Der Unterschied zu einer Präsentation ist vor allem die Länge, da ein Pitch teilweise nur 60 Sekunden dauert und das Interesse an einem Projekt wecken soll. Bei einer Präsentation sollen Informationen über ein Projekt präsentiert werden und der Kunde oder Investor mehr über das Projekt erfahren.

1c Eilif setzt alle Punkte der Checkliste besser um.

1d *Mögliche Lösung:* Hallo, ich bin Roberta López Olarte. Ich studiere Projektmanagement und möchte später im Bereich IT-Beratung arbeiten, am liebsten in einem Start-up. Dabei ist für mich die wichtigste Motivation, innovative Ideen entwickeln zu können und mitzuhelfen, ein Unternehmen mitaufzubauen und größer zu machen. Ich habe die großartige Erfahrung gemacht, dass ich fähig bin, auf die verschiedensten Wünsche und Probleme flexibel zu reagieren und rasch entsprechende Vorschläge und Ideen zu entwickeln. Bei einer Ferientätigkeit in einem Hotel konnte ich zum Beispiel bei Problemen konkrete Lösungen vorschlagen und die Gäste so zufriedenstellen. Das war für mich die Bestätigung, dass ich in der Lage bin, selbstständig zu arbeiten, und keine Angst habe, auch größere Aufgaben zu managen. Könnten Sie sich auch vorstellen, in einem Start-up zu arbeiten?

4D Ich möchte mich bewerben

1a *Mögliche Lösung:* Stelle in der Software-Branche • das Unternehmen berät Unternehmen im Bereich IT-Management und stellt IT-Management-Lösungen bereit, es trainiert Unternehmensmitarbeiter/innen im IT-Management • es geht um Projektassistenz, d. h., man unterstützt ein Projektteam oder mehrere Projektteams bei der Organisation, Durchführung eines Projekts

1b b

1c *Mögliche Lösung:* **Besonderheiten des Unternehmens:** Beratungsunternehmen • in Mannheim • Training und Beratung im IT-Management • klein und noch neu • **Qualifikation für die Stelle:** Projektmanagement = Schwerpunkt im Studium • schon wichtige Seminare im Bereich Projektmanagement gemacht •

Motivation für die Stelle: Projektmanagement in der Praxis kennenlernen • Möglichkeit größere Aufgaben zu übernehmen und selbst etwas zu probieren • mithelfen, Firma aufzubauen • möchte später im Bereich Beratung, besonders im IT-Consulting arbeiten

1d Bewerbung als Trainee für eine Projektassistenz (bewirbt sich als Werkstudentin im Bereich „Projektassistenz") • Stellenangebot in der Mannheimer Zeitung (Stellenangebot war im „Career Service"/Jobseite der Hochschule) • zum Erfolg Ihres IT-Technikunternehmens beitragen (IT-Management-Consulting-Unternehmen)

2b A. Absatz : 4 • B. Absatz: 3 • C. Absatz: 1 • D. Absatz: 2

2c *Mögliche Lösung:* **Motivation und Ziele:** Diese Stelle ist genau die Chance, die ich gesucht habe. • Denn ich bringe passende Kompetenzen und Erfahrung mit und bin bereit für diese berufliche Herausforderung. • Das macht mir viel Freude, und ich würde meine Kenntnisse sehr gern in der Praxis anwenden und weiterentwickeln. • Mein Berufswunsch für die Zeit nach dem Studium liegt im Bereich Beratung, besonders in der IT-Branche, weil sie so innovativ ist. • Ich finde es sehr interessant, in einem relativ neuen Unternehmen wie Ihrem zu arbeiten, in dem es wichtig ist, flexibel zu sein und sich schnell in neue Tätigkeiten einzuarbeiten.
Qualifikation: Als Studentin im Masterstudiengang Management mit einem Schwerpunkt im Bereich Projektmanagement lerne ich, wie man Projekte plant und Prozesse strukturiert. • Bei einer Ferientätigkeit in einem Hotel habe ich gelernt, rasch einen Überblick über alle Aufgaben zu bekommen und flexibel auf Probleme zu reagieren. • Ich lerne immer gern Neues und mag Verantwortung. • Zu meinen besonderen Stärken gehören auch eine organisierte Arbeitsweise und die Fähigkeit, mit Stress umzugehen. • Im Studium brauche ich neben Deutsch auch Englisch, daher spreche ich beide Sprachen fließend. • ... konnte ich schon viele praktische interkulturelle Erfahrungen machen. • Das hilft mir bei der Arbeit in Teams und beim Umgang mit unterschiedlichen Gesprächspartnern. • Offenheit für andere Menschen, Höflichkeit und Zuverlässigkeit sind für mich selbstverständlich.

Auf dem Weg zur Kompetenz 4

Arbeit mit Texten – Texte schreiben: Das passende Motivationsschreiben

1a *Mögliche Lösung – was gehört ins Motivationsschreiben:* fachliche, berufliche Kompetenzen (Hard Skills) • persönliche Stärken (Soft Skills) • Identifikation mit dem potenziellen Arbeitgeber • berufliche Ziele • relevante Erfahrungen und Fähigkeiten • soziales Engagement
Mögliche Lösung – was gehört nicht ins Motivationsschreiben: Hobbys • Urlaubsaufenthalte im Ausland • musikalische Aktivitäten (außer sie sind gefordert) • Sprachkenntnisse, die in Anzeige nicht gefordert sind

1b **überflüssig**: Auch in meiner Freizeit bin ich sehr mobil, ich reise sehr gerne und habe dabei meine Sprachkenntnisse erweitern können. (da: Hobbys hier nicht wichtig) • Ich spreche Russisch auf dem Niveau B2 und Niederländisch und Portugiesisch auf dem Niveau C1. (da: diese Sprachkenntnisse nicht in Anzeige gefordert) • Nach dem Abitur an einem musischen Gymnasium habe ich ein Jahre lang Bassgitarre in einer Band gespielt. In der Zeit habe ich gelernt, mit Stresssituationen bei Konzerten umzugehen. (da: Hobby und Soft Skill nur in Verbindung mit Musik genannt)

1c Bachelorstudium Betriebswirtschaft an der Hochschule Darmstadt, Logistik als Vertiefungsfach • Praktika während Studium: Frankfurt Flughafen Logistik (3 Monate), EXA Lager-Logistik (3 Monate)

1d *Änderungen im 2. Absatz des Motivationsschreibens – mögliche Lösung:* Bereits in meinem Bachelorstudium der Betriebswirtschaft an der Hochschule Darmstadt mit dem Vertiefungsfach Logistik habe ich mir grundlegende Kenntnisse im Bereich „Logistik" angeeignet. In zwei dreimonatigen Praktika während des Studiums, das erste in der Logistik am Frankfurter Flughafen, das zweite in der Lager-Logistik von EXA, habe ich die vielfältigen Aufgaben in der Logistik in der Praxis kennengelernt. Nun würde ich meine Kenntnisse gerne beruflich anwenden und weiterentwickeln.

Arbeit mit Texten – Texte angemessen sprechen: Präsentieren kurz und knackig

1a A. Version 2 • B. Version 3 • C. Version 1

1b **Version 1:** neutral • ruhig • sachlich • **Version 2:** aufgeregt • emotional • hektisch • **Version 3:** farbig • kraftvoll • lebendig

1c **Skala 1:** links: Version 2 • in der Mitte: Version 3 • rechts: Version 1 •
Skala 2: links: Version 1 • in der Mitte: Version 3 • rechts: Version 2 •
Skala 3: links: Version 2 • in der Mitte: Version 3 • rechts: Version 1 •
Skala 4: links: Version 2 • in der Mitte: Version 3 • rechts: Version 1

1d **Version 1:** bei einem sachlichen Vortrag an der Universität oder bei der Arbeit • **Version 2:** wenn man Freunden oder in der Familie begeistert bzw. aufgeregt von einem Ereignis, einem Plan berichtet • **Version 3:** wenn man einen farbigen Vortrag halten soll, z.B. bei einem Pitch oder einer Präsentation, wo man die Zuhörenden von sich, einer Idee, einem Produkt überzeugen will

Lernstrategien – Grammatik lernen: Sätze bilden – lang und länger

2a Ich gehe morgen spazieren. • Meine Freundin und ich gehen morgen spazieren. • Meine Freundin und ich gehen morgen mit ihrem Hund spazieren. • Meine Freundin und ich gehen morgen nicht mit ihrem Hund spazieren.

2b Meine nette Freundin und ich gehen morgen nicht mit ihrem Hund spazieren.

Lernstrategien – Wortschatz lernen: Oberbegriffe finden, Wörter erklären

1a 1. Eigenschaften • 2. Kriterien für Berufswahl • 3. Studienfach • 4. Person in einem Unternehmen

1b *Mögliche Lösung:* 1. persönliche Stärken / Soft Skills • 2. Jobs / Stellen • 3. Arbeitsformen • 4. (Teile einer) Bewerbung

1c **links oben:** die Drohne • **rechts oben:** die Realität • **links unten:** der Pitch • **rechts unten:** jemanden dazu bringen, etwas zu tun

1d **rechts oben:** Mein Wort ist ein Nomen. • Es ist ein Synonym von ... • Ich gebe euch ein Beispiel: ... • **links unten:** Mein Wort ist ein Nomen. • Man versteht darunter ... • **rechts unten:** Mein Wort ist ein Verb. • Es ist das Gegenteil von ...

Film 4: Gründen in deiner Region

1 *Mögliche Lösung:* Produkt, das zu Zielgruppe passt • einen Markt • passende Persönlichkeit • Optimismus • Mut • finanzielle Unterstützung • Sponsoren • Marketingplan • Businessplan • Vertriebspartner

2a 2A • 3B • 4E • 5D • 6F

2b 1. a • b • 2. b • c • 3. a • c • 4. a • b

2d 1. 1997 • 2. Menschen helfen, die sich selbstständig machen oder beruflich neuorientieren • 3. KIZ bietet Hilfe von erster Idee bis zur Unternehmensgründung und noch in ersten Jahren der Selbstständigkeit • bietet Unterstützung durch private Partner, deutschlandweites KIZ-Netzwerk, bundesweite Förderprogramme • 4. Kunden zu helfen, eigene Stärken zu erkennen und erfolgreich zu werden • im Zentrum der Mensch und seine Idee

2e a • c

3a 2. Fetzer • 3. Schulze-Böing • 4. Fetzer • 5. Blum • 6. Schulze-Böing • 7. Blum • 8. Schulze-Böing

3b **1. Prof. Heiner Blum:** Aussage B • **2. Petra Bünz:** Aussage A • **3. Stefanie Zahn:** Aussage C • **4. Alessa Fetzer:** Aussage D

3c *Mögliche Lösung für „Es macht mich stolz":* dass ich im Ausland studiere • den Bachelor / Master gemacht habe • eine Berufsausbildung habe • selbstständig bin • mehrere Sprachen spreche •
Mögliche Lösung für „Unternehmerisch erfolgreich sein, heißt": Arbeitsplätze für Menschen zu schaffen • bekannt für ein gutes Produkt zu sein • ein guter Chef / eine gute Chefin zu sein • viel Geld zu verdienen

Lektion 5

5A Elektro-Festivals in …

1c Festivals von Norden nach Süden: Festival 2 (in der Nähe vom See „Müritz" zwischen Schwerin und Berlin, Fusion) • Festival 1 (nordwestlich von Berlin, Nation of Gondwana) • Festival 3 (nördlich von Leipzig, Melt) • Festival 4 (südlich von Jena, SonneMondSterne)

1d Emmi (Festival 1: Nation of Gondwana): 2. nicht so groß, aber gemütlich • kann man einfach erreichen • **Till (Festival 2: Fusion):** 3. eigene Welt mit Theater, Kino und Performance • Kunst-Installationen • **Lisa (Festival 3: Melt):** 1. neben Elektro auch andere Musikrichtungen • kann mit Bahn hinfahren • **Rico (Festival 4: SonneMondSterne):** 4. ca. 40.000 Besucher/innen und eine Riesenparty • Lightshow

2a Thema: Elektrofestivals in Nordostdeutschland
Personen: Maike Rickert: Moderatorin • Stefan Denk: Musikjournalist • Nikolai Lerz: Festivalveranstalter • Emmi: Festivalbesucherin • Till: Festivalbesucher

2b 2f • 3r • 4x • 5r • 6f • 7r • 8f • 9r • 10x

2c/d *Mögliche Lösung:*
A. Fakten
- in D. mehr als 20 Festivals über 20.000 Besucher (M. Rickert)
- in Nordostdt. bes. viele Elektrofestivals (M. Rickert)
- Berlin: nach der Maueröffnung einer der Geburtsorte des Techno (St. Denk)
- große Szene herausgebildet, mit vielen Clubs u. eigenen Subkultur (St. Denk)
- aus dieser Subkultur: viele Festivalveranstalter u. -besucher in Nordostdt. (St. Denk)
- Berliner Clubs wichtig für Festivals der Region (M. Rickert)
- elektron. Musik = Musik, die mithilfe elektron. Klangerzeugern (z. B. Computer, Synthesizer) entsteht (St. Denk)
- inzwischen verschiedene Musikrichtungen herausgebildet; „Elektro" = Oberbegriff (St. Denk)
- neben Kunst u. Kultur geht es bei Festivals auch um Geld u. Organisation (M. Rickert)
- in Brandenburg u. Mecklenburg-Vorpommern leben nicht viele Menschen → Vorteil für Festivalveranstalter (St. Denk)
- Fusion: seit 2003 auf Flugplatz, der früher russischer Armee gehörte → dort genug Platz (N. Lerz)
- jedes Jahr großes Angebot: Theater, Performance, Installation, Kino; elektron. Musik im Zentrum (N. Lerz)
- Idee elektron. Musik immer gleich: Song, der sich langsam aufbaut, dann explodiert; Bass wirkt direkt auf Körper (Till)
- braucht bei elektron. Musik keine speziellen Schritte (Till)
- bei elektron. Musik: keine romantischen Texte, hysterischen Fans, ist auf Nötigste beschränkt (Emmi)
- einige Elektrofestivals in Nordostdt. entwickeln sich zu alternativen Veranstaltungen (St. Denk)
- Fusion u. Nation of Gondwana: keine Werbung u. Sponsoren (St. Denk)
- Fusion: seit 2010 nur bestimme Anzahl von Besuchern (St. Denk)
- Fusion: keine Werbung; kein Stand von Bier- u. Zigarettenfirmen (N. Lerz)
- Fusion: keine finanziellen Interessen, das selten in Festivalsszene (N. Lerz)
- Fusion u. Nation of Gondwana: tausende freiwillige Helfer (N. Lerz)
- nur vegetarische u. vegane Speisen (N. Lerz)
- Fusion: versucht wenig Müll zu produzieren, Umwelt zu schützen (N. Lerz)

B. Meinungen
- auf Festivals Alltag vergessen u. Auszeit nehmen, mit anderen Menschen gute Stimmung spüren (Emmi)
- ohne Musikszene in Berlin nach Mauerfall wahrscheinlich keine Festivalkultur in Nordostdt. (St. Denk)
- glaube, Techno u. Elektro als Synonym verwendet (St. Denk)
- stelle mir vor: Festivalorganisation bestimmt extrem schwierig (M. Rickert)
- für die Fusion perfekten Ort gefunden (N. Lerz)
- elektronische Musik steht im Zentrum, das sollte auch in Zukunft so bleiben (N. Lerz)
- einmal Techno, immer Techno (Till)
- bei elektronische Musik muss man lostanzen (Till)
- jeder kann auf elektronische Musik tanzen (Till)
- Musik muss laut sein, damit man alles vergisst (Emmi)
- elektronische Musik ist zeitlos (Emmi)
- Elektro passt super in unsere Zeit (Emmi)
- brauche keine Stars u. große Bühnenshows (Emmi)
- Till u. Emmi beschreiben Faszination von Techno sehr gut (M. Rickert)
- vermute, Entwicklung der Festivals zu alternativen Veranstaltungen geht weiter (St. Denk)
- das ist interessante Entwicklung (M. Rickert)- mit Festivals kann man Gesellschaft besser machen (M. Rickert)
- Festivals sollen nicht nur Spaß machen, sondern auch gesellschaftl. Beitrag leisten (N. Lerz)
- fördert auf Festivals friedl. Miteinander, das ist wunderbar (N. Lerz)
- Festivals dürfen bleiben, wie sie sind: offen, kreativ, laut (Till)

3a 1a • 2b • 3b • 4a

3b 1. sowohl … als auch • 2. nicht nur … sondern auch • 3. weder … noch • 4. entweder … oder

3c 1. Auf der Fusion gibt es sowohl Auftritte von Bands als auch von DJs. • 2. Ich mag weder Rockmusik noch (mag ich) Hip-Hop. • 3. Ich gehe nicht nur gern in Techno-Clubs, sondern (ich) besuche auch viele Elektro-Festivals. • 4. Aufs Festival fahren wir entweder mit dem Bus oder (wir fahren) mit dem Fahrrad.

Satz / Satzteil 1			Satz / Satzteil 2		
Pos. 1	Pos. 2		Pos. 0	Pos. 1	
2. Ich	mag	weder Rockmusik		noch	(mag ich) Hip-Hop.
3. Ich	gehe	nicht nur gern in Techno-Clubs,	sondern	(ich)	besuche auch viele Elektro-Festivals.
4. Aufs Festival	fahren	wir entweder mit dem Bus	oder	(wir	fahren) mit dem Fahrrad.

3d *Mögliche Lösung:* Mein Bruder mag weder klassische Musik … noch Pop-Musik. • Auf einem Festival hören wir entweder den Bands zu oder gehen zu den Performances.

5B Filme, Filme, Lieblingsfilme

1b Foto 2: Kaufhaus Görlitz • **Foto 3:** Flughafen Leipzig / Halle • **Foto 4:** Glienicker Brücke • **Foto 5:** Chemiewerk Rüdersdorf • **Foto 6:** ehemalige US-Botschaft, Berlin Zehlendorf

2a alle Tipps berücksichtigt

2b *Mögliche Lösung:* **Film „The Grand Budapest Hotel":** 1. deutscher Filmtitel: Grand Budapest Hotel • Bedeutung: Grand Hotel als zentrale Rolle in der Handlung • 2. Wann: 2013 gedreht • Hauptdarsteller: Ralph Fiennes, Tony Revolori, F. Murray Abraham, Mathieu Amalric • Regie: Wes Anderson • 3. Genre: Tragikomödie, der Film ist teilweise witzig, aber die Handlung als Ganzes ist tragisch. • 4. Handlung: Gustave H. ist Concierge des Grand Budapest Hotels im fiktiven Alpenstaat Zubrowska. Er freundet sich mit dem Hotelangestellten Zéro Moustafa an. Plötzlich stirbt die reiche 84-jährige Madame D., Gustaves Geliebte, und vererbt ihm ein kostbares Renaissance-Gemälde. Doch die Hinterbliebenen sind damit nicht einverstanden und bezichtigen den Concierge des Mordes. Gustave wird von ihnen sowie der Polizei verfolgt und flieht. • 5. Foto: Innenaufnahme des Hotels • 6. Meiner Meinung nach klingt der Film sehr spannend. Es passieren viele unvorhergesehene Ereignisse und vielleicht weiß man bis zum Ende nicht, was wirklich passiert ist. Ich würde den Film gerne sehen.
Film „Captain America: Civil War": 1. deutscher Filmtitel: The First Avenger: Civil War • Bedeutung: The First Avenger = Captain America gehört zu einer Superheldengruppe, die sich „Avengers" nennen und war sozusagen der erste Avenger. • Civil War = Bürgerkrieg • 2. Wann: 2015 gedreht • Hauptdarsteller: Chris Evans, Robert Downey Jr., Scarlett Johansson, Sebastian Stan • Regie: Anthony und Joe Russo • 3. Genre: Action-Film, weil Superhelden gegen das Böse kämpfen. • 4. Handlung: Die US-Regierung möchte eine Kontrollfunktion für die Avengers aufbauen, damit die Superhelden nur noch auf Anweisung aktiv werden. Tony Stark, einer der Avengers, hilft ihnen dabei, Captain America dagegen hat Angst, dass die Organisation missbraucht wird. Deshalb kommt es zum Streit zwischen den Avengers, und die Gruppe teilt sich in zwei Gruppen. • 5. Foto: Kampfszene zwischen den beiden Gruppen • 6. Urteil: Die Avengers sind tolle Action-Filme. Dort kann sich jeder mit einer Figur identifizieren. Ich persönlich mag Captain American nicht so gerne, weil in diesem Film zu viele Kampfszenen vorkommen.
Film „Bridge of Spies": 1. deutscher Filmtitel: Bridge of Spies – Der Unterhändler • Bedeutung: Brücke der Spione • 2. Wann: 2014 gedreht • Hauptdarsteller: Tom Hanks, Mark Rylance, Amy Ryan, Peter McRobbie • Regie: Steven Spielberg • 3. Genre: Historienfilm, weil der Film sich an realen historischen Ereignissen orientiert. • 4. Handlung: Der Sowjetagent Rudolf Abel wird von den USA gefangengenommen und verhört. Er bekommt als Pflichtverteidiger den Anwalt James Donovan an die Seite gestellt. Dieser Auftrag gefährdet sowohl das Leben des Anwalts als auch das seiner Familie. Der Anwalt wird für Verhandlungen mit der Sowjetunion nach Berlin geschickt und erreicht am Ende, dass zwei Spione ausgetauscht werden. • 5. Foto: Treffen von Vertretern der Sowjetunion und der USA und Gefangenenaustausch auf der Brücke • 6. Urteil: Der Film klingt sehr spannend und ich würde ihn gerne schauen. Außerdem kann man bei diesem Film etwas über die Geschichte des Kalten Krieges lernen.
Film „The Hunger Games: Mockingjay 2": 1. deutscher Filmtitel: Die Tribute von Panem – Mockingjay Teil 2 • Bedeutung: Tribut = Opfer, Panem = fiktives Land, Mockingjay = Spotttölpel (Vogel, der zum Symbol der Rebellion wurde) • 2. Wann: 2013 gedreht • Hauptdarsteller: Jennifer Lawrence, Josh Hutcherson, Liam Hemsworth • Regie: Francis Lawrence • 3. Genre: Dystopie, weil die Filme in einer Zukunft spielen, in der aufgrund von Krieg eine negativere Gesellschaft entstanden ist • 4. Handlung: Die Rebellion hat begonnen und Präsident Snow kämpft mit seinen letzten Mitteln um die Herrschaft über Panem. Peeta wurde aus der Gefangenschaft befreit, sieht Katniss aber nun als seinen Feind und greift sie an. Das gibt Katniss die Motivation, für die Rebellion die Anführerin sein. Zusammen mit einer Gruppe Freiwilliger dringt sie ins Kapitol ein und versucht einen tödlichen Anschlag auf Snow. Am Ende kapituliert Snow und Katniss erschießt Präsidentin Coin bei der öffentlichen Hinrichtung von Snow. • 5. Foto: Rebellenlager in Distrikt 2 • 6. Urteil: Meiner Meinung nach handelt es sich hier um eine der gewaltigsten und mitreißendsten Filmreihen für junge Erwachsene. Katniss ist keine perfekte Heldin, aber man kann ihre Beweggründe jederzeit nachvollziehen. Im letzten Film muss sie die negativen Aspekte der ungewollten Rebellion kennenlernen und versuchen, ihre Freiheit nun endgültig zu erkämpfen.
Film „Inglourious Basterds": 1. deutscher Filmtitel: Inglourious Basterds • Bedeutung: absichtliche Falschschreibung für Inglorious Bastards, etwa: „Unrühmliche Mistkerle" • 2. Wann: erste Idee: 2000, 2008 gedreht • Hauptdarsteller: Brad Pitt, Mélanie Laurent, Christoph Waltz • Regie: Quentin Tarantino, Eli Roth • 3. Genre: kontrafaktischer Kriegsfilm, weil historische Ereignisse aufgegriffen werden, aber fiktiv umgeschrieben werden • 4. Handlung: Im von Nazis besetzten Frankreich muss Shosanna Dreyfus mit ansehen, wie ihre Familie durch den Nazi-Oberst Hans Landa brutal hingerichtet wird. Nur knapp kann sie entkommen und flieht nach Paris, wo sie sich als Kinobesitzerin eine neue Identität und Existenz aufbaut. Zur gleichen Zeit taucht Offizier Aldo Raine mit einer Elitetruppe aus jüdischen Soldaten in Frankreich unter, um in Guerilla-Einsätzen Nazis zu jagen und töten. Schon bald werden sie von den Deutschen als „Die Bastarde" gefürchtet. • 5. Foto: Lieutenant Aldo Raine hält vor einem Militärbau Ansprache an seine Frontkämpfer. • 6. Urteil: Der Film klingt sehr düster und brutal. Ich denke, er ist nicht für jeden geeignet. Trotzdem ist er bestimmt interessant und spannend, da die Geschichte auf eine fiktive Art erzählt wird.

5C Zeitgenössischer Tanz

1b *Mögliche Lösung für Markierungen:* 2. als Tänzerin oder Tänzer körperliche Kriterien • 3. Wünsche oder Ideen für den zeitgenössischen Tanz • 4. Was • „zeitgenössischem Tanz" • wie • weiterentwickeln • 5. Wie • mit dem Tanzen angefangen • was motiviert Sie, als Tänzerin zu arbeiten • 6. Rolle • Berlin für den zeitgenössischen Tanz • welche Orte oder Veranstaltungen • besonderer Bedeutung
Zuordnung: 1. Einstiegsfrage/n: 5 • 2. Hauptthema: 1 • 2 • 4 • 6 • 3. Schlussfrage: 3

1c *Mögliche Lösung für Markierungen:* **A:** In meiner Familie Tanz schon immer wichtiger Bestandteil von Kultur • fing es ganz klassisch mit Ballett an • 2013 nach dem Abitur nach Berlin kam • Hier wieder zum Tanz zurückgefunden • Wenn ich tanze • abschalten • genieße ich • vor Publikum zu bewegen • direkten Dialog herstellen
B: Meistens arbeite ich mit unterschiedlichen Leuten • auch schön, mit mir bereits bekannten Kollegen zusammenzuarbeiten • freiberuflich • keine feste Routine • jedes Projekt ist neu • Problem: Bezahlung • verdiene ich sehr unregelmäßig Geld
C: Körper das Medium • mit ihm auseinandersetzen, ihn trainieren, sich dauernd um ihn kümmern • Je nach Tanzform unterschiedliche Anforderungen • verstehe mich als Performance-Künstlerin • Tanz als Ausdrucksmittel nutzt • für mich keine speziellen körperlichen Kriterien
D: extrem experimentierfreudige Stadt • Hier trifft zeitgenössischer Tanz auf Vogueing aus den USA oder auf Butoh aus Japan • Wichtige Tanzorte: „Hebbel am Ufer", „Uferhallen", „TATWERK" • größte Tanzfestival in Berlin: „Tanz im August" • großartige, internationale Werke
E: Im Vergleich zu klassischen Formen wie Ballett zeitgenössischen Tanz viel freier • moderne Tanz kontinuierlich weiterentwickeln • direkte Interaktion zwischen Körpern bestimmt immer wichtiger

F: mehr Galerien und Museen Tanz und Performance in ihr Programm aufnehmen • mehr Geld für Proberäume und für eigene Projekte • mehr Kunsthochschulen Performance und Tanz als Studienfach
Fragen: A. Wie hat es bei Ihnen mit dem Tanzen angefangen und was motiviert Sie, als Tänzerin zu arbeiten? (Frage 5) • **B.** Wie sieht Ihr beruflicher Alltag aus? (Frage 1) • **C.** Inwiefern muss man als Tänzerin oder Tänzer körperliche Kriterien erfüllen? (Frage 2) • **D.** Welche Rolle spielt Berlin für den zeitgenössischen Tanz und welche Orte oder Veranstaltungen sind von besonderer Bedeutung? (Frage 6) • **E.** Was versteht man unter „zeitgenössischem Tanz" und wie wird er sich weiterentwickeln? Frage 4) • **F.** Haben Sie Wünsche oder Ideen für den zeitgenössischen Tanz? (Frage 3)

1d *Mögliche Lösung:* - studiert Performance in Wien •
- in Familie: Tanzen Bestandteil der Kultur •
- fing mit Ballett an •
- nach Abitur, in Berlin wieder mit Tanzen angefangen •
- beim Tanzen abschalten können •
- genießt es: vor Publikum bewegen → direkter Dialog •
- Arbeit mit unterschiedlichen Leuten •
- freiberuflich, jedes Projekt ist neu → verdient sehr unregelmäßig Geld •
- Körper = Medium: mit ihm auseinandersetzen, ihn trainieren, um ihn kümmern •
- je nach Tanzform unterschiedliche Anforderungen •
- Performance-Künstlerin: Tanz als Ausdruck nutzen •
- Berlin = sehr experimentierfreudige Stadt •
- dort wichtige Tanzorte (z. B. Hebbel am Ufer) u. Tanzfestivals (Tanz im August) •
- im Vergleich zu Ballett zeitgenössisch. Tanz freier, entwickelt s. weiter •
- Galerien u. Museen Tanz und Performance ins Programm aufnehmen •
- mehr Geld für Proberäume u. Projekte •
- an mehr Kunsthochschulen Tanz u. Performance als Studienfach

2a/b 1. Nominativ Singular (Mask.) = unbestimmter Artikel • b • direkter • 2. Akkusativ Plural (Neutr.) = Nullartikel • b • großartige

2c 1. Nominativ Singular (Neutr.) = bestimmter Artikel • a • Das • 2. Dativ Singular (Fem.) = Possessivartikel • a • unserer

5D Streetart

1b *Mögliche Lösung:* Streetart in Berlin

1c *Mögliche Lösung:* **Bild bei „Murals":** Auf dem Bild sieht man zwei Hände. Die eine Hand ist schwarz und hinter der weißen Hand. Die weiße Hand zeigt ein Peace-Zeichen. Das Bild könnte bedeuten, dass alle Menschen friedlich zusammenleben sollten. • **Bild bei „Streetart an der Berliner Mauer":** Auf dem Bild sieht man Menschen, die zu Vögeln werden. Sie fliegen am Himmel und haben Flügel. Am Boden sind die Menschen grau und fallen nicht auf, im Himmel sind sie hell und bunt. Über dem Bild steht der Satz: „Der Geist ist wie Spuren der Vögel am Himmel". Das Bild könnte bedeuten, dass man, wenn man seine Gedanken fliegen lässt, frei wird. • **Bild bei „Adbusting":** Auf dem Bild sieht man ein Verbotsschild. Dort darf man keine Plakate ankleben. Darunter klebt ein Plakat mit der Aufschrift „Ich kam, ich sah, ich klebte." Dieser Text ist eine Anspielung auf Caesars berühmten Satz: „Veni, vidi, vici" (dt. „Ich kam, ich sah, ich siegte."). Das Bild bedeutet somit, dass derjenige, der dieses Plakat zu dem Verbotsplakat geklebt hat, über das Verbot gesiegt hat.

1e Murals: Am auffälligsten in der Stadt sind die großen Wandbilder, die sogenannten Murals, die auf große, leere Seitenwände von Häusern gemalt wurden. Das Mural rechts gehört zu meinen Lieblingsbildern - es befindet sich in Berlin Mitte. Diese gemalte, fotorealistische Darstellung von zwei Händen - einer schwarzen und einer weißen - fasziniert mich. Ich verstehe das Bild politisch: Nur zusammen können wir Menschen glücklich werden. Aber natürlich kann jeder selbst darüber nachdenken, wie er das Bild verstehen will. •
Streetart an der Berliner Mauer: Dieses Bild ist Teil der East Side Gallery. Diese Open-Air-Galerie ist ein Teil der früheren Berliner Mauer. Heute ist sie ein Touristenmagnet. Bei diesem Bild gefällt mir die Verbindung von Text und Bild, die finde ich sehr gelungen. Ich mag die Farben und die Darstellung der Menschen als Vögel - sie sehen wie Engel aus. Das Bild ist sehr offen, jeder kann sich etwas dazu denken. •
Adbusting: Zur Streetart gehören aber nicht nur Bilder, sondern auch andere Kunstformen, wie zum Beispiel das Adbusting: Werbeposter, Wahlkampfplakate, Straßenschilder werden durch das Aufkleben von einzelnen Wörtern oder kurzen Texten so verändert, dass sich ihre Bedeutung ändert. Eine sehr bemerkenswerte Künstlerin in diesem Bereich ist Barbara. Ich mag ihre witzigen Kunstwerke sehr, die uns zum Nachdenken anregen sollen. Bei dem Foto rechts handelt es sich um ein Verbotsschild im öffentlichen Raum. Über Verbote kann man natürlich diskutieren, Barbara tut genau das mit ihrer Kunst.

1f Beschreibung: es befindet sich ... • Dieses Bild ist Teil ... • Diese Open-Air-Galerie ist ein Teil ... • Heute ist ... • Zur Streetart gehören aber ... nicht nur ..., sondern auch ... • Bei dem Foto rechts handelt es sich um ... • **Meinung:** fasziniert mich • Ich verstehe das Bild politisch. • Bei diesem Bild gefällt mir ... • ... finde ich sehr gelungen • Ich mag ... • Eine sehr bemerkenswerte Künstlerin in diesem Bereich ist ...

2a *Mögliche Lösung für das Bild links:* Streetart an der Berliner Mauer: Das Kunstwerk ist Teil der East Side Gallery an der ehemaligen Berliner Mauer. Auf dem Bild ist sinnbildlich der Berliner Mauerfall zu sehen. Ein Auto, ein Trabbi, der ein Symbol für die DDR ist, bricht durch die Mauer und befreit sich so aus der DDR. Auf dem Nummernschild des Autos steht das Datum des Mauerfalls: 9. November 89. Mir gefällt das Kunstwerk sehr gut. Es zeigt den Drang vieler Bürger der DDR, wieder frei zu leben und trotzdem ihre Traditionen zu behalten.

Auf dem Weg zur Kompetenz 5

Arbeit mit Texten – Texte analysieren: Ein Blick zurück

1a 1. Kurz-Feature • 2. Sprache und Bewegung

1b *Mögliche Lösung:* **Fakten:** 1 Trainerin • 15 TN • 1 Woche • 10-18 Uhr • Thema: Sprache und Bewegung • **Forschungsschwerpunkt:** Zusammenhang Sprache und Bewegung • Kinder lernen Fremdsprachen schneller durch Bewegung • kann man Ergebnisse auf Erwachsene übertragen? • **im Workshop:** Übungen: Sätze tanzen; Gymnastik mit Wörtern; Geschichten als Rollenspiele

1c 1 • 2 • 4 • 5 • 6

1d *Mögliche Lösung:* A: lebendig • schnell • B: langsam • ruhig • sachlich • C: aufgeregt • dramatisch • lebendig • D: begeistert • lebendig

Lernstrategien – Grammatik lernen: Strukturen automatisieren

1a 1B • 2A • 3D • 4C

1b Betonte Wörter: 1. sowohl • klassisches • als • zeitgenössischen • 2. entweder • angestellt • oder • freiberuflich • 3. nicht nur • Training • auch • Projekten • 4. weder • Routinen • noch • Bezahlung

1c *Mögliche Lösung:* **sowohl ... als auch:** Ich mag klassisches Ballett. • Ich mag zeitgenössischen Tanz. → Ich mag sowohl klassisches Ballett als auch zeitgenössischen Tanz. • **entweder ... oder:** Wir gehen heute Abend ins Kino. • Wir kochen zusammen. → Entweder gehen wir heute Abend ins Kino oder wir kochen zusammen. • **weder ... noch:** Ich gehe nicht in Konzerte. • Ich fahre nicht auf Musikfestivals. → Ich gehe weder in Konzerte noch fahre ich auf Musikfestivals.

2a *Mögliche Lösung:* Meine Kollegen sind nicht nur freundlich, sondern auch sehr hilfsbereit.

Lernstrategien – Wortschatz lernen: Wortfelder

1a 1. Steetart • 2. Film • 3. Musik • 4. Tanz

1b *Mögliche Lösung:* **1. Streetart:** aufkleben • der Blockbuster • die Performance • die Szene (Kunstszene) • das Wandbild • zeitgenössisch • **2. Film:** das Festival • die Handlung • proben • der Schauspieler / die Schauspielerin • die Szene (Filmszene) • zeitgenössisch • **3. Musik:** das Festival • der Klangerzeuger • proben • die Szene • zeitgenössisch • **4. Tanz:** das Festival • körperlich • die Performance • proben • die Szene (Tanzszene) • zeitgenössisch

1c *Mögliche Lösung:* **1. Streetart:** das Bild • der Maler / die Malerin • die Kunst • **2. Film:** der Hauptdarsteller / die Hauptdarstellerin • die Filmkamera • die Rolle • **3. Musik:** das Musikinstrument • die Musikrichtung • die Oper • **4. Tanz:** klassisch • die Tanzform • der Tanzkurs

2a *Mögliche Lösung zu „3. Wörter mit einer Geschichte verbinden":* Ich liebe das Ballett. Denn beim Tanz bewegen sich die Tänzer so, dass sie ihren Körper als Ausdruck nutzen. Sie tanzen so, dass ihre Bewegungsformen zu ihren Gefühlen passen. Dabei kommt es zur einer starken Interaktion zwischen Tänzern und Zuschauern.

2c *Mögliche Lösung:* Wörter mit Bewegung verbinden • Wörter wortwörtlich in die Muttersprache übersetzen • Eselsbrücken überlegen • kurze, persönliche Merksätze mit den Wörtern lernen • kurzer Satz in Deutsch mit Wort und diesen Satz in Muttersprache übersetzen

Film 5: Gemeinschaft beim Filmdreh

1a *Mögliche Lösung:* **wichtigste Herkunftsländer von Geflüchteten 2021:** Syrien, Afghanistan, Irak, Türkei, Somalia, Georgien, Eritrea, Nigeria, Iran • **Wohnsituation:** Geflüchtete wohnen zuerst in einer Gemeinschaftsunterkunft, später auch in einer Einzelunterkunft (z. B. Wohnung, Haus)

1b *Mögliche Lösung:* haben schreckliche Erfahrungen gemacht • denken viel an Situation / Familie / Freunde in Heimatland → können sich nur schwer auf Schule, Sprachenlernen konzentrieren • können die lateinische Schrift nicht oder nur wenig

1c *Mögliche Lösung:* **pro Vorbereitungsklasse:** Spracherwerb gezielter fördern • auf Bedürfnisse der Schüler/innen besser eingehen können • Schüler/innen haben ähnliche Lebenssituation und Probleme, das verbindet → Verständnis füreinander • leichter Freunde finden • **contra Vorbereitungsklasse:** Gefahr der Ausgrenzung • sind nur unter sich • lernen erst spät Gleichaltrige aus Dt./A/CH kennen • kommen dadurch nicht richtig / erst spät in neuer Umgebung / Gesellschaft / Kultur an

1e b

1f *Mögliche Lösung:* 1. Jugendliche, die sich bisher nicht kennen, arbeiten zusammen / kooperieren • 2. kann Fantasie spielen lassen • persönliche Dinge ausdrücken • technische Tricks ausprobieren • lernt Teamarbeit kennen • 3. weil man zusammenarbeitet, sich dadurch kennenlernt • 4. Situation in Heimatland • Erlebnisse auf der Flucht • Leben in Dt. • Hoffnungen • Wünsche

2a 2. Umgang mit Kamera lernen • 3. Ideen für Film entwickeln • 4. Szene drehen • 5. Song aufnehmen

2b b • c

2c 2A • 3G • 4B • 5F • 6E • 7H • 8C

2d 1r • 2r • 3f • 4r • 5f • 6r

2e *Mögliche Lösung:* Projekt hat allen gut gefallen • hatten viel Spaß • haben gut zusammengearbeitet • haben viel gelernt • die Kommunikation zwischen allen war sehr gut • sind glücklich

3 *Mögliche Lösung:* geflüchtete und einheimische Jugendliche arbeiten / lernen in Paaren / Gruppen zusammen, machen gemeinsam Hausaufgaben, bereiten sich zusammen auf Klassenarbeiten vor • Patenschaften: Erwachsene betreuen / begleiten geflüchtete Jugendliche • gemeinsame Projekte • „Event-Tage", wo Schüler/innen etwas aus ihrer Heimat kochen und anderen vorstellen • gemeinsame interkulturelle Trainings für geflüchtete und einheimische Jugendliche